Yale Language Series

VISIONES

Perspectivas literarias de la realidad social hispana

Carlos M. Coria-Sánchez
University of North Carolina at Charlotte

Germán Torres
Georgia State University

Yale University Press
New Haven and London

Yale Language Series

Publisher: Mary Jane Peluso
Production Controller: Joyce Ippolito
Editorial Assistant: Emily Saglimbeni
Designed by Sonia Shannon
Set in Adobe Garamond with Syntax display type by The
    Composing Room of Michigan, Inc., Grand Rapids, Michigan.
Printed in the United States of America by Sheridan Books,
    Ann Arbor, Michigan.

Library of Congress Cataloging-in-Publication Data
Visiones : perspectivas literarias de la realidad social hispana /
Carlos Mateo Coria-Sánchez, Germán Torres [compiladores].
        p.   cm. — (Yale language series)
Includes bibliographical references.
    ISBN 978-0-300-09381-0 (alk. paper)
    1. Spanish American prose literature—20th century.   2. Latin
America—Literary collections.   3. Social problems—Literary
collections.   I. Coria-Sánchez, Carlos Mateo.   II. Torres,
Germán, 1952–   III. Series.
    PQ7085 .V57   2002
    868 '.6080898—dc21   2002004493

A catalogue record for this book is available from the British
Library.

CONTENTS

PREFACE

The idea for this book originated in response to a void that was evident in our commercial Spanish classes. Although it is widely believed that literature is a critical tool in the foreign language classroom, the literary anthologies used in most Spanish programs at intermediate and advanced levels are geared primarily toward students majoring in literature and therefore are based on a traditional approach to the texts. Such textbooks do not take into consideration that the field of foreign language instruction has gone through some significant and challenging changes in recent years. At least in the languages most frequently studied—German, French, and Spanish—and therefore among the largest number of students, interest has increasingly shifted away from the traditional study of literature toward more practical uses of language. Today a growing number of universities in the United States offer a concentration that combines language and international business.

Unfortunately, the trend toward a more practical or professional emphasis in the study of languages has created a gap between the various concentrations offered in departments of foreign languages across the nation. The literary and commercial tracks have diverged, and the relation between literature and business is far from clear. The breach between these two aspects of the study of foreign languages has resulted in a deep divide in the profession. Nevertheless, literature is a valuable factor in learning a language. Students with wide interests can use the literary text as a way to explore social, political, and economic issues and thereby gain critical insights into the culture of the target language. This, of course, calls for a new approach to the literary text: An approach that leaves aside traditional literary analysis and focuses on the social aspects and the context of the particular author and work.

The literary anthology we have compiled meets precisely the objectives mentioned above. It can be used in a variety of contexts: as a cultural complement in Spanish for international business, in literature classes specifically geared for students of Spanish for business, in culture classes, and in international studies. The texts, the introductory essays, and the questions and discussion themes suggested are aimed at providing the student with a better understanding of the cultural and social context of the Hispanic countries. We are convinced that this new approach will render the study of literature a much more useful and immediate activity for those students who are not necessarily in a traditional literature field. At the same time, our anthology allows instructors to return to their field of specialization—literature—and discuss in a novel way texts and authors with whom they are already familiar.

Structure and organization

Parts

The book is divided into ten numbered parts, each built around a central theme. We have chosen a range of topics so as to give as broad a view as possible of the social and cultural factors that determine the current situation in Hispanic countries. The student, therefore, will have a chance to read about and discuss such issues as immigration, the impact of the bureaucracy on the economy, the status of women, the effects of rapid modernization, and the consumer society. Each part contains three to four literary excerpts that present the central theme from different angles as well as different geographical and historical contexts. The student will benefit from such diversity in perspective and also will be able to appreciate the wealth of Hispanic literary production.

Author and context

The literary texts are preceded by an essay that generally consists of two sections. First, biographical information gives the student a better understanding of central facts in the author's life as well as a general idea of his or her interests and perspective. Included here is a list of the author's major works to guide the student to further readings and thus to a broader view of the writer's overall literary production.

The second part of the essay discusses the general theme of the particular part in the context of the author's native country at the time the work was written or at the time the narrative takes place. In the part that deals with the status of women, for example, the essay that introduces Esmeralda Santiago's *Cuando era puertorriqueña* describes the state of Puerto Rican women during the sixties, at the time of the massive migration to the U.S. mainland. This information situates the topic of discussion within a wider framework and serves as a way to anticipate the main ideas that will appear in the literary fragment that follows.

The texts

The process of selecting the literary texts was slow and careful. Although not every work of literature should be approached from a social—much less an economic or business—perspective, the material we chose is appropriate for achieving the pedagogical objectives of the book. Even though our approach to the texts imposed certain limitations, the selection is representative of the body of literature from Spanish-speaking countries.

We included selections from many genres—essay, drama, poetry, short story, and novel—as a way of underscoring the richness of the Hispanic literary tradition as well as to motivate the student to appreciate all forms of literature. Such a varied selection adds flexibility to the book because it allows the instructor to choose what is most apt for a particular class.

The texts also have several levels of difficulty owing to variations in content, style, vocabulary, and other factors. They are, nevertheless, works frequently used in traditional literature courses for third- and fourth-year students. As in other anthologies for this level of students, the texts are supplemented with ample notes geared to help the student navigate the most difficult passages.

Comprehension questions and discussion themes

Each of the sections previously mentioned—the general introduction to the chapter, information about author and context, and the literary text itself—is accompanied by a set of questions. Additionally, the texts have a set of discussion themes and a vocabulary exercise. The questions have two objectives: to ensure comprehension of the readings and to expand the discussion and motivate the student to explore issues related to the topic presented in that part of the book. The *Temas de discusión* afford the instructor the opportunity to draw on the students' own life experience and knowledge of a range of subjects, for example, history, politics, economics, business, culture, and personal experience, so that the topic is approached from a variety of perspectives. Equally important, as a way to dispel cultural stereotypes, is the drawing of comparisons between Hispanic countries and the United States on a specific subject or matter. Sometimes the differences are not as wide as one is led to believe; and if there are indeed significant disparities, the class has the opportunity to explore their causes and consequences.

We have included a list of videos and films related to the issues and topics presented in the book as well as a list of websites of Hispanic countries. Students should be encouraged to visit the websites in search of material and information for further classroom discussion.

This anthology is a way of introducing the study of literature not only into the commercial Spanish curriculum but also into other concentrations. Our approach to the literary text, that is, our emphasis on social and economic perspectives rather than on the esthetic and structural considerations of a traditional approach, opens up these works by well-known authors to a wider range of interpretation. And it allows a greater number of students and instructors to explore one of the most enduring features of Hispanic culture: Its vast and rich literary heritage.

ACKNOWLEDGMENTS

We are grateful to all the people at Yale University Press who worked on our book, including Lawrence Kenney, Emily Saglimbeni, our reviewers, Ann Hilberry, University of Michigan; Maria Cooks, Purdue University; Michael Scott Doyle, University of North Carolina at Charlotte; Alberto Acereda, Arizona State University; Teresa Smotherman, University of Georgia; and especially our editor, Mary Jane Peluso. We would like to thank Carmen Chavez, Wendy Caldwell, and Fernando Reati for their suggestions and all our students for their early comments on the manuscript. Carlos is grateful to Karyn, Alberto, and Pablo for their support and patience.

Visiones

1

Introducción

La conquista y la colonización del territorio americano sirvieron para transplantar al nuevo continente la cultura e instituciones de las metrópolis europeas, y de tal manera recrear aquí sociedades con rasgos que de cierta forma asemejaban a las naciones que, a comienzos del siglo XVI, se disputaban la supremacía de Europa, es decir Inglaterra y España. La contienda entre ambas potencias continuó en suelo americano.

España legó a sus colonias americanas una rica y vasta herencia cultural que se manifiesta en la lengua, la religión, instituciones y cierta postura ante la vida que forma parte de la idiosincrasia peninsular. También se heredó una organización socioeconómica burocratizada, centralizada, y poco apta para fomentar innovación y adaptarse a las nuevas circunstancias que comenzaban a perfilarse[1] en Europa durante lo que hoy se conoce como el Renacimiento, y que constituyen las bases del mundo moderno.

Debido a razones históricas—el largo periodo de reconquista, que habría de forjar[2] en parte el carácter español—la actividad mercantil había sido relegada a un papel secundario ante lo militar, que se convirtió en el oficio de mayor prestigio en una sociedad entregada a la tarea de unificar el país. El comercio quedó en manos de judíos, un grupo marginado, en un contexto en el cual la religión era la piedra angular de la identidad nacional; y

1. En este contexto, aparecer.
2. Crear.

con su expulsión en 1492, España perdió la clase social que en otros países se encargó de impulsar la reactivación de la economía. El sistema colonial, por lo tanto, fue el mecanismo que le permitió a España proyectar, por un tiempo, sus ambiciones imperiales en Europa sin desarrollar la industria nacional ni llevar a cabo los cambios necesarios para asentar las bases de un estado moderno. A finales del siglo XVI, la nación estaba entrando en un largo periodo de decadencia que la aísla casi por completo del resto del continente, precisamente en el momento en que sus adversarios, Francia e Inglaterra, adquirían mayor poder económico.

En Iberoamérica sobrevivió la misma actitud hacia el capitalismo y la actividad mercantil que imperaba en la metrópoli. El prestigio en la sociedad colonial se acordaba a hacendados, terratenientes y funcionarios del estado, y miembros de profesiones liberales que no estuvieran directamente relacionadas con el comercio. En el intelectual criollo predominaba también cierto desprecio por todo interés que se pudiera considerar utilitario o estuviera encaminado hacia fines prácticos, actitud que se nota en el hecho que gran parte de los estadistas y figuras políticas de América Latina han sido escritores, periodistas y abogados.

No es éste el espacio para polemizar sobre el impacto a largo plazo del sentimiento anticapitalista en las naciones latinoamericanas. Lo que sí se puede asegurar es que en el momento de su independencia ya existía una diferencia muy marcada entre las antiguas colonias españolas y Estados Unidos, y que desde entonces ambas partes han seguido rumbos diametralmente opuestos: Mientras que Estados Estados se convirtió en la primera potencia económica del mundo, América Latina no ha logrado salir de un estado permanente de crisis y de una situación que condena a casi la mitad de su población a la pobreza.

El siglo XX, sin embargo, concluye con un cambio en la actitud latinoamericana y española hacia la actividad comercial. Se ha tomado conciencia de la necesidad de modernizar, de reformar, de competir en el campo económico, cosa que históricamente, se habia despreciado como algo muy por debajo de nuestra dignidad. Este cambio podría ser una manera de rechazar de una vez por todas la mentalidad colonial.

Repasemos

1. Históricamente, ¿qué actitud existía en España hacia el comercio? Explique por qué.
2. ¿Qué consecuencias para el progreso económico de España tuvo la expulsión de los judíos?
3. ¿Cómo se explica en gran parte de América Latina la falta de interés por el progreso material a lo largo del siglo XIX?
4. Brevemente contraste la situación económica de Estados Unidos y de América Latina desde la independencia.
5. En años recientes, ¿qué pruebas ve Ud. de un cambio de actitud en América Latina hacia la importancia del bienestar material de la población?

Temas de discusión

Desarrolle, en forma individual o en grupos, los siguientes temas y haga un resumen para compartir con la clase:

1. Relación entre la actitud antimercantil y el subdesarrollo económico en América Latina.
2. Relación entre el periodo colonial y la crisis socioeconómica de América Latina.
3. La apertura económica: Riesgos y oportunidades para las naciones hispanas.

José Enrique Rodó, su contexto y *Ariel*

José Enrique Rodó (1872–1977) nació en Montevideo, Uruguay. Desde temprana edad demostró gran afición por la literatura y la filosofía, intereses que continuó cultivando en calidad de escritor y profesor de la Universidad de la República. En 1895, colaboró para fundar la *Revista Nacional de Literatura y Ciencias Sociales.* Como era frecuente entre los intelectuales de la época, las preocupaciones éticas y filosóficas lo impulsaron a entrar en el campo de la política, y así fue elegido a la Cámara de diputados en 1902 y 1911. Entre sus obras se destacan tres ensayos en los cuales se problematiza la situación de las repúblicas latinoamericanas a comienzos de siglo: *Ariel* (1900), *Motivos de Proteo* (1908) y *El mirador de Próspero* (1913).

Ariel es una de las obras de mayor importancia en el pensamiento latinoamericano. Aparece a escasos dos años de la guerra entre Estados Unidos y España, acontecimiento a raíz del cual cambia de manera drástica el panorama geopolítico del continente. Por un lado, España pierde Cuba y Puerto Rico y de tal manera acaba su presencia de casi cuatro siglos en suelo americano. Por otro lado los Estados Unidos se perfila como el gran poder regional, estableciendo su esfera de influencia en el ámbito continental. Intervenciones como las de Panamá, para asegurar control de la zona del canal, y más adelante Haití y Nicaragua, anuncian el modelo de la *Pax americana:* Estados Unidos, impulsado por su "destino manifiesto," parece relegar a Latinoamérica a una región cuya función es servir los intereses políticos y económicos del gigante del norte. Para comienzos del siglo XX, la economía norteamericana ya daba muestras del poderío que más tarde la habría de convertir en la más fuerte del mundo. Industrias como la banca, acero, maquinaria pesada, construcción y transporte ya podían competir con lo mejor de Europa. En Latinoamérica, al contrario, todavía predominaba una economía esencialmente agraria y artesanal, y sin incentivo aparente para industrializarse.

La nueva realidad continental causa una profunda preocupación en medios intelectuales y políticos, temerosos de que ocurriera una nueva conquista, esta vez a nombre del dólar en lugar de la Iglesia y la Corona española. Pensadores como José Martí (caído durante la lucha por la independencia de Cuba), Eugenio Maria de Hostos, José Enrique Rodó y otros se dan a la tarea de forjar, o sea, identificar, una visión del mundo hispano que sirva de contrapunto o respuesta al poderío económico y militar de los Estados Unidos. Rodó, en *Ariel,* recalca lo que, a su modo de ver, es lo esencial del carácter latino: el idealismo estético, ese amor por el arte y la belleza que supera la vulgaridad del materialismo del norteamericano. Hace un dramático llamado a la juventud hispana a no dejarse seducir por las sirenas del progreso material y del exagerado igualitarismo de la democracia. Es bajo tales circunstancias que América Latina entra en el llamado siglo americano.

Repasemos

1. ¿Cómo cambia el equilibrio regional después de la guerra entre Estados Unidos y España?
2. Compare la situación económica de los Estados Unidos (EEUU) con la de los países latinoamericanos a principios de siglo.
3. ¿Hasta qué punto ha cambiado la situación hoy en día?
4. En su opinión, ¿se justificaba la preocupación en América Latina por el acelerado crecimiento del poder económico y militar de los EEUU?

Ariel (fragmento)

Herbert Spencer[3], formulando con noble sinceridad su saludo a la democracia de América en un banquete de Nueva York, señalaba el rasgo fundamental de la vida de los Norteaméricanos en esa misma desbordada[4] inquietud que se manifiesta por la pasión infinita del trabajo y la porfía[5] de la expansión material en todas sus formas. Y observaba después que, en tan exclusivo predominio de la actividad subordinada a los propósitos inmediatos de la utili-

3. Filósofo inglés del siglo XIX.
4. Sin límites.
5. Insistencia constante.

dad, se revelaba una concepción de la existencia, tolerable, sin duda, como carácter provisional de una civilización, como tarea preliminar de una cultura, pero que urgía[6] ya rectificar, puesto que tendía a convertir el trabajo utilitario en fin y objeto supremo de la vida, cuando él en ningún caso puede significar racionalmente sino la acumulación de los elementos propios para hacer posible el total y armonioso desenvolvimiento de nuestro ser. Spencer agregaba que era necesario predicar a los norteamericanos el Evangelio del descanso o el recreo; e identificando nosotros la más noble significación de estas palabras con la del *ocio*[7] tal cual lo dignificaban los antiguos moralistas, clasificaremos dentro del Evangelio en que debe iniciarse a aquellos trabajadores sin repose toda preocupación ideal, todo desinteresado empleo de las horas, todo objeto de meditación levantado sobre la finalidad inmediata de la utilidad.

La vida norteamericana describe efectivamente ese círculo vicioso que Pascal[8] señalaba en la anhelante persecución del bienestar, cuando él no tiene su fin fuera de sí mismo. Su prosperidad es tan grande como su imposibilidad de satisfacer a una mediana concepción del destino humano. Obra titánica, por la enorme tensión de voluntad que representa, y por sus triunfos inauditos en todas las esferas del engrandecimiento material,[9] es indudable que aquella civilización produce en su conjunto una singular impresión de insuficiencia y de vacío. Y es que si, con el derecho que da la historia de treinta siglos de evolución presididos por la dignidad del espíritu clásico y del espíritu cristiano, se pregunta cuál es en ella el principio dirigente,[10] cuál su *substratum*[11] ideal, cuál el propósito ulterior a la inmediata preocupación de los intereses positivos que estremecen aquella masa formidable, sólo se encontrará, como fórmula del ideal definitivo, la misma absoluta preocupación del triunfo material. Huérfano de tradiciones muy hondas que le orienten, ese pueblo no ha sabido sustituir la idealidad inspiradora del pasado con una alta y desinteresada concepción del porvenir. Vive para la realidad inmediata, del presente, y por ello subordina toda su actividad al egoísmo del bienestar

6. Era necesario.
7. Inactividad.
8. Filósofo y matemático francés del siglo XVII.
9. El hecho de adquirir más bienes materiales.
10. Principio más importante.
11. Parte esencial del ser.

personal y colectivo. De la suma de los elementos de su riqueza y su poder podría decirse lo que el autor de *Mensonges* de la inteligencia del marqués de Norbet que figura en uno de sus libros: es un monte de leña[12] al cual no se ha hallado modo de dar fuego. Falta la chispa[13] eficaz que haga levantarse la llama de un ideal vivificante e inquieto sobre el copioso[14] combustible. Ni siquiera el egoísmo nacional, a falta de más altos impulsos; ni siquiera el exclusivismo y el orgullo de raza, que son los que transfiguran y engrandecen, en la antigüedad, la prosaica[15] dureza de la vida de Roma, pueden tener vislumbres de idealidad y de hermosura en un pueblo donde la confusión cosmopolita y el atomismo de una mal entendida democracia impiden la formación de una verdadera conciencia nacional.

Diríase que el positivismo[16] genial de la Metrópoli ha sufrido, al transmitirse a sus emancipados hijos de América, una destilación que le priva[17] de todos los elementos de idealidad que le templaban[18] reduciéndole, en realidad, a la crudeza que, en las exageraciones de la pasión o de la sátira, ha podido atribuirse al positivismo de Inglaterra. El espíritu inglés, bajo la áspera[19] corteza[20] de utilitarismo, bajo la indiferencia mercantil, bajo la severidad puritana, esconde, a no dudarlo, una virtualidad poética escogida, y un profundo venero de sensibilidad, el cual revela, en sentir de Taine,[21] que el fondo primitivo, el fondo germánico de aquella raza, modificada luego por la presión de la conquista y por el hábito de la actividad comercial, fue una extraordinaria exaltación[22] del sentimiento. El espíritu americano no ha recibido en herencia ese instinto poético ancestral, que brota, como surgente límpida, del seno de la roca británica, cuando es el Moisés de un arte delicado quien la toca. El pueblo inglés tiene, en la institución de su aristocracia—por anacró-

12. Madera.
13. Partícula de fuego.
14. Abundante.
15. Falto de idealidad; vulgar.
16. Corriente filosófica del siglo XIX basada en la primacía de la ciencia y el progreso material.
17. Le quita; elimina.
18. Suavizaban; moderaban la fuerza.
19. Dura.
20. Superficie externa.
21. Filósofo y crítico francés del siglo XIX.
22. Elevación, en sentido figurado.

nica e injusta que ella sea bajo el aspecto del derecho político—, un alto e inexpugnable baluarte[23] que oponer al mercantilismo ambiente y a la prosa invasora; tan alto e inexpugnable baluarte que es el mismo Taine quien asegura
que desde los tiempos de las ciudades griegas no presentaba la historia ejemplo de una condición de vida más propia para formar y enaltecer[24] el sentimiento de la nobleza humana. En el ambiente de la democracia de América,
el espíritu de vulgaridad no halla ante sí relieves inaccesibles para su fuerza de
ascensión, y se extiende y propaga como sobre la llaneza de una pampa infinita.

Sensibilidad, inteligencia, costumbres—todo está caracterizado, en el
enorme pueblo, por una radical ineptitud de selección, que mantiene, junta
al orden mecánico de su actividad material y de su vida política, un profundo
desorden en todo lo que pertenece al dominio de las facultades ideales. Fáciles son de seguir las manifestaciones de esa ineptitud, partiendo de las más
exteriores y aparentes, para llegar después a otras más esenciales y más ínti-
mas. Pródigo[25] de sus riquezas—porque en su codicia no entra, según acer-
tadamente se ha dicho, ninguna parte de Harpagón[26]—el norteamericano
ha logrado adquirir con ellas, plenamente, la satisfacción y la vanidad de la
magnificencia suntuaria;[27] pero no ha logrado adquirir la nota escogida del
buen gusto. El arte verdadero sólo ha podido existir en tal ambiente a título
de rebelión individual. Emerson,[28] Poe, son allí como los ejemplares de una
fauna expulsada de su verdadero medio por el rigor de una catástrofe geoló-
gica. Habla Bourget,[29] en *Outremer,* del acento concentrado y solemne con
que la palabra *arte* vibra en los labios de los norteamericanos que ha halagado
el favor de la fortuna; de esos recios y acrisolados[30] héroes del *self-help,* que as-
piran a coronar, con la asimilación de todos los refinamientos humanos, la

---

23. Defensa.
24. Engrandecer; elevar de categoría.
25. Generoso.
26. Personaje de *El avaro,* del escritor francés Molière. Símbolo del egoísmo y del
    amor al dinero.
27. Lujosa; material.
28. Ensayista y poeta norteamericano del siglo XIX.
29. Poeta, novelista y crítico literario francés del siglo XIX–XX.
30. Puros.

obra de su encumbramiento[31] reñido.[32] Pero nunca les ha sido dado concebir esa divina actividad que nombran con énfasis, sino como un nuevo motivo de satisfacerse su inquietud invasora y como un trofeo de su vanidad.

Cuestionario

1. Según Rodó, ¿cuáles son los rasgos esenciales del carácter norteamericano?
2. ¿Cuáles serían las consecuencias sociales de tales características? ¿Y las económicas?
3. Explique la siguiente frase: "era necesario predicar a los norteamericanos el Evangelio del descanso o del recreo."
4. ¿Cómo se define en EEUU, según Rodó, el concepto del "bienestar personal"?
5. ¿Cuál es la diferencia entre el espíritu inglés y el espíritu norteamericano?
6. ¿Qué opinión tiene el autor de la democracia tal y como se manifiesta en EEUU? Explique su respuesta.
7. Rodó insinúa que el carácter norteamericano carece de un atributo fundamental. ¿Cuál es?
8. En sus propias palabras, resuma brevemente las ideas principales del texto.
9. ¿Qué validez tienen, a principios del siglo XXI, las ideas del escritor uruguayo?
10. Se podría decir que Rodó representa el pensamiento de su época. ¿Qué diferencias nota Ud. en la actitud de hoy en día hacia la actividad comercial?

Temas de discusión

Desarrolle, en forma individual o en grupos, los siguientes temas y haga un resumen para compartir con la clase:

1. Idealismo contra materialismo.
2. Efecto del materialismo en el ser humano.

31. Proceso de llegar al punto más elevado; triunfo.
32. Con mucho esfuerzo.

3. La obsesión por el trabajo en la cultura norteamericana.
4. El triunfo del "hombre masa" en el siglo XX.
5. Los valores espirituales en la cultura contemporánea.

Ejercicios

Complete las siguientes oraciones con las palabras adecuadas:

1. El mundo moderno se interesa ante todo por _____.
2. El norteamericano necesita aprender a valorar _____
   y _____.
3. Al pasar de Inglaterra a Norteamérica, _____ perdió
   los rasgos idealistas que lo distinguían.
4. A pesar de su riqueza material, el norteamericano no tiene _____
   _____.
5. A causa de una democracia mal interpretada, la cultura estadounidense se
   caracteriza por _____.
6. Rodó no siente mucha _____ por la cultura norteamericana.
7. Al materialismo de EEUU, Rodó contrapone _____
   europeo y latinoamericano.

Carlos Fuentes, su contexto
y *La frontera de cristal*

Carlos Fuentes nació en Ciudad de México en 1928 en el seno de una familia bastante acomodada. Debido a la carrera diplomática de su padre, pasó gran parte de sus años de infancia y adolescencia en el extranjero, hecho que le permitió, desde temprana edad, adquirir la visión amplia y universal que más tarde habría de caracterizar tanto su trayectoria intelectual como su obra literaria. Tras de terminar sus estudios en derecho en México y hacer una especialización en el Instituto de Altos Estudios de Ginebra, Fuentes se ha desempeñado como periodista, diplomático (agregado cultural en Suiza y embajador en Francia), conferencista y catedrático[33] en varias universidades norteamericanas. A Fuentes, sin embargo, se le conoce ante todo por su vasta producción literaria, que abarca diversos géneros, desde ensayos de crítica hasta obras de ficción. Sus novelas más destacadas son *La muerte de Artemio Cruz* (1962), *Cambio de piel* (1967), *Terra Nostra* (1975), *Una familia lejana* (1980), *Gringo viejo* (1985) y *La campaña* (1990), obras en las cuales maneja gran variedad de temas y estilos. Fuentes forma parte del llamado "boom" de la literatura latinoamericana, y es sin duda una de las principales figuras intelectuales del continente en el siglo XX.

    La frontera de cristal es una colección de cuentos cuyo tema central es la estrecha relación entre México y los Estados Unidos, y las consecuencias humanas—sicológicas, familiares—-de una situación que empuja[34] a millones de mexicanos a una especie de exilio, la ruta de escape hacia el norte para buscar mejor vida en la vecina nación. Históricamente estos dos países han

33. Profesor.
34. En este contexto, obliga.

tenido una relación muy particular: Unidos por su proximidad geográfica, pero separados por enormes diferencias culturales y económicas. En el siglo XIX, tras el tratado de Guadalupe Hidalgo (1848), México perdió gran parte de su territorio nacional ante la joven nación norteamericana, que en esa época trataba de consolidar su expansión hacia el oeste del continente. Desde entonces, varios factores han contribuido a agravar la situación: por un lado, las múltiples intervenciones de los Estados Unidos en los asuntos internos de México, símbolo del poderío económico y militar que los norteamericanos han alcanzado, especialmente desde la Segunda Guerra Mundial; por otro, la política interior y exterior del Partido Revolucionario Institucional (PRI), que desde su llegada al poder en 1929 ha tratado de mantener su independencia y distancia de Washington. Respondiendo a la necesidad de lograr mayor cooperación económica en la región, México, Estados Unidos y Canadá firmaron en 1994 el Tratado de Libre Comercio (TLC o NAFTA), acuerdo cuyo propósito era reducir aranceles aduaneros y permitir mayor movilidad de recursos y productos entre las tres naciones participantes. El TLC le ha permitido a México diversificar su economía, disminuir el desempleo y alcanzar una envidiable tasa de crecimiento del producto interno bruto (PIB). Pero los logros no pueden ocultar el hecho de que ciertos problemas persisten, especialmente la extrema pobreza que afecta a un sector bastante amplio de la población y que tiene como consecuencia la forzada emigración de millones de trabajadores a los Estados Unidos para encontrar mejores condiciones de vida. Este grave problema es lo que trata el siguiente fragmento de *La frontera de cristal*.

Repasemos

1. ¿Qué podría significar el título del libro?
2. ¿Cree Ud. que Estados Unidos tenía razón al apoderarse de territorios que, de Texas a Nevada, antes pertenecían a México?
3. ¿Qué reacción en México cree Ud. que haya resultado de tal hecho histórico?
4. ¿Qué beneficios para EEUU puede tener un acuerdo económico como el TLC?
5. ¿Y para México?

La frontera de cristal (fragmento)

Apenas aprobado el Tratado de Libre Comercio, don Leonardo inició un intenso cabildeo[35] para que la migración obrera de México a los Estados Unidos fuese clasificada como «servicios», incluso como "comercio exterior."

En Washington y en México, el dinámico promotor y hombre de negocios explicó que la principal exportación de México no eran productos agrícolas o industriales, ni maquilas,[36] ni siquiera capital para pagar la deuda externa (la deuda eterna), sino trabajo. Exportábamos trabajo más que cemento o jitomates.[37] Él tenía un plan para evitar que el trabajo se convirtiera en un conflicto. Muy sencillo: evitar el paso por la frontera. Evitar la ilegalidad.

—Van a seguir viniendo—le explicó al Secretario del Trabajo Robert Reich—. Y van a venir porque ustedes los necesitan. Aunque en México sobre[38] empleo, ustedes necesitarán trabajadores mexicanos.

—Legales—dijo el secretario—. Legales sí, ilegales no.

—No se puede creer en el libre mercado y enseguida cerrarle las puertas al flujo[39] laboral. Es como si se lo cerraran a las inversiones. ¿Qué pasó con la magia del mercado?

—Tenemos el deber de proteger nuestras fronteras—continuó Reich—. Es un problema político. Los Republicanos están explotando el creciente ánimo contra los inmigrantes.

—No se puede militarizar la frontera—don Leonardo se rascó con displicencia la barbilla,[40] buscando allí la misma hendidura de la belleza de su nuera—. Es demasiado larga, desértica, porosa. No pueden ustedes ser laxos cuando necesitan a los trabajadores y duros cuando no los necesitan.

—Yo estoy a favor de todo lo que añada[41] valor a la economía norteamericana—dijo el secretario Reich—. Sólo así vamos a añadir valor a la economía del mundo,—o viceversa—. ¿Qué propone usted?

35. En una corporación o compañía, una intensa campaña para lograr algo.
36. Plantas de ensamblaje situadas en la frontera entre México y EEUU.
37. Tomates. En México los "tomates" son jitomates y los "tomatillos" son tomates.
38. Subjuntivo del verbo *sobrar*. Haya demasiado.
39. En este contexto, movimiento.
40. Parte inferior de la cara; punta de la barba.
41. Subjuntivo del verbo *añadir*. Incremente.

Lo que propuso don Leonardo era ya una realidad y viajaba en clase económica. Se llamaba Lisandro Chávez y trataba de mirar por la ventanilla pero se lo impedía su compañero de la derecha que miraba intensamente a las nubes como si recobrara una patria olvidada y cubría la ventanilla con las alas de su sombrero de paja laqueada.[42] A la izquierda de Lisandro, otro trabajador dormía con el sombrero empujado hasta el caballete de la nariz. Sólo Lisandro viajaba sin sombrero y pasaba la mano por la cabellera negra, suave, rizada, se acariciaba el bigote espeso y recortado, se restregaba de vez en cuando los párpados[43] gruesos, aceitosos.

Cuestionario

1. ¿Qué tipo de persona es don Leonardo?
2. ¿Por qué le interesa que la migración sea clasificada como servicio?
3. ¿Cómo se considera a la migración hoy en día?
4. ¿Qué significa la frase "exportábamos trabajo?" ¿A qué tipo de producto o servicio se refiere?
5. ¿Por qué, según don Leonardo, no se puede evitar la migración de trabajadores mexicanos a EEUU?
6. ¿Qué significa "militarizar la frontera"? ¿Qué consecuencias económicas tendría esta medida?
7. ¿Cómo se diferencian los objetivos de don Leonardo de los del secretario Reich?
8. ¿Por qué asegura el narrador que "lo que propuso don Leonardo era ya una realidad"?

Temas de discusión

Desarrolle, en forma individual o en grupos, los siguientes temas y haga un resumen para compartir con la clase:

1. ¿Por qué, cree Ud., que el TLC no incluye la libertad de movimiento a la fuerza laboral?
2. Explique en más detalle el problema político del secretario Reich. ¿En qué estados de los EEUU se ha ya manifestado?

42. Con laca.
43. Piel que sirve para cubrir y proteger el ojo.

ᴸ

3. ¿Qué significa la frase "no pueden Uds. ser laxos cuando necesitan a los trabajadores y duros cuando no los necesitan"?

4. ¿Qué consecuencias tendría para la economía norteamericana la supresión total de la migración ilegal de mexicanos?

5. ¿Y para México?

6. ¿Qué consecuencias tendría para ambas economías y ambos países la apertura total al libre movimiento de trabajadores?

Ejercicios

Complete las siguientes oraciones con las palabras adecuadas:

1. Don Leonardo propone un plan para que la migración de trabajadores se considere un _____.

2. Don Leonardo es modelo del "nuevo" hombre de negocios latinoamericano. Él es _____ y _____.

3. Según don Leonardo, el principal producto de exportación de México a EEUU es _____.

4. Un mercado de verdad "libre" debe incluir también libertad para _____.

5. Se puede decir que una frontera por la cual pasan cientos de miles de personas es _____.

6. En EEUU, consideraciones _____ no permiten que se abra completamente la frontera a _____ mexicanos.

El campo y la ciudad

Latinoamérica es, muy posiblemente, uno de los lugares en donde la emigración del campo a la ciudad se ha llevado a cabo de manera más rápida y masiva, no siempre bajo condiciones propicias. De ser una población esencialmente agraria a finales del siglo XIX, hoy en día la mayor parte de los habitantes de América Latina se encuentra concentrada en centros urbanos, desarraigada[1] de sus orígenes campesinos. No es, por lo tanto, de extrañar el hecho de que en América Latina se encuentren dos de las ciudades más pobladas del planeta, Ciudad de México y São Paulo, ni que la calidad de vida en muchas ciudades no haya mejorado de forma significativa al compararla con las condiciones que imperaban en áreas rurales. En España, a pesar de diferencias geográficas y culturales, la situación en el campo ha sido muy similar a la de sus antiguas colonias—escasez de tierra, mercados internos insuficientes, tensiones políticas—y por lo tanto el proceso de urbanización tomó rumbos parecidos.

Históricamente, una larga serie de factores ha contribuido a acelerar el éxodo del campesino hacia la ciudad. Desde el periodo colonial, por ejemplo, instituciones como la iglesia católica, con sus inmensas propiedades rurales, y el sistema de encomiendas[2] sirvieron para limitar el acceso de las poblaciones indígenas a la tierra, creándose el latifundismo. Más tarde, du-

1. Separada.
2. Concesiones de tierra que recibieron los conquistadores españoles en Hispanoamérica durante la colonia.

rante el siglo XIX, se realizó la construcción del ferrocarril, que estaba orientado principalmente hacia la exportación de productos a los Estados Unidos y a Europa y no a la conexión de mercados en el ámbito nacional. Ésto aceleró la proletarización del campesino, quien perdía sus pocas tierras, al vincularlo como mano de obra barata a la construcción ferroviaria. En otros casos, campesinos sin propiedad privada para cultivar se vieron obligados a colocarse como peones o jornaleros[3] en las haciendas de los grandes latifundistas o en las empresas agrícolas nacionales y extranjeras (la United Fruit Company, por ejemplo) que para mediados del siglo XX habían adquirido inmensas extensiones de terreno para el cultivo de productos de exportación. La construcción del ferrocarril, entonces, precipitaba la integración de las naciones hispanoamericanas al cinturón periférico que se formaba alrededor de las naciones europeas, que al contrario usaban el ferrocarril como parte de su desarrollo industrial y económico.

La familia campesina que sí poseía un poco de tierra para cultivar carecía, sin embargo, de fondos necesarios para poder adquirir tecnología de punta, que casi siempre es importada y requiere de un fuerte capital, y de la asistencia técnica necesaria para modernizar e incrementar la producción agrícola. Es a causa de la falta de crédito y liquidez que la familia campesina requiere de todos sus miembros, adultos y niños, para sembrar y cosechar sus productos, que generalmente son sólo suficientes para la supervivencia propia y no para el comercio. A su vez, la abundancia de mano de obra en el campo retrasa el uso de maquinaria y mantiene de forma indefinida métodos poco eficientes en el sector agrícola. Es un círculo vicioso que contribuye a agrandar las diferencias entre países desarrollados y países en vía de desarrollo. Irónicamente la tecnología, ante todo en manos de empresas agroindustriales, ha obligado a los campesinos a vender sus terrenos a precios muy bajos para así contratarse como mano de obra, pues les ha sido imposible competir con métodos modernos de explotación agrícola. El abismo[4] que existe entre las grandes empresas del

3. Trabajadores contratados por día o jornada.
4. Diferencia.

campo y los campesinos, la falta de tierra fértil y de recursos tecnológicos y financieros para la producción, ha presionado a millones de familias campesinas a emigrar a las ciudades.

En los países hispanohablantes la violencia motivada por cuestiones de tipo político, ya sea la represión de dictaduras militares o enfrentamientos entre ideologías partidistas, también ha sido un factor vital en la emigración de campesinos a los grandes centros urbanos.

Desde hace más o menos cincuenta años el éxodo a las ciudades ha ido en aumento. La agricultura ha dejado de ser la ocupación de muchos campesinos pues no es suficiente para cubrir las necesidades más básicas de una familia en el campo. La mayoría de las sociedades hispanohablantes se ha convertido, de esta forma, en sociedades urbanas. Las grandes urbes, con sus instituciones gubernamentales, industrias, comercios, centros de educación y demás servicios que hasta no hace mucho tiempo eran imposibles de obtener tanto en las ciudades del interior como en los pueblos pequeños, atraen al campesino con el espejismo[5] de un empleo bien remunerado, un mejor nivel de vida y una buena educación para sus hijos. La situación que encuentran los emigrantes es, como se verá, bastante diferente.

Repasemos

1. ¿Qué factores han contribuido a "expulsar" al campesino de la tierra?
2. ¿Por qué es importante el impacto del ferrocarril dentro de algunas de las incipientes sociedades capitalistas hispanoamericanas?
3. ¿Qué sucedía con los campesinos que carecían de tierras para cultivar? ¿Qué otros medios económicos tenían para vivir?
4. ¿Qué consecuencias ha tenido la falta de crédito para la agricultura?
5. ¿Quiénes han podido incorporar la tecnología a la economía agrícola?
6. Explique por qué la abundancia de mano de obra en el campo se convierte en una barrera para la mecanización.

5. Producto de la imaginación; algo que no existe.

7. ¿Qué tipo de economía se ha desarrollado en las ciudades para los emigrantes y en qué forma daña o beneficia a la economía de los países?

8. ¿Qué condiciones de vida pueden tener los emigrantes en las ciudades?

9. ¿Qué diferencias ve Ud. entre el proceso de urbanización en los EEUU y lo que ocurrió en países hispanohablantes?

Temas de discusión

Desarrolle, en forma individual o en grupos, los siguientes temas y haga un resumen para compartir con la clase:

1. Efecto de tratados comerciales como NAFTA y la Unión Europea (EU) en la agricultura en América Latina y España.

2. El complejo agroindustrial y el agricultor individual: ¿Es una competencia justa?

3. Razones para la emigración a las ciudades en los EEUU y sus consecuencias.

4. ¿En qué forma afecta la falta de producción agrícola a las economías de los países?

5. Ventajas y desventajas de la vida urbana.

Juan Rulfo, su contexto y "Paso del norte"

El mexicano Juan Rulfo (1917–86) nació en Suyula en el estado de Jalisco. Con una infancia muy difícil al término de la Revolución, Rulfo presenció la desintegración de su familia cuando su padre y sus hermanos fueron asesinados. Rulfo, autor de la colección de cuentos *El llano en llamas* (1953), de la cual el cuento que aquí presentamos forma parte, y la novela *Pedro Páramo* (1955), ofrece a través de su narrativa personajes que son símbolo de la pobreza extrema que se vive en los pueblos del México post-revolucionario. Los personajes de Rulfo, por medio de un lenguaje simple y sencillo, representan a campesinos de la región donde el mismo autor vivió: una tierra desolada, caliente y árida en la que esta gente, pobre e ignorante, vive en una inmensa soledad. Estos trabajadores del campo luchan constantemente contra un destino, la pobreza, del cual parece no haber escape y forman una galería de víctimas de la injusticia social, la opresión, el hambre y la muerte que los rodea desde su nacimiento.

La colección de cuentos *El llano en llamas* se publicó en una época en que México experimentaba acelerados cambios sociales, políticos y económicos. La población del país había crecido de 20 millones de habitantes en 1940 a aproximadamente 30 millones en 1953. Durante estos mismos años el producto nacional bruto pasó de 6.000 a 52.000 millones de dólares, la producción industrial se multiplicó anualmente por 5,5 por ciento y la construcción por 4,5 por ciento. La población de la capital, el Distrito Federal, aumentó de 1½ millones de habitantes en 1940 a 3 millones en 1952.

Estos fueron años de profundos cambios en la estructura social del país. Amparada por las reformas educativas y por el aparato burocrático del estado mexicano, la clase media creció de forma considerable. La clase obrera, por su parte, se fue integrando a la industria, que para mediados de los años cincuenta ya contaba con un sector manufacturero relativamente grande, incluyendo producción de electrodomésticos, ensamblaje de automóviles y extracción de petróleo; y además con un vasto proyecto de construcción para desarrollar la infraestructura del país. El estado nacional, aparentemente, se consolidaba y entraba así a la era industrial.

Pero la realidad era diferente para la gente del campo. Una cosa era lo que en la ciudad se consideraba el desarrollo económico y el progreso del país y otra muy distinta lo que sucedía en las áreas rurales. En los pueblos, los habitantes estaban en una situación de miseria y abandono. En "Paso del norte" Rulfo refleja la terrible condición del campesino de varias formas: En la miseria de la vida diaria, agravada por la arbitrariedad y el abuso de un proyecto de reforma agraria que no fue más allá de la demagogia populista; en el hambre que sufría gran parte de la población; y en la migración obligada a las grandes ciudades, ya sea al Distrito Federal, por ejemplo, o al que habría de convertirse en el destino de millones de emigrantes ilegales, los Estados Unidos. En forma general, éste es el contexto socio-político-económico pre- y post-revolucionario que da vida a este cuento.

Repasemos

1. ¿Cuáles son algunos de los cambios sociales más importantes que ocurrieron en México a principio de los años cincuenta?
2. ¿En qué forma se manifiesta el crecimiento económico?
3. ¿Existía un desarrollo económico igual en el campo?
4. ¿Qué fenómeno ocurrió como resultado de la pobreza en el campo?
5. ¿Cuál era la situación económica de los EEUU en comparación con la de México en la misma época?

Vocabulario para antes de leer

Descargar: Bajar la carga de un vehículo.
Mercar: Comerciar con un producto; comprar o vender.
Pólvora: Nombre que se da a los fuegos artificiales que se venden en días de fiesta.
Puercos: Ganado porcino que se cría para producir carne.
Quelite: Verdura que se puede comer acompañada de frijoles y tortillas.

"Paso del norte" (fragmento)

—Me voy lejos, padre, por eso vengo a darle el aviso.

—¿Y pa onde[6] te vas, si se puede saber?

—Me voy pal norte.[7]

—¿Y allá pos pa qué? ¿No tienes aquí tu negocio? ¿No estás metido en la merca de puercos?[8]

—Estaba. Ora[9] ya no. No deja. La semana pasada no conseguimos pa[10] comer y en la antepasada comimos puros quelites. Hay hambre, padre; usté ni se las huele[11] porque vive bien.

—¿Qué estás ahí diciendo?

—Pos que hay hambre. Usté no lo siente. Usté vende sus cuetes y sus salpericos y la pólvora[12] y con eso la va pasando. Mientras haiga funciones, le lloverá el dinero; pero uno no, padre. Ya naide cría puercos en este tiempo. Y si los cría pos se los come. Y si los vende, los vende caros. Y no hay dinero para mercarlos, además de esto. Se acabó el negocio, padre.

—Y ¿qué diablos vas a hacer al Norte?

—Pos a ganar dinero. Ya ve usté, el Carmelo volvió rico, trajo hasta un gramófono y cobra la música a cinco centavos. De a parejo,[13] desde un danzón hasta la Anderson esa que canta canciones tristes; de a todo, por igual, y gana su buen dinerito y hasta hacen cola pa oír. Así usté ve; no hay más que ir y volver. Por eso me voy.

—¿Y onde vas a guardar a tu mujer con los muchachos?

—Pos por eso vengo a darle aviso, pa que usté se encargue de ellos.[14]

—¿Y quién crees que soy yo, tu pilmama?[15] Si te vas pos ahí que Dios se

6. ¿Para dónde? Se usa *pa* como forma corta de *para*.
7. Para el norte, los Estados Unidos
8. *Pos* . . . se usa como *pues* y *entonces*. *Merca* . . . en el negocio de la compra y venta de puercos
9. Ahora.
10. Para.
11. Usted no se da cuenta, no pone atención a lo que pasa.
12. *Cuetes* . . . Cohetes, fuegos artificiales.
13. Igual, lo mismo.
14. *Pa* . . . para que usted los cuide.
15. Niñera, persona que cuida niños.

las ajuarié con ellos.[16] Yo ya no estoy pa criar muchachos, con haberte criado a ti y a tu hermana, que en paz descanse, con eso tuve de sobra. De hoy en adelante no quiero tener compromisos. Y como dice el dicho:[17] «Si la campana no repica es porque no tiene badajo.»

—No hallo qué decir, padre, hasta lo desconozco. ¿Qué me gané con que usté me criara?, puros trabajos. Nomás me trajo al mundo al averíguatelas como puedas. Ni siquiera me enseñó el oficio de cuetero,[18] como pa que no le fuera a hacer a usté la competencia. Me puso unos calzones y una camisa y me echó a los caminos pa que aprendiera a vivir por mi cuenta y ya casi me echaba de su casa con una mano adelante y otra atrás.[19] Mire usté, éste es el resultado: nos estamos muriendo de hambre. La nuera y los nietos y éste su hijo, como quien dice toda su descendencia, estamos ya por parar las patas y caernos bien muertos. Y el coraje que da es que es de hambre. ¿Usté cree que eso es legal y justo? [. . .]

De los ranchos bajaba la gente a los pueblos; la gente de los pueblos se iba a las ciudades. En las ciudades la gente se perdía; se disolvía entre la gente. «¿No sabe ónde me darán trabajo?» «Sí vete, a Ciudad Juárez. Yo te paso[20] doscientos pesos. Busca a fulano de tal y dile que yo te mando. Nomás no se lo digas a nadie.» «Está bien, señor, mañana se los traigo.»

—Oye, dicen que por Nonoalco[21] necesitan gente para la descarga de los trenes.

—¿Y pagan?

—Claro, a dos pesos la arroba.[22]

—¿De serio? Ayer descargué como una tonelada de plátanos detrás de la Mercé[23] y me dieron lo que me comí. Resultó conque los había robado y no me pagaron nada; hasta me cusiliaron a los gendarmes.[24]

16. Dios los cuidará.
17. Refrán popular. Si no tengo compromisos no me preocupo.
18. Persona que fabrica fuegos artificiales.
19. Ya no me quería usted en su casa. Salí sin nada de su casa, muy pobre.
20. Yo te cobro.
21. Estación de ferrocarriles en la ciudad de México.
22. Medida de peso: una arroba son 11.5 kilos.
23. El mercado público más antiguo y grande de la ciudad de México.
24. *Cusiliaron* . . . Llamaron a los policías.

—Los ferrocarriles son serios. Es otra cosa. Ahí verás si te arriesgas.

—¡Pero cómo no!

—Mañana te espero.

Y sí, bajamos mercancías de los trenes de la mañana a la noche y todavía nos sobró tarea pa otro día. Nos pagaron. Yo conté el dinero: sesenta y cuatro pesos. Si todos los días fueran así.

—Señor, aquí le traigo los doscientos pesos.

—Está bien. Te voy a dar un papelito pa nuestro amigo de Ciudá Juárez. No lo pierdas. Él te pasará la frontera y de ventaja llevas hasta la contratada. Aquí va el domicilio y el teléfono pa que lo localices más pronto. No, no vas a ir a Tejas. ¿Has oído hablar de Oregón? Bien, dile a él que quieres ir a Oregón. A cosechar manzanas, eso es, nada de algodonales. Se ve que tú eres un hombre listo. Allá te presentas con Fernández. ¿No lo conoces? Bueno, preguntas por él. Y si no quieres cosechar manzanas, te pones a pegar durmientes. Eso deja más y es más durable.[25] Volverás con muchos dólares. No pierdas la tarjeta. [. . .]

Cuestionario

1. ¿Qué obliga al campesino a salir del pueblo?
2. ¿Qué trabajo ha tenido que le ha permitido sobrevivir? ¿Cómo es la situación económica de su familia?
3. ¿Qué detalles nos da de su infancia?
4. ¿Cuál es el oficio del padre? ¿Gana bastante dinero en su profesión?
5. Explique el significado de la siguiente frase: "En las ciudades, la gente se perdía; se disolvía entre la gente."
6. ¿Qué tipo de trabajo encuentra el campesino en la Ciudad de México antes de viajar a los EEUU?
7. Describa las condiciones en que trabaja en la Ciudad de México.
8. ¿Por qué quiere irse a los EEUU? ¿Qué trabajo va a hacer en Oregón?
9. ¿Qué idea o imagen de los EEUU tiene el protagonista?
10. Según el texto, ¿qué función tiene la familia extendida en la sociedad rural mexicana?

---

25. *Eso . . .* Se gana más dinero y es por más tiempo.

Temas de discusión

Desarrolle, en forma individual o en grupos, los siguientes temas y haga un resumen para compartir con la clase:

1. En México, el desarrollo fue un proyecto centralizado, dirigido desde la capital. ¿Qué consecuencia tuvo esto para las regiones más apartadas?
2. Las condiciones laborales para los emigrantes a las ciudades: ¿Oportunidad para trabajar o explotación?
3. La modernización y la pérdida de los valores tradicionales de una sociedad.
4. Formas de evitar la inmigración ilegal a los EEUU.
5. "El sueño americano" para el inmigrante: ¿Realidad o ilusión?

Ejercicios

Complete las siguientes oraciones con las palabras adecuadas:

1. La _____ y _____ obligaron al protagonista a buscar trabajo en la capital.
2. El negocio de _____ no da lo suficiente para _____ _____.
3. Un vecino, Carmelo, regresó de _____ con suficiente dinero para invertir en un negocio.
4. En la ciudad, el campesino _____ la _____ _____ de los trenes para ganarse la vida.
5. Necesita _____ para pagarle a un hombre que va a ayudarle a cruzar a _____.
6. _____ es el destino del protagonista, donde va a trabajar recogiendo _____.
7. El campesino quiere que su _____ cuide de sus _____ _____ mientras está por fuera.

Manuel Mejía Vallejo, su contexto
y *Al pie de la ciudad*

Manuel Mejía Vallejo (1924–) nació en el departamento colombiano de Antioquia. Aunque los primeros años los pasó como periodista, no tardó en interesarse por la ficción. Siguiendo la tradición establecida por Tomás Carrasquilla, sus primeras obras denotan un apego[26] por la tierra antioqueña, prácticamente una añoranza[27] por la tranquilidad campesina de su región natal. Muy pronto, sin embargo, su ficción toma un rumbo más seguro, más preciso, para así captar la admiración de la crítica tanto colombiana como internacional. Entre sus obras principales se destacan *Al pie de la ciudad* (1958); *El día señalado* (1962), con la cual ganó el Premio Nadal; *Aires de tango* (1973); y *La casa de las dos palmas* (1989).

Al pie de la ciudad apareció en una época muy dura para Colombia, conocida popularmente como "la violencia." A raíz del asesinato del dirigente liberal Jorge Eliécer Gaitán en 1948, el país se sumió[28] en una ola de violencia política entre liberales y conservadores. Esta guerra civil dejó, en diez años, más de doscientos mil muertos, en su mayoría campesinos. La violencia en las zonas rurales causó graves problemas humanos y económicos, y en varios sectores gran parte de la población campesina se vio obligada a emigrar a la ciudad para protegerse de la represión organizada por elementos de la policía nacional. El resultado fue, como en otros lugares en Hispanoamérica, el despoblamiento de las áreas rurales y la acumulación de miles de familias campesinas en las afueras de las ciudades principales: Bogotá pasó de 250.000 habitantes en 1948, a millón y medio a mediados de la década de los sesenta, y casos semejantes se registraron en otras ciudades del país. La situación de los recién llegados era desesperada, pues los centros urbanos no esta-

---

26. *Denotan . . .* Muestran un cariño.
27. Nostalgia, melancolía.
28. Pretérito del verbo *sumirse,* verse envuelto o involucrado.

ban preparados para acoger la inmensa ola de refugiados que venían a buscar techo y trabajo, en su mayoría pobres y sin la educación necesaria para sobrevivir en una economía moderna.

La emigración masiva del campo tuvo consecuencias nefastas para la calidad de vida en los centros urbanos. Los refugiados de la violencia se instalaron en los llamados barrios invasión, terrenos baldíos[29] en la periferia del casco urbano sin acceso a servicios básicos como alcantarillado, agua corriente o electricidad, sin escuelas o centros de salud. Por haberse construido en las faldas[30] de la montaña o en zonas propensas a la erosión, deslizamientos[31] e inundaciones—hecho que en varias ocasiones ha causado la muerte de docenas de personas—estas ciudades satélites han contribuido a deteriorar el medio ambiente. Cabe agregar que, como se verá en el texto más adelante, la falta de oportunidad económica para los habitantes de estas zonas ha sido un factor clave en la tasa de delincuencia y en la marginación de parte significativa de la población. Estas son precisamente las circunstancias en que se encuentra el niño y su familia en el siguiente fragmento de la novela de Mejía Vallejo.

Repasemos

1. ¿Qué dio origen a la época de la violencia en Colombia?
2. ¿Cuáles fueron para el país los resultados de la violencia en las áreas rurales?
3. ¿Por qué razones los emigrantes no se adaptan a vivir rápidamente en una economía moderna?
4. Brevemente describa las condiciones de vida para los refugiados de la violencia.
5. ¿Hasta qué punto ha cambiado la situación política y social en Colombia hoy en día?
6. A largo plazo, ¿qué consecuencias puede tener para el desarrollo del país un estado permanente de violencia y conflictos políticos?

Vocabulario para antes de leer

Alcantarillas: Acueducto subterráneo para llevar las aguas lluviosas o sucias.
Baratijas: Objetos de poco valor.

29. Desocupados.
30. Pie de la montaña, lugar donde comienza la elevación.
31. Cuando debido a la erosión y a lluvias fuertes, la tierra en sitios elevados cede y se desplaza.

Barranco: Precipicio que se forma con las aguas del río o del mar.

Cauce: Lecho o lugar por donde corre un río.

Corriente: La fuerza y dirección que lleva el agua.

Desagües: Conducto o tubería que da salida a aguas sucias; alcantarilla.

Desperdicios: Residuo de lo que no se aprovecha y que otros usan, basura.

Frasco: Envase de vidrio, de cuello angosto, para contener líquidos.

Loma: Pequeña montaña de muy poca elevación.

Rancho: Vivienda para gente pobre.

Suburbios: Barrios marginales, generalmente en las afueras de la ciudad.

Tarros: Envase o recipiente de metal.

Trepar: Subir a un lugar de difícil acceso.

Zanja: Excavación larga en la tierra.

Al pie de la ciudad (fragmento)

«—¡Traé[32] la cabra,[33] muchacho!—» se oye una voz que rueda hasta el cauce lleno. Y otra voz, ahora infantil, sube tropezando en los barrancos:

«—¡Ya voy!»

El niño soba[34] con la palma de una mano los ijares del animal, cuyos ojos lamen con suavidad las cosas, largo rato. Su paso trepa los riscos,[35] la ubre[36] unta de leche y vaho[37] tibio las hierbas.

En un descanso de la loma se detiene la cabra para comer hojas de una rama. El niño aguarda[38] que los belfos[39] escojan retoños[40] recién brotados que ella rumiará[41] después mientras la ordeña.[42] Siempre fue así, más ahora, cuando el recental[43] murió al arrastrarlo las aguas crecidas del invierno.

32. Imperativo del verbo *traer.* Forma coloquial.
33. Animal mamífero, de pelo corto y áspero, cola corta.
34. Acariciar, dar masaje con las manos.
35. Lugar alto, de acceso difícil y peligroso.
36. Órgano por donde se extrae la leche en los mamíferos.
37. Vapor.
38. Espera.
39. Labios de un animal.
40. Parte nueva de una planta.
41. Masticar por segunda vez; en algunos animales es un proceso necesario para la digestión.
42. Extrae la leche.
43. Animal recién nacido.

«—Estas lluvias nos ayudan—» dijo el padre, días antes; «—cuando merme[44] la corriente pescamos la mercancía que arrastre.»[45]

Así había dicho el padre, y el niño saldría con él a buscar baratijas entre las piedras de los desagües. En el fondo hallarían lo que una ciudad grande tiene para perder: monedas que caen a los transeúntes[46] por los enrejados de mil alcantarillas, anillos, o aretes, o prendedores[47] que dejan ir por lavamanos y baños las señoras. En una ocasión él, mientras arreaba la cabra, encontró una piedra que dio de sonreír al padre. Desde entonces ejercieron con mayor empeño[48] la profesión de pescadores de desperdicios. Por eso el padre estuvo alegre con las lluvias torrenciales:

«—Cuando merme el aguaje encontraremos buena mercancía. [. . .]»

De los desagües para arriba quedan Los Barrancos. Y cauce arriba, tras los barrancos, está la ciudad. Para él, la ciudad es edificios altos, mucha gente, muchos carros. A veces acompañaba a su padre a vender el producto de su trabajo; un anillo, chispas[49] de arete, eslabones de cadenitas de oro, medallas curtidas.[50] Los compradores miraban recelosos[51] y sin muchas preguntas, de mala gana,[52] pagaban con que obtener un par de pantalones, dos o tres libras de arroz, unos kilos de frisol y maíz.

«—Por aquí se van las monedas cuando la gente las pierde—» explicó su padre señalándole una reja de la alcantarilla. Sabía que al llover, el agua arras-traba por los caños[53] tales objetos. Así, comprendió la alegría de su padre cuando dijo:

«—Estas lluvias nos traen buena mercancía.»

Pero también sintió ira dolorosa porque, al aumentar el raudal, esas lluvias habían ahogado al cabrito, y ahora la leche rociaba las malezas,[54] y la ubre se veía sola sin aquella trompa punteada. Sin embargo, quería a su manera las

44. Disminuir.
45. En este contexto, lleve.
46. Personas que pasan por un lugar.
47. *Anillos* . . . Joyas.
48. Constancia, esfuerzo.
49. Partículas brillantes.
50. En este contexto, viejas, descoloridas por el sol.
51. Con desconfianza.
52. Sin querer hacerlo, con una actitud negativa.
53. Desagües; canales por donde corre el agua sucia.
54. Vegetación densa.

aguas turbias que venían de tantos rincones de la ciudad y traían baratijas y objetos finos. Él mismo ayudó a cavar[55] zanjas cruzadas, así podían hurgar[56] en el fondo y sacar lo que relucía. De esa brega[57] dependían todos, no sólo su familia sino otras cuyos ranchos trepaban por los barrancos hasta mucho más abajo de la ciudad. Era un trabajo honrado y difícil. Otros robaban. A veces, cuando hundían sus pies en las aguas sucias, sentían vagamente que eran desperdicios de la ciudad: de pronto salían al aire de las alcantarillas, rodaban botados a la inclemencia de Los Barrancos. Sin embargo, la ciudad daba de comer, era otra dura necesidad. Pero el mundo del niño consistía en esos matojales[58] de la loma, esos deslizaderos de tierra amarilla, y su cabra. [. . .]

En Los Barrancos pasan el día sábado como un lunes. Teatros en la ciudad, y circo, y fútbol, y toros, y golf, y cine, y automóviles hacia las carreteras. En los suburbios ondean salvias,[59] ondean coros infantiles.

«—Vino el circo.»

«—Quisiera ver los payasos.»

«—Las culebras.»

«—Los trapecios.»

No van a la escuela porque no hay o queda lejos, y tienen que ayudar a sus padres, y no sobra dinero para útiles.[60] Sin embargo, algunos aprenden a leer en los muros y pintan, con tiza y carbón, muñecos en las piedras de los rodaderos. [. . .]

El Río es de todos y de él viven. Trabajo malo, es cierto, pero a la noche podrían amar tranquilos y retozar[61] el sábado por la noche en los recodos, y soñar que algún día adquirían vivienda dentro de la ciudad; ya no protestan, la desigualdad se les va haciendo lógica: nacer miserables equivale a nacer negros, mestizos, indios, cosa de toda la vida. Luchan, sin embargo, para hacer menos ardua la brega. Más tarde podrían ir a la escuela los niños, y ellos descansarían en la vejez recordando viejas anécdotas de El Río y sus abismos orilleros.

55. Excavar.
56. Escarbar, buscar.
57. Trabajo, labor.
58. Lugares con vegetación muy densa.
59. Planta silvestre que crece en lugares sin cultivar.
60. Materiales como libros, cuadernos, lápices, para uso en la escuela.
61. Juguetear, divertirse.

Por tiempo de elecciones los políticos los visitan, se colocan un aire de preocupación, prometen alivio: tendrán tierra, y protección oficial, y casas decentes, y trabajo y escuelas. Así, la fe[62] ulcerada que antes desembocaba en la esperanza los volvió amargados,[63] de agresivo silencio, con sentimientos encovados[64] donde las palabras no llegan. Dicen sus pasiones monosilábicamente, solapadas en los sinuosos repliegues de esa alma de oscuras y poderosas contensiones. [...]

Los Barrancos llegan a la ciudad en las noticias para la crónica roja[65] de los periódicos; en enfermos desahuciados[66] para los hospitales; en cadáveres para los anfiteatros; en preparativos para las Legiones Evangélicas; en tema para la disposición caritativa de algunas señoras pudientes; en gargantas demagógicas en tiempo de elecciones; en pordioseros[67] para las calles y los portones de iglesia; en la frase obsedante de la bruja:

«—¡No va a quedar ni uno! ¡No va a quedar ni uno!»

Y en seres sin futuro que buscan en las canecas desperdicios utilizables: trapos,[68] frascos, rodajas de pan, periódicos. Caminan con la cabeza gacha por si un transeúnte ha perdido alguna cosa de valor. Al azar viven su tiempo de vueltas y revueltas, vigilantes los ojos que saltan de bolsillo a bolsillo, de porche a sala, de cartera a cartera, de póstigo a zócalo, de vitrina a vitrina.

«—¿Le brillo el carro, señora?»

«—¿Le llevo el mercao,[69] señora?»

«—¿Necesita mandadero?»[70]

«—¿Hay pa mí algún oficio?»[71]

«—Me echaron[72] de la tierrita!»

«—Somos diez bocas, vea.»

62. Confianza que se tiene en una persona o cosa.

63. Con una actitud negativa ante la vida

64. En este contexto, muy profundos.

65. Sección del periódico donde aparecen reportajes sobre crimen y actos de violencia.

66. Sin posibilidad de recuperación.

67. Personas pobres que piden dinero por la calle.

68. Trozo o pedazo de tela.

69. Lo que se ha comprado en una tienda de comida o supermercado.

70. Persona que lleva mercancía de una tienda o supermercado a una casa particular.

71. Trabajo, ocupación.

72. Expulsaron.

La ciudad es sorda[73] a sus preguntas, anchas para su vagancia[74] las calles estrechas.

«—Compro frascos y papel periódico!—» grita uno, su costal al hombro, de puerta en puerta. «—Frascos de todo color y tamaño! Periódicos viejos, parrillas dañadas, ollas[75] rotas, chapas y candaos! Compro lo que sea, aprovechen!»

Otros venden lo inservible, al lado de lo cotidiano.

«—Cuernos brillantes de novillo! Garras de gavilán pa sus niños! Horquetas pa caucheras, pirinolas de cacho, imágenes milagrosas labradas en raíz de naranjo! Vendo cosas pa no robar!»

La ciudad se llena de ellos. Mañana. Tarde. Noche. Compran y venden cacharros,[76] asaltan, hurtan, estafan,[77] se esfuerzan por no morir completamente. La zalamería,[78] el insulto, la blasfemia. Dispuestos a matar en una esquina, al acecho de montañeros[79] ingenuos, de automóviles sin vigilancia, de almacenes, de bolsillos transeúntes . . .

Cuestionario

1. Haga un breve resumen de los dos contextos que se presentan en el fragmento.
2. El narrador indica que el padre y su hijo "ejercieron [. . .] la profesión de pescadores de desperdicios." ¿Qué significa esto?
3. ¿Por qué la lluvia es algo positivo para la familia?
4. Con ejemplos del texto, contraste la vida de los habitantes de Los Barrancos con la de la gente de la ciudad.
5. ¿Qué limitaciones o dificultades tendrán los niños de los barrios marginados más adelante en la vida?
6. ¿Qué tipo de economía nace de una situación como la del fragmento?
7. ¿En que forma beneficia/daña una economía subterránea a los inversionistas extranjeros?

73. Indiferente, no escucha.
74. Acción de vagar, estar sin trabajo u ocupación.
75. Recipiente de metal para cocinar.
76. Objetos de poco valor.
77. Engañan; roban por medio de negocios deshonestos.
78. Expresión de cariño falsa o exagerada.
79. Campesinos, gente que acaba de llegar a la ciudad.

8. La ciudad y los barrancos están separados físicamente por los desagües. ¿Qué importancia tiene tal separación en el texto?

9. Según el texto, ¿qué actitud tienen la sociedad en general y el gobierno hacia la gente pobre?

10. Explique el significado del título de la obra.

Temas de discusión

Desarrolle, en forma individual o en grupos, los siguientes temas y haga un resumen para compartir con la clase:

1. Marginación de los pobres en la sociedad moderna.
2. El papel de la educación en la lucha contra la pobreza.
3. Relación entre pobreza y criminalidad.
4. Consecuencias para el medio ambiente de la urbanización.
5. Programas de asistencia social en los EEUU: ¿Derecho o privilegio?
6. Reacción de la mujer/hombre de negocios ante un alto índice de desempleo en un país que visita por motivos de negocios.

Ejercicios

Complete las siguientes oraciones con las palabras adecuadas:

1. En Los Barrancos, los habitantes viven entre _____ y _____.

2. _____ es una fuente de vida, pues allí se encuentran _____ y _____ para vender en la ciudad.

3. El trabajo es malo y duro, pero muchos lo aceptan porque no quieren _____.

4. Para divertirse, los habitantes de la ciudad pueden _____ _____ y _____.

5. Los sábados por la noche, la gente de Los Barrancos se conforma con _____.

6. _____ realmente no se preocupan por el bienestar de los pobres, y prometen ayuda solamente en época de _____ _____.

Luis Martín-Santos, su contexto
y *Tiempo de silencio*

Luis Martín-Santos (1924–64) nació en Larache, Marruecos. Hizo estudios de medicina en las universidades de Salamanca y Madrid, en donde se doctoró en 1947. En 1951 fue nombrado director del Sanatorio Psiquiátrico de San Sebastián, en el norte de España. Falleció trágicamente en un accidente automovilístico en la ciudad de Vitoria. Debido a su temprana desaparición, su obra literaria es breve. Sin embargo, su novela *Tiempo de silencio,* publicada en 1961, causó un impacto inmediato con el público y la crítica, que la ha llegado a considerar una de las obras de mayor importancia en la narrativa española del siglo XX. *Tiempo de silencio* se caracteriza por un estilo cuidado, complicado y exigente, que se aleja del realismo que imperaba en la novela de la posguerra, y por una fuerte crítica a la situación social de España bajo Franco. De Martín-Santos quedan también ensayos científicos y filosóficos, y una novela incompleta, *Tiempo de destrucción,* que apareció en 1975

La acción de la novela tiene lugar en el otoño de 1949, época en la cual España se encontraba en una situación muy precaria. Pocos años atrás el país se había sumido en una guerra civil (1936–39) que destruyó gran parte de la infraestructura y de la economía, que de por sí estaba muy retrasada en comparación con otras naciones europeas. Debido al apoyo que brindó el régimen de Franco a las fuerzas del Eje (Alemania e Italia) durante la Segunda Guerra Mundial, España quedó aislada del resto del continente y no pudo participar en el Plan Marshall. Para reactivar la economía y garantizar la independencia económica del país, el gobierno impuso un sistema de autarquía según el cual los españoles producirían todo lo necesario para su supervivencia sin depender del comercio exterior. Como es de esperar, el resultado fue un verdadero desastre para gran parte de la población. Como ya hemos visto en países hispanoamericanos, también en España miles de campesinos se vieron obligados a emigrar a las ciudades, Madrid en particular, en busca de trabajo. Las condiciones de vida de las chabolas que se describen en *Tiempo de silencio* llegaron a representar la norma para los emigrantes del campo y todavía hoy en día nos recuerdan la miseria de los llamados años del hambre de la época de la posguerra. No sería sino hasta mediados del los sesenta que la economía, impulsada por el turismo proveniente del norte de Europa, podría mejorar el nivel de vida de los españoles.

Repasemos

1. ¿Por qué se considera a *Tiempo de silencio* como una obra importante de España?
2. ¿Qué ocurrió en España de 1936 a 1939?
3. ¿Qué consecuencias económicas y sociales produjo esta situación?
4. ¿Qué significó el sistema de autarquía durante el régimen de Franco?
5. ¿Qué son las chabolas?
6. ¿En qué se asemejaba la situación de los campesinos españoles a la de los hispanoamericanos?
7. ¿En qué forma mejoró la economía española en los años sesenta? ¿Cuál fue uno de los motores más importantes para esta mejora?
8. ¿Cómo se compara la situación económica y social de España en la época de la posguerra con la de hoy?

Vocabulario para antes de leer

Alcázar: Palacio.

Chabola: Casa de gente muy pobre construida de materiales como cartón, láminas, madera, etc.

Escombrera, cascote: Desperdicios, basura.

Escrófula: Enfermedad que conduce a la tuberculosis.

Ladrillo: Bloque rectangular de barro cocido utilizado para construir edificios.

Lata: Recipiente de metal que sirve para contener líquidos o comida.

Menguadas: Pobres, miserables.

Oníricas: Fantásticas, irreales.

Teja: Lámina utilizada para cubrir o proteger el tejado o techo de una casa.

Vasija: Recipiente cóncavo que sirve para contener líquidos.

Tiempo de silencio (fragmento)

«—¿Son ésas las chabolas?—» preguntó D. Pedro señalando unas menguadas edificaciones pintadas de cal, con uno o dos orificios negros, de los que
por uno salía una tenue columna de humo grisáceo y el otro estaba tapado
con una arpillera[80] recogida a un lado y a cuya entrada una mujer vieja estaba
sentada en una silla baja.

«—¿Esas?—» contestó Amador. «—No; ésas son casas. [. . .]»

Tras de lo cual continuaron marchando en silencio por un trozo de carretera en que los apenas visibles restos de galipot[81] encuadraban trozos de
campo libre, en alguno de los cuales habían crecido en la primavera yerbas
que ahora estaban secas.

¡Allí estaban las chabolas! Sobre un pequeño montículo[82] en que con-
cluía la carretera derruida. Amador se había alzado—como muchos siglos
antes Moisés sobre un monte más alto—y señalaba con ademán solemne y
con el estallido de la sonrisa de sus belfos[83] gloriosos el vallizuelo[84] escondido
entre dos montañas altivas,[85] una de escombrera y cascote, de ya vieja y ex-
poliada[86] basura ciudadana la otra (de la que la busca de los indígenas colin-
dantes había extraído toda sustancia aprovechable valiosa o nutritiva) en que
florecían, pegados los unos a los otros, los soberbios alcázares de la miseria. La
limitada llanura aparecía completamente ocupada por aquellas oníricas construcciones confeccionadas con maderas de embalaje[87] de naranjas y latas de
leche condensada, con láminas metálicas provenientes de envases de petróleo
o de alquitrán,[88] con onduladas uralitas recortadas irregularmente, con alguna que otra teja dispareja,[89] con palos[90] torcidos llegados de bosques muy

80. Tela para protegerse del polvo.
81. En este contexto, parte pavimentada de la carretera.
82. Pequeño monte, elevación.
83. Labios.
84. Pequeño valle.
85. Elevadas.
86. Despojada de mucho de su contenido.
87. Caja para transportar mercancía, productos comerciales.
88. Líquido de color oscuro y olor fuerte que tiene varios usos industriales.
89. En este contexto, de diferente tamaño.
90. Pedazos de madera.

lejanos, con trozos de manta[91] que utilizó en su día el ejército de ocupación, con ciertas piedras graníticas redondeadas en refuerzo de cimientos que un glaciar cuaternario aportó a las morrenas[92] gastadas de la estepa, con ladrillos de "gafa" uno a uno robados en la obra y traídos en el bolsillo de la gabardina con adobes en que la frágil paja[93] hace al barro lo que las barras de hierro al cemento hidráulico, con trozos redondeados de vasijas rotas en litúrgicas tabernas arruinadas, con redondeles[94] de mimbre que antes fueron sombreros, con cabeceras de cama estilo imperio de las que se han desprendido ya en el Rastro[95] los latones,[96] con fragmentos de la barrera de una plaza de toros pintados todavía de color de herrumbre o sangre, con latas amarillas escritas en negro del queso de la ayuda americana, con piel humana y con sudor y lágrimas humanas congeladas.

Que de las ventanas de esas inverosímiles mansiones pendieran colgaduras,[97] que de los techos oscilantes al soplo[98] de los vientos colgaran lámparas de cristal de Bohemia, que en los patizuelos[99] cuerdas[100] pesadamente combadas mostraran las ricas ropas de una abundante colada,[101] que tras la puerta de manta militar se agazaparan[102] (nítidos, ebúrneos) los refrigeradores y que gruesas alfombras de nudo apagaran[103] el sonido de los pasos eran fenómenos que no podían sorprender a Pedro ya que éste no era ignorante de los contrastes de la naturaleza humana y del modo loco como gentes que debieran poner más cuidado en la administración de sus precarios medios económicos dilapidan tontamente sus posibilidades. Era muy lógico, pues, encontrar en los cuartos de baño piaras de cerdos chilladores[104] alimentados

91. Tela (textil) utilizada para protegerse del frío.
92. Acumulación de piedras y objetos similares.
93. Hierba que se mezcla con barro para fabricar ladrillos.
94. Objetos de forma redonda.
95. Sector de Madrid.
96. Láminas de metal muy delgado.
97. En este contexto, adornos.
98. Aire en movimiento.
99. Patios pequeños.
100. Lazos que en el campo se usan para secar la ropa al aire libre.
101. Ropa lavada.
102. Ocultarse, esconderse.
103. En este contexto, disminuir.
104. Chillador, del verbo *chillar,* llorar como los niños pequeños.

con manjares de tercera mano, presuntuosamente cubierta con cofia[105] de doncella de buena casa a la hija de familia que allí permaneciera por ser inútil incluso para prostituta, cubierta con una bata[106] roja de raso y calzada con babuchas[107] orientales de alto precio a la gruesa dueña que luce en sus manos regordetas[108] y blancas una alianza[109] matrimonial que carece de todo significado, en vez de ocupar sus horas en útiles labores de aguja[110] algunas de las vecinas de aquel barrio—sentadas sobre latas vacías—jugando viciosamente a la brisca[111] con la misma buena conciencia con que honrados trabajadores puedan hacerlo un domingo por la tarde en la taberna, álbumes con colecciones de cromos neslé[112] en las manos castigadas por la escrófula de rapaces[113] a su edad ya malolientes, insensibles a toda conveniencia moral matrimonios en edad de activa vida sexual compartiendo el mismo ancho camastro[114] con hijos ya crecidos a los que nada puede quedar oculto, abundancia de imágenes de santos escuchando sin alteración de la tornasolada[115] sonrisa la letanía grandilocuente y magnífica de las blasfemias varoniles, una sopera[116] firmada de Limoges henchida como orinal bajo una cama.

Cuestionario

1. ¿En qué parte de la ciudad se encuentra el sector que se describe en el fragmento?
2. ¿De qué tipo de materiales están construidas las chabolas? ¿Por qué?
3. ¿El texto menciona objetos relacionados con "la ayuda americana." ¿A qué se refiere?
4. El segundo párrafo se basa en una serie de contrastes; menciona por lo menos dos. ¿A qué se deben?

105. Especie de gorra de mujer.
106. Artículo de ropa, camisón utilizado para estar cómodo en casa.
107. Sandalias, tipo de zapato oriental.
108. Gordas.
109. Anillo.
110. *Labores* . . . Coser artículos de ropa.
111. Juego de naipes, cartas.
112. En este contexto, una colección de imágenes de cierto valor.
113. Jóvenes.
114. Término despectivo para cama.
115. Cambios en el reflejo de la luz.
116. Recipiente para servir sopa.

5. Según el texto, ¿qué tipo de trabajos tienen los habitantes de las chabolas?
6. Explique la siguiente frase: "construcciones confeccionadas . . . con piel humana y con sudor y lágrimas humanas congeladas."
7. ¿Qué consecuencias tiene para los habitantes de las chabolas—los niños en particular—vivir bajo estas condiciones?
8. ¿Qué problemas políticos, sociales, y humanos existen en una sociedad donde predominan tales condiciones de vida?
9. ¿En que forma debe prepararse el/la ejecutivo/a extranjero/a que va a trabajar en un lugar donde predomina la pobreza y la desigualdad económica, para enfrentar esta situación?
10. ¿Qué límites o barreras para el desarrollo económico de un país imponen condiciones de vida como las que menciona el texto?

Temas de discusión

Desarrolle, en forma individual o en grupos, los siguientes temas y haga un resumen para compartir con la clase:

1. Nivel de vida en los barrios marginados.
2. Actitud de la sociedad hacia la pobreza: ¿Compasión, indiferencia, o desprecio?
3. Problemas de la ciudad moderna.
4. Diferencias en el plan o diseño de una ciudad española o hispanoamericana y una ciudad norteamericana.
5. Consecuencias para el medio ambiente del crecimiento sin control de los centros urbanos.
6. Límites de la autarquía como sistema económico.

Ejercicios

Complete las siguientes oraciones con las palabras adecuadas:

1. Las casas de los emigrantes a las ciudades son _____ edificaciones, que están construidas de _____.
2. En las _____ viven personas cuyo nivel social es bajo y buscan una vida mejor en la ciudad.
3. En la misma ciudad conviven dos mundos diferentes: Unos viven en verdaderos _____, con todo tipo de lujos, mientras que

otros viven entre _____ y _____
____.

4. En algunos barrios muy pobres, la falta de oportunidad económica obliga
a unos habitantes a dedicarse a _____ y _____
_____.

5. En algunos países enfermedades como la _____ son
síntomas de la pobreza y falta de atención médica.

La situación de la mujer

La mujer y el hombre han tenido, históricamente, papeles muy diferentes en la sociedad. De acuerdo a algunos estudios, la discriminación y marginación[1] de las mujeres en las sociedades europeas, y después en las hispanoamericanas, se agravó a partir del paso del feudalismo al capitalismo, pues esto marcó una ruptura en las relaciones familiares y de trabajo que existían anteriormente.[2] Es decir, la familia que se sostenía[3] básicamente del trabajo de la tierra, al ser despojada de ésta por el incipiente sistema capitalista, vio cómo todos sus miembros tuvieron que salir a trabajar y vender su fuerza de trabajo[4] a quienes tenían el capital y los medios de producción. Las sociedades europeas, en un estado constante de desarrollo económico y tecnológico, crearon una división desigual de trabajo en la que la dominación de un sexo sobre el otro se hizo más patente.[5]

Los inicios del capitalismo trajeron un nuevo orden social, donde la mujer pasó a ser objeto de doble explotación: En el hogar por razones de género y fuera del hogar como trabajadora. Bajo el nuevo orden económico, muchas mujeres emigraron del campo a las ciudades para trabajar, generalmente como sirvientas y en ocasiones en talleres de artesanos. En las ciu-

1. La falta de participación.
2. El capitalismo provocó un rompimiento en la unidad familiar y el trabajo que se desarrollaba en el campo.
3. La familia dependía económicamente de la agricultura.
4. Eran contratados para trabajar en fábricas y talleres.
5. Visible, clara.

dades el trabajo presentaba características diferentes, pues allí la mujer ganaba dinero que obviamente no podía ganar en el campo, pero sus servicios iban dirigidos ante todo al servicio doméstico y no a la producción industrial. La constante modernización e industrialización de la sociedad crearon barreras aún más difíciles de superar, pues si bien es cierto que la nueva tecnología y máquinas le permitieron a la mujer desempeñar algunos trabajos que no requerían de fuerza física, también es cierto que no recibió la educación necesaria para desempeñarse en una economía moderna. De esta forma su participación fue sólo en su calidad de vendedora de su fuerza de trabajo, sin la posibilidad de contribuir en otros campos, como la política o la cultura.

En el caso específico de España, durante el siglo XVIII, había mujeres que luchaban por la creación de una sociedad más igualitaria que les diera los mismos derechos que a los hombres. Josepha Amar y Borbón, por ejemplo, denunciaba a la sociedad española de su tiempo por negarle a la mujer el derecho a la educación y a llevar una vida pública dentro del ambiente político del país. Amar y Borbón exigía que la sociedad española de su tiempo ofreciera a las mujeres la oportunidad de trabajar y participar en la vida social, política, cultural y económica de la nación.

En Iberoamérica la situación de la mujer ha seguido un rumbo similar al de otros lugares. La lucha por derechos data de mediados del siglo XIX, cuando se inició una ardua campaña por el acceso a la educación primaria, secundaria y universitaria, que hasta entonces había sido sólo para los hombres. A mediados del siglo XX el proceso enfoca preocupaciones diferentes: Se exige el derecho al voto y a la participación en los asuntos políticos de la nación. Más adelante se plantean cuestiones de índole económica y la liberación sexual.

En 1975 en México se llevó a cabo la primera Conferencia Internacional del Año de la Mujer, evento que inauguró otra etapa en la lucha por lograr una participación más justa y equitativa en la sociedad contemporánea. Sin embargo, los adelantos[6] no se han logrado sin fuerte oposición de varios sectores. Por un lado, una sociedad tradicionalista que se ha negado a aceptar a la mujer en otros contextos, ya no solamente en su papel de madre y esposa; pero también ha habido fuerte oposición de organizaciones laborales que alegaban que la incorporación de la mujer a la fuerza de trabajo se haría a costa de puestos y derechos del hombre, y que la mayor competencia entre ambos sexos podría resultar en bajas en salarios y prestaciones sociales.

A pesar de numerosas barreras—económicas, físicas y culturales—la mujer en el mundo hispano ha logrado valiosos adelantos en relativamente poco tiempo. Hoy es común ver mujeres en puestos y profesiones como derecho, medicina, administración de empresas y hasta política, carreras que hasta no hace mucho eran campo exclusivo del hombre, y trabajan tanto en la empresa privada como en el sector público. Sin embargo, como en el resto del mundo, en España y América Latina falta mucho para poder asegurar que la mujer ha logrado participar en la sociedad de igual a igual con el hombre.

Repasemos

1. ¿Cuándo y por qué empeoró la situación social de la mujer?
2. ¿En qué forma cambió la vida de las mujeres con el paso al capitalismo?
3. ¿Cómo se beneficiaron las mujeres del desarrollo tecnológico de sus países?
4. ¿Por qué es importante el año de 1975 y la época de los años ochenta en Hispanoamérica?
5. ¿Qué barreras u oportunidades tenían las mujeres norteamericanas durante la misma época?

6. El progreso.

Temas de discusión

Desarrolle, en forma individual o en grupos, los siguientes temas y haga un resumen para compartir con la clase:

1. Las condiciones laborales de la mujer en EEUU y en el mundo hispano: Una comparación.
2. Los derechos de la mujer hoy en día: ¿Hasta qué punto ha cambiado la situación?
3. El movimiento feminista hoy en día: ¿Algo necesario o un movimiento del pasado?
4. El papel de la mujer en la sociedad moderna: ¿Madre y esposa o ejecutiva y líder?
5. En su opinión, ¿cuáles son los logros más importantes para la mujer en los últimos cincuenta años?

Ana Lydia Vega, su contexto y "Letra para salsa y tres soneos por encargo"

Ana Lydia Vega (1946–) nació en Santurce, Puerto Rico. Además de ser escritora y crítica literaria, enseña francés y literatura caribeña en la Universidad de Puerto Rico. "Letra para salsa y tres soneos por encargo" apareció en 1981 y forma parte de la colección de cuentos *Vírgenes y mártires,* escrita en colaboración con otra figura destacada de las letras puertorriqueñas, Carmen Lugo Filippi. Otras obras son *Encancaranublado y otros cuentos de naufragio* (1982), *Falsas crónicas del sur,* (1991), *Esperando a Lola y otros delirios generacionales* (1994).

La obra literaria de Ana Lydia Vega presenta el contexto cultural y las normas sociales que rigen las relaciones entre los diferentes componentes de la sociedad puertorriqueña. Su crítica, por lo tanto, va dirigida a aquellas estructuras que sirven para separar, marginar y oprimir, por razones de sexo, raza o clase social, a ciertos sectores de la población. En su estilo narrativo llama la atención el uso del habla popular, cargado de humor y fuertes imágenes sexuales, y con el vocabulario vivo y directo y juegos de palabras de una sociedad que se debate entre valores tradicionales y la influencia cada día mayor de la cultura norteamericana.

En este cuento la autora muestra la nueva libertad sexual que asume la protagonista. La mujer tradicionalmente ha sido "cazada" por el hombre que la domina y subyuga a sus deseos sexuales, pero Vega subvierte esos papeles y la Tipa se convierte en la cazadora del hombre.

Para comienzos de los años ochenta, época en que se publica el cuento, la mujer puertorriqueña, como millones de mujeres en el resto del continente, comenzaba el largo proceso de liberación que le permitiera tener los mismos derechos de que gozaba el hombre: acceso a la educación, al trabajo y, como se verá más adelante en el cuento de Vega, el derecho a definir por sí misma su sexualidad, que hasta entonces había estado subordinada a las normas de comportamiento impuestas por la iglesia católica y por una sociedad dominada por el hombre. Como en otros lugares, los cambios motivados por necesidades económicas y ciertos adelantos científicos—en particular el uso de anticonceptivos—llevan a la mujer a cuestionar su papel tradicional y a la vez plantear nuevas opciones que le permitan una participación plena en la sociedad contemporánea. La Tipa, la protagonista del relato de Vega, representa a la mujer en proceso de encontrar su identidad sexual, paso indispensable para poder controlar su propia vida y de tal forma imponer nuevas condiciones en la relación con el hombre.

Repasemos

1. ¿Qué preocupaciones sociales muestra en su obra Ana Lydia Vega?
2. En general, ¿cuáles son las reglas tradicionales de comportamiento sexual para hombres y mujeres en Puerto Rico?
3. ¿En qué forma ha cambiado la actitud de las mujeres con respecto al sexo?
4. ¿Qué diferencias existen entre la sociedad norteamericana y la hispanoamericana con respecto a las mujeres y su comportamiento sexual?
5. Además del uso de anticonceptivos, ¿qué otros cambios sociales o adelantos científicos han contribuido a replantear el papel de la mujer hoy en día?

Vocabulario para antes de leer

Asediar: Importunar o molestar a alguien de manera constante.
Cantaleta: Repetición constante que molesta.
Chula: Bella, hermosa.
Fajarse: Enfrentarse, pelearse con algo o alguien.
Hembra: Mujer atractiva [voz vulgar].
Jeva: Mujer, novia, compañera [región del Caribe].
Nalgas: La parte de atrás del ser humano, entre la cintura y los muslos.
Rastrear: Seguir de cerca a alguien o alguna cosa.
Soneo: Un ritmo musical agradable al oído.
Tipo, Tipa: Hombre, mujer [voz coloquial].
Transar: Hacer negocio, comerciar con algo.

"Letra para salsa y tres soneos por encargo" (fragmento)

En la De Diego[7] fiebra la fiesta patronal de nalgas. Rotundas en sus pantis súper-look, imponentes en perfil de falda tubo, insurgentes bajo el fascismo de la faja, abismales, olímpicas, nucleares, surcan[8] las aceras riopedrenses[9] como invencibles aeronaves nacionales.

Entre el culipandeo,[10] más intenso que un arrebato colombiano, más perseverante que Somoza, el Tipo rastrea a la Tipa. Fiel como una procesión de Semana Santa con su rosario de qué buena estás, mamichulin, qué bien te ves, qué ricos te quedan esos pantaloncitos, qué chula está esa hembrota, men, qué canto e silán, tanta carne y yo comiendo hueso . . .

La verdad es que la Tipa está buena. Se le transparenta el brassiere. Se le marca el Triángulo de las Bermudas a cada temblequeo de taco[11] fino. Pero la verdad es también que el Tipo transaría hasta por un palo de mapo disfrazado de pelotero.[12]

Adióssss preciosssa, se desinfla el Tipo en sensuales sibilancias, arrimando peligrosamente el hocico[13] a los technicolores rizos[14] de la perseguida. La cual acelera automática y, con un remeneo[15] de nalgas in high, pone momentáneamente a salvo su virtud.

Pero el salsero solitario vuelve al pernil,[16] soneando sin tregua[17]: qué chasis, negra, qué masetera estás, qué materia prima, qué tronco e jeva, qué zocos, mamá, quién fuera lluvia pa caelte[18] encima.

Dos días bíblicos dura el asedio. Dos días de cabecidura persecución y encocorante cantaleta. Dos días de qué chulería, trigueña, si te mango te

7. *La De . . .* La calle De Diego.

8. En este contexto, caminan por . . .

9. De Río Piedras, una ciudad cerca de San Juan.

10. Movimiento de la parte trasera del cuerpo [voz popular].

11. En este contexto, zapato.

12. *Transaría . . .* Se conformaría con cualquier mujer.

13. La boca.

14. En este contexto, cabello.

15. Movimiento.

16. Parte de la pierna de un animal; en este contexto, es la mujer.

17. *Soneando . . .* Continuando, sin interrupción, los comentarios a la mujer.

18. Caerte. Pronunciación común en Puerto Rico.

hago leña, qué bestia esa hembra, sea mi vida, por ti soy capaz hasta de trabajal, pa quién te estarás guardando en nevera, abusadora.

Al tercer día, frente por frente a Almacenes Pitusa y al toque de sofrito,[19] de mediodía, la víctima coge impulso, gira espectacular sobre sus precarios tacones[20] y encestaaaaaaaaaa:[21]

—¿Vamos?

El jinete,[22] desmontado por su montura da una vuelta de carnero, emocional. Pero, dispuesto a todo por salvar la virilidad patria, cae de pie al instante y dispara[23] traicionado por la gramática:

—Mande.[24]

La Tipa encabeza ahora solemnemente la parada. En el parking de la Plaza del Mercado janguea un Ford Torino rojo, metálico del 69. Se montan. Arrancan. La radio aúlla un bolero senil. La Tipa guía con una mano en el volante y otra en la ventana, con un airecito de no querer la cosa. [. . .]

—Coge pa Piñones.

Pero agarrando la carretera de Caguas como si fuera un dorado muslo de Kentucky-Fried chicken, la Tipa se apunta otro canasto tácito.[25]

La entrada al motel yace oculta en la maleza.[26] Ambiente de guerrilla. El Torino se desliza vaselinoso por el caminito estrecho. El empleado saluda de lejitos, mira coolmente hacia adelante cual engringolado equino. El carro se amocola en el garaje. Baja la Tipa. El Tipo trata de abrir la puerta del carro sin levantar el seguro, hercúlea empresa. Por fin aterriza[27] en nombre del Homo sapiens.

La llave está clavada en la cerradura. Entran. Ella enciende la luz. Neón inmisericorde, delator de barros y espinillas.[28] El Tipo se trinca de golpe[29]

19. *Al toque* . . . Con el olor de comida frita que se vende en la calle.
20. Parte de la suela del zapato.
21. Del verbo *encestar,* que en basquetbol significa anotar puntos al colocar el balón en el cesto.
22. Persona que monta a caballo; en este caso, el hombre.
23. En este contexto, responde.
24. Modo coloquial de decir *¿Perdón?*
25. *Se apunta* . . . Tiene otro punto a su favor.
26. Vegetación muy densa.
27. Pone los pies en la tierra; en este contexto, sale del carro.
28. *Barros* . . . Acné.
29. *Se trinca* . . . En este contexto, queda perplejo repentinamente.

ante la mano negra y abierta del empleado protuberando ventanilla adentro. Se acuerda del vacío interplanetario de su billetera. Minuto secular y agónico al cabo del cual la Tipa deposita cinco pesos en la mano negra que se cierra como ostra ofendida y desaparece, volviendo a reaparecer de inmediato. Voz roncona tipo Godfather:

—Son siete. Faltan dos.

La Tipa suspira, rebusca en la cartera, saca lipstick, compacto, cepillo, máscara, kleenex, base, sombra, bolígrafo, perfume, panti bikini de encaje negro, Tampax, desodorante, cepillo de dientes, fotonovela y dos pesos que echa como par de huesos a la mano, insaciable. El Tipo siente la obligación histórico-social de comentar:

—La calle ta[30] dura, ¿ah? [. . .]

La Tipa sale del baño. Con un guille[31] de diosa bastante merecido. Esnuíta.[32] Tremenda india. La Chacón era chumba, bródel.[33]

—¿Y tú no te piensas quitar la ropa?—truena Guabancex[34] desde las alturas precolombinas del Yunque.

El Tipo pone manos a la obra. Cae la camiseta. Cae la correa. Cae el pantalón. La Tipa se recuesta para ligarte mejor. Cae por fin el calzoncillo con el peso metálico de un cinturón de castidad. Teledirigido desde la cama, un proyectil clausura el strip-tease. El Tipo lo cachea[35] en el aire. Es—oh, pudor—un condescendiente condón. Y de los indesechables.

En el baño saturado de King Pine, el macho cabrío[36] se faja con la naturaleza. Quiere entrar en todo su esplendor bélico. Cerebros retroactivos[37] no ayudan. Peles a través de puerta entreabierta: nada. Pantis negros de maestra de estudios sociales: nada. Gringa soleándose tetas Family Size en azotea: nada. Pareja sobándose[38] de A a Z en la última fila del cine Paradise: nada.

30. Está.
31. En este contexto, aspecto o apariencia.
32. Desnuda.
33. Deformación de *brother,* palabra que se usa entre amigos.
34. Figura femenina de la historia taína, la nación indígena que habitaba Puerto Rico antes de la conquista española.
35. Del verbo *to catch;* lo coge, lo agarra.
36. En este contexto, el hombre.
37. Pensamientos, imágenes mentales del pasado.
38. Tocándose, acariciándose.

Estampida de mujeres rozadas en calles, deseadas, desfloradas a cráneo limpio; repaso de revistas Luz, Pimienta embotelladas; incomparables páginas del medio de Playboy, rewind, replay; viejas frases de guerra caliente: crucifícame, negrito, destrúyeme, papi, hazme papilla, papote. Pero: nada. No hay brujo que levante ese muerto.

La Tipa llama. Clark Kent busca en vano la salida de emergencia. Su traje de Supermán está en el laundry. [. . .]

De pronto, óyese un grito desgarrador. La Tipa embala[39] hacia el baño. El Tipo cabalga de medio ganchete[40] sobre el bidet, más jincho[41] que un gringo en febrero. Al verla cae al suelo, epilépticamente contorsionado y gimiendo como ánima en pena.[42] Pataleos, contracciones, etcétera. Pugilato progresivo de la Tipa ante la posibilidad cada vez más posible de haberse enredado[43] con un tecato,[44] con un drogo irredento. Cuando los gemidos se vuelven casi estertores, la Tipa pregunta prudentemente si debe llamar al empleado. Como por arte de magia cesan las lamentaciones. El Tipo se endereza, arrullándose materno los chichos adoloridos.[45]

—Estoy malo del estómago—dice con mirada de perrito sarnoso a encargado de la perrera.

Cuestionario

1. Brevemente, haga un resumen del cuento.
2. ¿Qué clase de persona es el Tipo, y a qué nivel económico y social pertenece? Dé detalles del texto.
3. ¿Cómo cambia la actitud del hombre cuando la mujer acepta la invitación?
4. Se podría decir que la autora cambia los papeles tradicionales del hombre y la mujer. ¿Cómo aparece esto en el texto?
5. ¿Qué sucede al final del cuento?

39. Va rápidamente.
40. *Cabalga* . . . Está mal sentado, sentado a medias.
41. Borracho.
42. Alma que sufre en el purgatorio, antes de ir al cielo.
43. *Haberse* . . . Haber tenido relaciones con . . .
44. Loco.
45. *Arullándose* . . . Consolándose por lo que ha sufrido.

6. ¿Qué nos dice el cuento de la actitud del hombre machista ante la mujer moderna?
7. El texto presenta una visión diferente de la mujer hispana. ¿Cómo contrasta con la imagen estereotípica y tradicional?
8. ¿Hasta qué punto es el comportamiento del protagonista típico del hombre de hoy? Explique.
9. Además de la sexualidad, ¿en qué otros campos se notan cambios importantes en la relación entre los sexos?
10. Con ejemplos del texto, muestre la influencia norteamericana en la cultura de la isla.

Temas para discusión

Desarrolle, en forma individual o en grupos, los siguientes temas y haga un resumen para compartir con la clase:

1. Contraste la actitud en EEUU y en los países hispanos en lo referente a la sexualidad.
2. Las diferencias entre los hombres norteamericanos y los hispanos en la forma de tratar a una mujer. ¿Hay diferencias culturales en la definición del término *sexista*?
3. El mito del "Latin lover" en los EEUU y en los países hispanohablantes: Consecuencias socio-culturales.
4. El acoso sexual en el lugar de trabajo: ¿Qué tan común es hoy en día?
5. ¿Cómo pueden enfrentarse a estas situaciones las ejecutivas extranjeras que viajan a Hispanoamérica o España?
6. El machismo del hombre: ¿Causas sociales o realidad genética?

Ejercicios

Complete las siguientes oraciones con las palabras adecuadas:

1. La acción del cuento tiene lugar en _____, Puerto Rico.
2. El Tipo _____ a la Tipa en la calle por varios días.
3. "_____, _____ y _____ _____" son algunas de las cosas que el Tipo dice para conquistarla.

4. Finalmente la Tipa accede a llevar al hombre a _____
_____.

5. El Tipo no tiene _____ ni _____
_____ para pagar por la habitación.

6. "_____," dice el Tipo para poder escapar de la
situación.

Carmen Rico-Godoy, su contexto y *Cómo ser una mujer y no morir en el intento*

Carmen Rico-Godoy (1942–2001) nació en París, de padres españoles. Su producción literaria incluye *Cómo ser una mujer y no morir en el intento* (1990), *Cómo ser infeliz y disfrutarlo* (1991), *Cuernos de mujer* (1992) y *La costilla asada de Adán* (1996). Rico-Godoy se declara una mujer feminista y, como muchas de sus contemporáneas, está vivamente preocupada por la condición social de la mujer. En su narrativa Rico-Godoy mantiene una constante: la lucha de la mujer por obtener los mismos derechos de que gozan los hombres dentro de una sociedad igualitaria. En *Cómo ser una mujer y no morir en el intento* la autora relata, en forma por demás irónica, las relaciones entre hombres y mujeres dentro de las diversas esferas de la sociedad española de los años noventa. La personaje principal, Carmen, trabaja como periodista, una profesión extenuante que la mantiene en un constante estado de estrés. Como muchas mujeres de su generación y clase social, la protagonista se encuentra ante el dilema que enfrenta la mujer profesional de hoy: cómo reconciliar las obligaciones laborales con sus responsabilidades como esposa y ama de casa, en un mundo en el cual una sociedad dominada por hombres impone las reglas de juego.

La situación de la mujer española, en general, es muy parecida a la de otras mujeres europeas e hispanoamericanas pues, aunque han logrado avances sociales como el derecho al divorcio, que había sido anulado durante el periodo de la dictadura de Francisco Franco, todavía no se puede decir que haya igualdad de derechos y oportunidades. La educación y la participación en las profesiones han mejorado, especialmente desde mediados de los setenta. Desde entonces, las mujeres españolas, como ya hemos notado, han logrado integrarse más a trabajos que antes eran exclusivos de los hombres, tales como ingeniería, derecho, administración de empresas, medicina, etc. y en estos momentos se hallan entre las mejores preparadas de Europa para participar en el mercado laboral.

Los logros[46] de la mujer española han ocurrido en un periodo de profundos cambios sociales y económicos que se han llevado a cabo en el país desde que terminó la dictadura franquista. La entrada de España a la Comunidad Económica Europea (CEE) en 1986 (hoy conocida como la Unión Europea o UE) había exigido que el país transformara su economía a una de libre mercado, modernizara su base industrial e infraestructura y siguiera una serie de políticas presupuestarias[47] dictadas por la Unión Europea, con el objetivo de reducir el gasto nacional y controlar la inflación. El resultado fue la prosperidad de los años ochenta, periodo durante el cual España recuperó en parte el terreno perdido ante el resto del continente europeo en cuestiones de nivel de vida, prestaciones sociales[48] para el trabajador y educación. Sin embargo el proceso de cambio y modernización no ha sido sin problemas: La dinámica y el desarrollo de los ochenta no se pudieron mantener en la década siguiente. Para 1992 el gobierno se había visto obligado a devaluar considerablemente la peseta, lo que hizo que las exportaciones y el turismo produjeran grandes ganancias. El desempleo, sin embargo, en 1993 aumentó hasta casi un 25 por ciento. Desde 1996, el gobierno conservador de José María Aznar ha continuado la política de privatización, reforma tributaria y mayor integración a la UE, con resultados hasta ahora mixtos. En 1999, por ejemplo, se registró una baja en la inflación (2,3 por ciento) y un alza en la producción industrial (2,7 por ciento). El desempleo es todavía el más alto de Europa (16 por ciento), hecho que podría presentar dificultades políticas para el gobierno de Aznar. Cabe agregar que por primera vez en mucho tiempo, el país ha acumulado suficiente capital para invertir en el extranjero: Hoy en día son numerosas las empresas españolas con presencia en el mercado latinoamericano, principalmente en los sectores de turismo, telecomunicaciones y servicios bancarios. Esto podría indicar el futuro papel que ha de desempeñar España en el ámbito internacional, en particular en América Latina.

Repasemos

1. ¿Cuál es una de las principales preocupaciones de Carmen Rico-Godoy?
2. ¿Cómo es la situación de la mujer española en la actualidad con respecto a otros países?

46. Adelantos, avances.
47. Relacionadas con el presupuesto nacional.
48. Beneficios como pensión de retiro, seguro médico, etc.

3. ¿Qué cambios sociales y económicos han tenido lugar desde que terminó la dictadura de Franco?
4. Describa el estado de la economía de España a principio de los años noventa.
5. ¿Qué tipo de medidas tuvo que tomar España para ingresar a la UE?
6. A largo plazo, ¿qué efecto podría tener para España el ingreso a la CEE?

Vocabulario para antes de leer

Anginas: Inflamación y dolor de la garganta y la faringe.
Atracar: Asaltar, robar.
Mala educación: Comportamiento que indica falta de buenos modales. No saber comportarse en forma correcta.
Ojeras: Manchas de color oscuro alrededor de los ojos.
Redacción: En un periódico o revista, la sección a cargo de escribir o redactar los artículos.
Redactor/a: Persona que trabaja en la redacción de un periódico o revista.

"De cómo las mujeres pueden ser totalmente invisibles" (fragmento de *Cómo ser una mujer y no morir en el intento*)

Me paso por la redacción para que mis jefes vean con sus propios ojitos que hoy me cuesta infinito trabajar.[49]

—Sustituye mi página de mañana por otra cosa. Realmente hoy, mira cómo estoy. No puedo ir al Congreso.

El redactor jefe me mira a los ojos:

—Qué pasa, yo te encuentro normal: verdosa-grisácea, ojerosa y desnutrida;[50] normal.

—Pero mírame bien, ¿no me notas nada raro en la cara?

—Te has cambiado el pelo o algo así. Te sentaba mejor el otro peinado.

—Qué dices. Tengo un flemón[51] inmenso y me siento fatal.

—Yo no veo ningún flemón.

49. Me cuesta mucho trabajo, me es muy difícil.
50. Te veo normal, con un color en la cara verde-gris, con muestras de no dormir y que has comido muy mal.
51. Inflamación causada por una infección en una muela o diente.

—Vaya, pues eres el único habitante de Madrid que no me ha dicho al verme: «Tienes un flemón».

Me toco la mejilla y la verdad es que no me lo encuentro.

—Vaya, pues me lo he debido dejar[52] en algún sitio.

—Tú pierdes todo. Eres capaz de haberte dejado el flemón en el taxi.

Abro la boca y señalo con el dedo el fondo derecho de la boca.

—Mia, po dencho, ¿lo vesh todafia?[53] Y me duele un huevo ahora que ha remitido por fuera.[54]

—Mira, Carmencita. No pretenderás que meta la cabeza en la boca del lobo, perdona, en la tuya, para verte un flemón. A esta mesa vienen todos los días a contarme que no pueden trabajar porque tienen el período, una cuñada con anginas, les han atracado en el metro o porque un hijo natural hace la primera comunión.

—Vale, de acuerdo.

Me levanto para irme al Congreso cuanto antes. En ocho años, no recuerdo haber faltado al trabajo. Sí recuerdo en cambio haber trabajado bajo los efectos de una tonelada de cafiaspirinas o de una sobredosis de vitaminas, porque el trabajo es sagrado.

—No te cabrées, que ya estás cabreada.[55] Escucha. De acuerdo, no te guardo el sitio para mañana, pero pasado[56] me haces dos páginas.

Irrumpe en el despacho un compañero, por llamarlo de alguna manera, y pregunta:

—¿Estás ocupado?

—Pues . . .

—Sólo un momento, mira esto, y dime si no es para echarse a llorar[57]— tira un original[58] en la mesa del redactor jefe.

—Oye, espera un momento que yo ya termino—le digo al intruso.[59]

El redactor jefe pone los brazos sobre el original y nos mira al intruso y a

52. Tono irónico de: posiblemente lo olvidé en algún lugar.
53. Mira, adentro, ¿lo ves todavía?
54. Y me duele muchísimo ahora que está hacia afuera.
55. No te enojes. Ya estás enojada.
56. Hace referencia a "pasado mañana," el día después de mañana.
57. Dime si no es realmente malo.
58. *Tira . . .* Pone una copia original de un documento o artículo.
59. Persona que entra a algún lugar sin autorización.

mí alternativamente, pero no dice nada. Tengo que ser yo la que saque la espada primero:[60]

—Oye, colega, al redactor jefe no le gusta, y a mí tampoco, que cuando
estamos hablando nos interrumpan sin que él haya dado su permiso.

Pero no funciona, porque soy yo quien lo ha dicho.

—Perdone, la señora marquesa; yo le he visto que estaba hablando contigo de manera informal y he entrado con mi tema, a ver si ahora hay que
pedir audiencia por escrito.[61]

—¡Si en vez de estar yo con el redactor jefe, hubiera sido otro, cualquier
otro de la redacción siempre que fuera un tío,[62] claro, tú no hubieras irrum-
pido de esa manera en el despacho!

—Vamos, Carmen, no saques la cosa de madre.[63]

—¡¿Cómo de madre?! No sólo es de mala educación interrumpir en un
despacho sin ser admitido, sino que es de peor educación todavía insinuar
que como soy una mujer, se supone que no soy nadie.

El intruso mira al redactor jefe y le hace un guiño.[64] Se ajusta la cintura
de los pantalones y dice:

—Hay que ver las energías que gastáis las tías[65] en pelearos gratuitamente con nosotros y en inventaros ofensas imaginarias.

—Si yo hago lo que has hecho tú, entrar e interrumpir una conversación
con el redactor jefe, me pones a parir.[66]

—Probablemente, pero por maleducada, no por cuestiones de sexo.

—El problema es que tú no interrumpes cuando el redactor jefe habla
con el redactor, únicamente cuando habla con una redactora.

—Carmen, ¿no habías dicho que estabas enferma? Pues vete[67] a casa.

—¿Estás enferma? Vaya, te habrás mordido la lengua en un descuido.[68]

---

60. Se refiere a que el jefe no dice nada y es ella la que dice algo primero.
61. *Perdone, la señora marquesa . . .* Parece que ahora se debe hacer cita por escrito
    para hablar con el jefe.
62. Un hombre.
63. *No saques . . .* No te enfades, no te molestes.
64. Cierra un ojo rápidamente en señal de complicidad.
65. Las mujeres.
66. *Me pones . . .* Te habrías enojado mucho conmigo.
67. Imperativo de *ir*.
68. Falta de cuidado, olvido.

—Adiós guapos. Lleváis la bragueta[69] abierta.

Cuando cierro la puerta todavía se están mirando los pantalones.

Recojo de mi mesa unos papeles y los meto en la cartera. Miro a mi alrededor: es un mundo de hombres, hecho para ellos, donde nosotras seremos siempre intrusas y advenedizas.[70] Se nos utiliza, pero no se nos acepta como pares. Se nos tolera, pero como los blancos toleran a los negros en muchos lugares, mientras se mantengan en su lugar, como seres inferiores.

Cuestionario

1. ¿Por qué no puede trabajar Carmen?
2. De acuerdo al jefe, ¿qué pretextos usan las mujeres para no trabajar?
3. ¿Quién interrumpe la conversación y en qué forma lo hace?
4. ¿Cuál es la reacción de Carmen?
5. ¿Tiene razón para reaccionar de esa manera?
6. ¿Por qué reaccionan en forma diferente Carmen y el jefe ante la interrupción?
7. ¿Con qué otro grupo social se compara la situación de la mujer?
8. ¿Es una comparación adecuada? ¿Qué hay en común entre estos dos grupos?
9. Si Ud. tuviera un puesto de alto mando, ¿cómo resolvería problemas similares a los que plantea el texto?
10. Explique la siguiente frase: "Es un mundo de hombres, hecho para ellos. Donde nosotras siempre seremos intrusas y advenedizas." ¿Está Ud. de acuerdo con esta idea?

Temas de discusión

Desarrolle, en forma individual o en grupos, los siguientes temas y haga un resumen para compartir con la clase:

1. El sexismo en el lugar de trabajo: Causas, manifestaciones y soluciones.
2. El llamado techo de vidrio de la mujer profesional: ¿Una barrera real o imaginaria?
3. Necesidad de derechos y prestaciones especiales para la mujer en el trabajo.

69. Apertura de los pantalones por delante.
70. Arribista, intruso que no pertenece al lugar donde está.

4. ¿Existe en los EEUU el mismo trato personal entre jefes y empleadas como en España? ¿Por qué sí/no?
5. El comportamiento de la ejecutiva extranjera en una oficina en un país hispanohablante.

Ejercicios

Complete las siguientes oraciones con las palabras adecuadas:

1. La discriminación por cuestiones de _____ afecta todavía a la mayor parte de las mujeres del mundo.
2. La sociedad entera debe _____ para terminar con la discriminación de la mujer.
3. Las _____ en los ojos son sinónimo de mucho trabajo y dormir poco.
4. Carmen se enoja porque es de mala educación _____ _____ la conversación entre dos personas.
5. Carmen asegura que mujeres se sienten _____ en un mundo "creado para los hombres."
6. De acuerdo a la autora, a las mujeres no se les acepta como _____ _____ en algunos lugares de trabajo.

Esmeralda Santiago, su contexto y *Cuando era puertorriqueña*

Esmeralda Santiago (1940–) nació en Santurce, Puerto Rico, y es la mayor de once hermanos. Se trasladó con su familia a los Estados Unidos cuando tenía trece años. Santiago fue la primera de su familia en recibir educación universitaria, y estudió en Harvard y en Sarah Lawrence College. Entre su producción literaria se encuentran *Cuando era puertorriqueña* (1994), *El sueño de América* (1996) y *Almost a Woman (Casi una mujer)* (1999). *Cuando era puertorriqueña* es un relato, con elementos autobiográficos, de cuando la autora vive en la parte rural de Puerto Rico, y la nueva vida que inicia al mudarse con su familia a Nueva York. Aunque la novela presenta situaciones cómicas, dramáticas y de tensión sexual, el tema principal cae en la búsqueda de la identidad personal y cultural de la autora. La crisis que caracteriza la infancia y adolescencia de la protagonista bien podría representar la experiencia de los miles de puertorriqueños que se han visto obligados a abandonar su patria y su cultura y emigrar a los Estados Unidos en busca de una mejor vida.

Pero también, y aunque tal vez esta no haya sido la intención principal de la escritora, el relato de Santiago capta las condiciones de vida para las mujeres de la época, que quedan muy bien representadas por el personaje de la madre. Las dificultades de la mujer en Puerto Rico, en un contexto en el cual los valores tradicionales contrastan con la realidad social de la población, aparecen con mayor claridad en el fragmento que presenta a la madre como la primera mujer del barrio que sale a trabajar: Las necesidades económicas la obligan a romper un tabú que se había mantenido intacto por años. Las reacciones de los vecinos dentro de un contexto rural puertorriqueño, tal vez no difieran mucho de aquellas que pudieran haberse dado en cualquier otro país hispanoamericano.

Como podemos recordar, en general las mujeres han enfrentado numerosos obstáculos para integrarse productivamente a la sociedad, ya que el papel que históricamente se les asignaba era el del cuidado de la casa. Tareas domésticas tales como criar a los niños, cocinar, lavar, planchar y limpiar eran consideradas labores para mujeres. Factores culturales impedían que se les ofreciera la oportunidad de tener otro tipo de trabajo fuera de sus casas. Además, la economía de Puerto Rico, para los años sesenta, no había mejorado mucho a pesar del proyecto de desarrollo e industrialización de la isla bajo el programa Operation Bootstrap de 1947. La pobreza de gran parte de la población es, por lo tanto, parte del mecanismo que empuja a la mujer a cambiar la forma predominante de pensar y así asumir un nuevo papel en la sociedad.

Repasemos

1. ¿Qué tema trata de representar Esmeralda Santiago en *Cuando era puertorriqueña* además del tema principal? Y ¿A través de que personaje?
2. ¿Qué tipo de barreras limitaban a la mujer al trabajo doméstico?
3. ¿Qué labores se han considerado domésticas para la mujer?
4. ¿Cuáles podrían ser las causas por la cuales las mujeres empezaron a trabajar fuera de sus casas?

Vocabulario para antes de leer

Coser: Unir pedazos de tela para hacer un artículo de ropa.
Chisme: Comentario o rumor, generalmente negativo, sobre una persona.
Envidia: Deseo exagerado de algo que no se tiene.
Odio: Resentimiento, sentimiento negativo hacia algo o alguien.
Quehaceres: Tareas, obligaciones domésticas.

Cuando era puertorriqueña (fragmento)

Mami fue una de las primeras madres en Macún que salieron a trabajar fuera de la casa. Para ganar un poco de dinero, las mujeres del barrio lavaban o planchaban ropa o cocinaban para hombres solteros, o preparaban almuerzos para los obreros. Pero Mami salía de la casa todas las mañanas, peinada y perfumada,[71] a trabajar en Toa Baja. El barrio nos miró con ojos diferentes. De-

71. Con una buena apariencia física.

sapareció la buena acogida[72] de vecinos ocupados con sus propias vidas, y fue reemplazada por un resentimiento abierto y manifestado en el chismorreo[73] y sarcasmo del patio escolar.[74]

Me di cuenta de que mi mamá estaba rompiendo un tabú que nunca había oído ser declarado. Las mujeres del vecindario volvían la espalda cuando la veían pasar, o, cuando le hablaban, miraban hacia el horizonte, como si el mirarle en la cara las infectaría con lo que la había hecho a ella irse a trabajar. Sólo algunas de las vecinas la trataron como siempre—Doña Ana, porque su hija se quedaba con nosotros, Doña Zena, porque sus principios cristianos no le permitían criticar a la gente, y Doña Lola, para quien todos eran iguales. Hasta la esposa del Tío Cándido, Meri, nos trataba como si Mami fuera una mala mujer porque salía a trabajar y nos dejaba en casa.

A mí me confundía el efecto que el trabajo de Mami tenía en los vecinos.

—Pero, ¿por qué, Mami? ¿Por qué nos tratan así desde que empezaste a trabajar?—le rogué un día cuando uno de mis compañeros de la escuela había dicho que Mami no estaba ganando su dinero en una factoría, pero de los hombres en el pueblo.—Es la envidia—me contestó—. Ellos no se pueden imaginar una vida mejor que la que tienen, y no quieren que nadie la tenga tampoco. No les hagas caso.[75]

Pero yo no podía cerrar mis oídos a los insultos, no podía bajar la vista lo suficientemente rápido como para no notar las miradas odiosas.[76] Fui abandonada por niños que hasta entonces habían sido amigos. Los vecinos ya no eran afables. Cuando pasaba camino a la escuela, ya no me ofrecían un trago de agua en tardes calurosas, ni un balcón[77] seco cuando llovía.

Papi parecía compartir la misma opinión que los vecinos. Él la miraba con una expresión turbada,[78] y varias veces la oí defenderse, diciéndole: "Si no fuera por lo que yo traigo, todavía estaríamos viviendo como salvajes." Él se apartaba con sus clavos y martillos,[79] con los libros misteriosos de su to-

72. Recibimiento, hospitalidad.
73. Chismes constantes.
74. De la escuela.
75. No pongas atención a lo que diga la gente.
76. Con mucho odio.
77. En este contexto, lugar para protegerse de la lluvia.
78. Alterada, molesta.
79. *Clavos*... Materiales e instrumentos de un carpintero.

cador, con los periódicos y revistas que traía enrollados dentro de su caja de herramientas.

Yo me preocupé de que el no tener a Mami en casa nos iba a hacer la vida más difícil, pero al principio lo hizo todo más fácil. A Mami le gustaba su trabajo; estaba orgullosa de lo que hacía, alegre, impaciente por compartir sus aventuras del día en la factoría, donde cosía[80] brasieres que ella decía tenían que ser para americanas, porque eran muy pequeños para las mujeres que conocíamos.

Pero sus días eran largos, llenos en la mañana con los quehaceres de cocinar desayunos y comidas, preparar siete niños para la escuela o para un día con Gloria [la vecina que cuidaba a los niños mientras Mami iba a trabajar] y prepararse ella para su trabajo, ir al trabajo y regresar a la casa, donde había un canasto de ropa para remendar,[81] una casa que barrer, sábanas que se tenían que lavar y secar en un día porque no teníamos suficientes para las camas. Según se fue acostumbrando a su rutina, Mami decidió que necesitaba ayuda, y me escogió a mi.

—Tú eres la mayor, y necesito que seas responsable por los muchachos y que hagas más en la casa.

—Pero, ¿y qué va a hacer Gloria?

—Ya no puedo contar con nadie fuera de la familia. Y de todas maneras, tú eres la mayorcita y debes aprender a llevar más responsabilidad.

Y con esas palabras Mami selló un pacto que ella había diseñado, escrito y firmado por mí.

Cuestionario

1. ¿A qué clase social pertenece el barrio? Explique su respuesta.
2. ¿En qué forma ganaban dinero las mujeres del barrio para ayudar a la economía familiar?
3. ¿Qué tipo de trabajo obtuvo la mamá de la protagonista?
4. ¿Qué tipo de tabú rompió al empezar a trabajar?
5. Explique el significado de la siguiente frase: "El barrio nos miró con ojos diferentes."
6. ¿En qué forma pensaban los del barrio que Mami ganaba dinero?

80. Imperfecto del verbo *coser*, zurcir ropa.
81. Ropa para arreglar cosiendo, zurciendo.

7. ¿Cuál fue la reacción del padre?

8. ¿Cómo se sentía Mami con su nuevo trabajo?

9. ¿Cómo eran normalmente los días de trabajo para Mami? ¿Era la fábrica el único trabajo que tenía?

10. ¿Por qué decidió Mami que la protagonista la ayudara en los quehaceres de la casa?

Temas de discusión

Desarrolle, en forma individual o en grupos, los siguientes temas y haga un resumen para compartir con la clase:

1. ¿Qué impulsó a las mujeres a incorporarse al trabajo en las décadas de los setenta y ochenta? ¿Ha cambiado la situación hoy en día?

2. Barreras al desarrollo profesional de la mujer.

3. ¿Qué diferencias podemos encontrar entre las mujeres norteamericanas y las hispanoamericanas en el mercado de trabajo de sus respectivas sociedades?

4. Sectores y condiciones de trabajo en donde predomina la mano de obra femenina.

5. La mujer profesional y los efectos en la familia.

Ejercicios

Complete las siguientes oraciones con las palabras adecuadas:

1. Mami decidió _____ a Esmeralda labores del hogar y cerró un _____ con ella.

2. Las mujeres han _____ mucha _____ _____ en el pasado.

3. Es _____ que todos los que lo deseen, puedan _____ en la vida económica del país.

4. Muchas sociedades han _____ en sus constituciones que es ilegal discriminar por razones _____.

5. Es muy difícil romper con un _____ que ha existido en algunas sociedades por muchos años.

6. Hubo mucho _____ en contra de la mamá en el barrio cuando empezó a trabajar.

7. Además del trabajo en la fábrica, la mamá tenía muchos _____ _____ en la casa.

8. Para las mujeres es muy importante la _____ cuando van a trabajar.

4

Dinero y riqueza

De su experiencia colonial los países hispanoamericanos heredaron no sólo la lengua, cultura y tradiciones que los unen, sino también una serie de estructuras económicas y sociales que todavía influyen en la calidad de vida de sus ciudadanos.

Una de las características principales de la economía de los países hispanos es la extrema disparidad en lo que concierne a la distribución de la riqueza nacional: A un extremo, un porcentaje muy pequeño de la población controla gran parte de la riqueza; al otro, casi la mitad de la población escasamente tiene lo suficiente para subsistir. Las consecuencias de tal polaridad se reflejan en los resultados de un estudio llevado a cabo por el Banco Interamericano de Desarrollo a finales de los años noventa, que indica que de quinientos millones de habitantes en América Latina, doscientos millones (40 por ciento) sufren de pobreza, y de este grupo ochenta millones (16 por ciento) vive en la absoluta miseria. Condiciones tan exageradas ponen en peligro no solamente la capacidad de los gobiernos de implementar medidas necesarias para resolver la situación, sino también la supervivencia, a largo plazo, de regímenes democráticos en el continente.

Las causas de este fenómeno se remontan al sistema colonial—la encomienda—que facilitó la acumulación de grandes extensiones de tierra en manos de unas pocas familias. El resto de la población campesina, como ya hemos visto, o fue relegado a terrenos marginales de escasa productividad o se vio obligado a trabajar de jornaleros[1] en tierras ajenas. Un fenómeno parecido se observa en los sectores comercial e industrial. Con pocas excepciones la clase empresarial en América Latina ha tenido fuertes lazos familiares y comerciales con los terratenientes, y la distribución del capital ha seguido un rumbo semejante al de la tierra: Las principales empresas y complejos industriales en manos privadas pertenecen a un pequeño grupo, una minoría en general descendientes de europeos, con fuertes lazos entre sí.

La compenetración[2] entre los dueños de los medios de producción es tal que el espacio para la movilidad social, es decir, para avanzar de una clase social a otra, es muy limitado, hecho que reduce las posibilidades de que se establezca una clase media fuerte y capaz de aportar los profesionales necesarios para administrar las empresas del país. Aunque es preciso reconocer que en ciertos países, por ejemplo, Argentina, Chile, Uruguay y México, la clase media llegó a convertirse en un nivel social de importancia, en particular durante el periodo de desarrollo industrial de los cincuenta y sesenta, en el resto del continente fue prácticamente inexistente. Las dificultades de la clase media, que en el mundo industrializado es símbolo de la vitalidad de la sociedad moderna, son otro síntoma de la debilidad estructural de las economías en América Latina. Los cambios necesarios para implementar la apertura económica, por ejemplo, se han basado en una serie de reformas que han afectado de forma significativa esta capa social.

Los recortes del presupuesto y la privatización de empresas estatales han eliminado puestos administrativos, limitado fondos para programas como el seguro médico y la educación universitaria, generalmente orientados hacia la clase media. Al mismo tiempo, el estado se ha esforzado por mejorar la recaudación de impuestos para poder solventar sus gastos, y en países en los cuales las clases trabajadoras no pagan impuestos y la clase alta encuentra formas de evadirlos, es la clase media la que se ha visto

1. Trabajadores contratados por día.
2. En este contexto, relación fuerte, estrecha.

obligada a sobrellevar el costo de resolver las dificultades presupuestarias del gobierno. Aunque el proyecto de apertura económica es todavía muy reciente, los viejos patrones de distribución de riqueza parecen continuar vigentes: Hasta ahora los beneficios los devenga[3] ante todo una minoría bien conectada que ha sabido aprovechar las oportunidades que ofrece el paso hacia una economía de mercado.

Irónicamente, a pesar de la exagerada acumulación de riqueza, los grandes capitalistas y terratenientes latinoamericanos no han podido competir con la riqueza personal de capitalistas del resto del mundo: No ha habido una fortuna que se pueda comparar con la de Rockefeller, J. P. Morgan o Agha Khan. No fue sino hasta finales de los años noventa que un latinoamericano figuró en la lista de las cincuenta personas más acaudaladas del planeta.

Repasemos

1. ¿Qué puede decir Ud. de la distribución de la riqueza en el mundo hispano? ¿Y en EEUU? ¿Cómo se compara la tasa de pobreza con la de EEUU?
2. ¿Qué efecto en la economía podría tener tal desigualdad en los ingresos?
3. Describa los efectos de la apertura económica en la clase media en Hispanoamérica. ¿Y en la clase trabajadora?
4. ¿Quiénes se han beneficiado principalmente de la privatización?
5. ¿Qué consecuencias socio-políticas podría tener el nivel de pobreza que se encuentra en América Latina?

Temas de discusión

Desarrolle, en forma individual o en grupos, los siguientes temas y haga un resumen para compartir con la clase:

1. La desigualdad en la distribución de la riqueza: ¿Una injusticia social o resultado del trabajo y esfuerzo individual y las diferencias naturales?

   3. Recibe.

2. La educación como forma de incrementar la movilidad social.

3. Efectos del nepotismo y factores afines en la acumulación de riqueza.

4. La globalización y la pobreza: Corto contra largo plazo.

5. Formas de proteger a los pobres de los efectos negativos de la globalización.

Nicanor Parra, su contexto e "Inflación"

Nicanor Parra nació en Chillán, Chile, en 1914, pequeña ciudad de provincia en donde pasó su infancia y adolescencia y cursó sus estudios. En su familia imperaba un alto nivel de educación e interés por el arte, y allí encontró un ambiente propicio para desarrollar su curiosidad intelectual y su afición por la ciencia y la literatura. En 1943 recibió una beca para estudiar ingeniería mecánica en Estados Unidos y más tarde continuó sus estudios universitarios en Inglaterra. De regreso a su país, obtuvo un puesto de profesor de matemáticas y física en la Universidad de Chile.

Su aptitud por la ciencia, sin embargo, no lo aparta de su interés por la poesía. Al contrario, la década de los cincuenta es un periodo fecundo para Parra. En 1954 aparece *Poemas y antipoemas,* libro que causa gran impacto en el panorama literario en Latinoamérica. La obra poética de Parra se caracteriza ante todo por el uso de la ironía y el humor agudo para plantear su visión de la vida moderna como una experiencia caótica para el ser humano. Su lenguaje conciso y directo es un vehículo para aportar claridad y significado a un fenómeno incomprensible: la condición humana. Desde la publicación de *Poemas y antipoemas,* Parra se ha convertido en una figura muy conocida en círculos académicos tanto en los Estados Unidos como en Europa. Su contribución a las letras se reconoció en 1972 al otorgársele el Premio Nacional de Literatura de Chile. Más recientemente, Parra ha sido mencionado como candidato al Premio Nobel de Literatura. Otras obras de importancia son *La cueca larga* (1958), *Canciones rusas* (1967), *Sermones y prédicas del Cristo del Elqui* (1977), *Chistes para desorientar a la poesía* (1982) y *Hojas de parra* (1985).

Parte del caos que, según Parra, impera en el mundo moderno se ve, sin duda, en la actividad económica que tanto impacto tiene en la vida del ser humano. En un sistema capitalista la doctrina del mercado libre presupone una economía en la cual no hay una entidad o institución central con el poder de reglamentar o coordinar los intereses de los diversos sectores que conforman la sociedad. En tal caso, las leyes del mercado, invisibles, intangibles para el ser humano, contribuyen a crear la impresión de un vacío en el cual estamos a la deriva, sin control de ningún tipo: El trabajador ha quedado a merced de fuerzas económicas que no puede controlar, pero que determinan su nivel de vida y el bienestar de su familia.

Más grave aún es la situación en países en vía de desarrollo, particularmente en América Latina, cuyas economías siempre han sido más débiles que las de los países desarrollados. La inflación, es decir el alza constante de precios, es uno de los aspectos más problemáticos de las economías de la región. La explosión en el gasto público en ciertos países—el presupuesto que el gobierno tiene a su disposición para funcionar—ha creado unas de las tasas de inflación más altas del mundo. En los años setenta y ochenta en varios países la inflación llegó a niveles verdaderamente asombrosos: Más de 1.000 por ciento anual en Nicaragua durante el periodo sandinista (1979–90). En los últimos años gran parte de los países latinoamericanos ha podido controlar la tasa de inflación, y en ciertos casos, como Argentina, se ha registrado una tasa negativa: Los precios han bajado, algo difícil de imaginar hasta no hace mucho tiempo. Los economistas consideran la inflación como un impuesto al consumidor, y a largo plazo tiene consecuencias graves para la economía, pues elimina todo incentivo para ahorrar ya que el dinero que no se gasta inmediatamente pierde poder de compra. También tiene un efecto negativo para la inversión extranjera. Por presiones políticas y para contrarrestar el efecto de las alzas en precios, muchos gobiernos latinoamericanos se han visto obligados a subir los salarios de empleados públicos y privados. El resultado, en tales casos, es otra ola de alzas, que es precisamente lo que lamenta Parra en el poema.

Repasemos

1. ¿Cuál es la causa de la inseguridad que siente el hombre moderno ante las fuerzas o leyes económicas?
2. ¿Qué ventajas y desventajas ve Ud. en una economía basada en el mercado libre?

3. En América Latina, ¿qué papel tiene el gobierno en la alta tasa de inflación?
4. En su opinión, ¿qué efecto en la tasa de inflación podría tener la política de privatización en América Latina?
5. En periodos de presión inflacionaria, ¿qué tipo de inversiones recomendaría Ud.? ¿Qué otras medidas recomendaría para proteger el valor del dinero?

Vocabulario para antes de leer

Alza: Subida del precio de un producto.
Cánones: Precio del arrendamiento de un inmueble.

"Inflación"

Alza del pan origina nueva alza del pan.
Alza de los arriendos
Provoca instantáneamente la duplicación de los cánones.
Alza de las prendas de vestir
Origina alza de las prendas de vestir.
Inexorablemente
Giramos en un círculo vicioso.
Dentro de la jaula[4] hay alimento.
Poco, pero hay.
Fuera de ella sólo se ven enormes extensiones de libertad.

Cuestionario

1. ¿Qué imagen nos da el autor de las leyes de oferta y demanda?
2. ¿Qué papel juega el ser humano en este mecanismo?
3. ¿Qué tipo de productos sufren las alzas?
4. ¿Cómo afectan las alzas a las diferentes capas de la población?
5. ¿Con qué se compara al ser humano?
6. ¿Cómo interpreta Ud. el último verso?
7. ¿Está Ud. de acuerdo con la visión de Parra? Explique su respuesta.

4. Estructura de madera o metal para mantener animales.

Temas de discusión

Desarrolle, en forma individual o en grupo, los siguientes temas y haga un resumen para compartir con la clase:

1. El ser humano a la merced de fuerzas económicas.
2. Alternativas a una economía capitalista.
3. El sistema capitalista y la justicia social.

Ejercicios

Complete las siguientes oraciones con las palabras adecuadas:

1. El trabajador es _____ de las fuerzas económicas.
2. El pan, el arriendo y la ropa son productos _____ para la vida moderna.
3. El ser humano, enjaulado por _____, carece completamente de libertad.

Julio Cortázar, su contexto y "Sarao"

Julio Cortázar nació en Bruselas en 1914, de padres argentinos. Con su familia, regresó a Argentina a la edad de cuatro años. Cursó estudios de educación y traducción. Ejerció como profesor en una escuela secundaria de la provincia de Buenos Aires, y más tarde como profesor de literatura francesa en la Universidad de Cuyo (1945). Renunció a este cargo a raíz de la toma de poder del régimen peronista y regresó a Buenos Aires, en donde se dedicó a la literatura y colaboró en varias revistas. En 1951 se radicó en París, ciudad en la cual residió hasta su muerte, en 1984. Cortázar es una de las figuras claves y de mayor renombre de la literatura del siglo XX. Su narrativa se caracteriza por la tendencia a yuxtaponer fantasía y realidad para así captar la incertidumbre del ser humano en un mundo imposible de comprender y controlar. Su vasta obra consiste de varias colecciones de cuentos, incluyendo *Bestiario* (1951), *Final del juego* (1956) y *Queremos tanto a Glenda* (1980), y novelas entre las cuales se destacan *Los premios* (1960), *Rayuela* (1963), novela innovadora por su estructura narrativa, y *Libro de Manuel* (1973).

Como otros escritores de la época, Cortázar madura intelectualmente en el contexto de la revolución cubana, el movimiento contra la guerra en Vietnam y, en América Latina, la lucha contra la injusticia económica y la represión política. Su solidaridad con el oprimido lo lleva a criticar un sistema económico que margina a gran parte de la población por criterios de raza y de clase social. Las economías latinoamericanas históricamente se han caracterizado por una acentuada acumulación de riqueza en manos de una pequeña minoría, dueña de la tierra y de los medios de producción. A comienzos de los sesenta, en el ámbito continental, el 10 por ciento más rico de la población devengaba 50 por ciento de los ingresos, mientras que 40 por ciento devengaba 8 por ciento. Para finales de los ochenta, la distribución de ingresos no había cambiado de forma significativa: En México, por ejemplo,

10 por ciento de la población recibía 38 por ciento de los ingresos y 40 por ciento recibía 14,5 por ciento; en Brasil las cifras eran (en porcentajes) 10 con 53, y 50 con 10,4; en Argentina, 20 con 58 y 40 con 12. La situación era similar en el resto del continente, es decir la marginación económica de la mayoría de la población.

Las causas de tan elevado nivel de desigualdad en la distribución de la riqueza nacional son numerosas y en parte se remontan a la estructura latifundista del periodo colonial, basada en la acumulación de grandes extensiones de tierra en encomiendas o haciendas. De ahí surgen economías nacionales dominadas por intereses agrarios. A diferencia de lo ocurrido en Europa y en Estados Unidos, la clase mercantil latinoamericana, que aparece a finales de siglo XIX y comienzos del XX, no tiene el poder económico ni político para imponer un sistema que se ajuste a sus necesidades históricas. Por el contrario, la burguesía comercial surge como una extensión de los grandes terratenientes, atada a intereses agrícolas por lazos familiares y de clase social. Es una clase social más dispuesta a mantener y a gozar de sus privilegios que a desarrollar las economías nacionales y elevar el nivel de vida de la mayor parte de la población. En el siguiente poema, Cortázar nos la presenta en una de sus reuniones.

Repasemos

1. En sus propias palabras, resuma el estado de la distribución de ingresos en países hispanos.
2. ¿Qué consecuencias económicas puede tener esto para la región?
3. ¿Cómo relaciona Ud. la inestabilidad política en América Latina con la desigualdad en la distribución de la riqueza nacional? Dé ejemplos concretos.
4. Teniendo en cuenta sus conocimientos sobre países hispanos, ¿hasta qué punto ha cambiado la situación?
5. Explique los efectos de la globalización en una clase mercantil conservadora y aislada del mundo externo.

Vocabulario para antes de leer

Isorel: Neologismo del autor. Posiblemente una moneda nacional o "commodity" que se vende en el mercado.
Mercado a término: La bolsa.

SARAO[5]

Al sarao van los Tostes y los Riquis,
vestidos de chaleco[6] y demi-sec,
a encontrarse con algunos Torrefontes y dos o tres Moniatos
que ya intercambian pastillas de aleluya en el foyer.
Orquesta de palmera y cinamomo:[7] moda.
Indignación de Toste al encontrarse
Con que la araña[8] versallesca del Moniato Félix
no ilumina el histórico caviar que todo Riqui y Toste
fomenta sobre alfombra donde pactos angostos se forjaron.
Y Chachachá y chachachá y chachachá: se estila.[9]
Media vuelta derecha, Riqui y Toste,[10]
media vuelta (lanceros)[11] Torrefontes.
Moniatos, Riquis, Torrefontes,
y un Toste de lamido pelo. La señora de Anzuelo Guitarrea
y el Filidor Manrique Von der Pecke,
no creen que suba el isorel: vender los almanaques
para comprar polillas radioactivas. Media vuelta los Riquis,
media vuelta los Tostes,
reuniones que aseguran confrontaciones útiles
para el mercado a término, Bernard Buffet[12] y la grasa.
Ya se marcha el Moniato Félix
pero los Torrefontes permanecen,
las cofradías[13] que se dan la mano con un dedo hacia dentro[14]
caviar, señora, media vuelta, Riquis.

5. Fiesta de gente muy distinguida.
6. Especie de chaqueta sin mangas que se lleva sobre la camisa.
7. *Orquesta . . .* Decorado de árboles y plantas exóticas.
8. Lámpara muy elegante que cuelga del techo.
9. Está de moda; es costumbre.
10. Nombres de personas ficticias.
11. *Media vuelta . . .* Pasos del baile.
12. Pintor francés del siglo XX; muy popular entre la clase burguesa.
13. Asociación de personas con intereses comunes.
14. *Con un dedo . . .* Sin intención de cumplir el pacto o lo prometido.

Cuestionario

1. ¿Qué tono utiliza el autor en el poema? ¿Qué se propone con tal tono?
2. Además de ser una función social, ¿qué otro objetivo tiene un sarao?
3. Explique los siguientes versos: "vender los almanaques / para comprar polillas radioactivas."
4. ¿Qué sugiere el hecho de que algunos de los invitados se estrechen "la mano con un dedo hacia adentro?"
5. Según el poema, ¿qué opinión tiene el autor de la clase burguesa?
6. Para un empresario, ¿qué dificultades pueden surgir en un contexto en el cual predomina este tipo de actitud hacia el comercio?

Temas de discusión

Desarrolle, en forma individual o en grupo, los siguientes temas y haga un resumen para compartir con la clase:

1. El nepotismo en la clase mercantil.
2. El nivel de vida de la burguesía en países hispanos.
3. Consideraciones éticas en el mundo del comercio.

Ejercicios

Complete las siguientes oraciones con las palabras adecuadas:

1. Un sarao es para la clase _____.
2. La ropa y los nombres de los invitados reflejan _____
   _____ y _____ de su clase social.
3. Además de bailar y conversar, el sarao también es una oportunidad para discutir _____.
   _____ y _____ son ejemplos de productos que carecen de valor social.

Ricardo Piglia, su contexto
y *Plata quemada*

Ricardo Piglia nació en 1941 en Adrogué, provincia de Buenos Aires, pero por varios años residió con su familia en Mar del Plata. Desde muy joven demostró gran afición por las letras, y es así como en 1967 aparece su primera colección de relatos, *La invasión,* obra con la cual ganó el premio de Casa de las Américas. Hoy en día se le considera como una de las figuras más destacadas de la nueva literatura argentina, tanto por su obra de ficción como por su labor de ensayista y crítico, en particular estudios sobre los escritores argentinos Roberto Arlt, Macedonio Fernández y Jorge Luis Borges. Ha desempeñado el cargo de profesor visitante de literatura en la Universidad de Princeton. Entre sus novelas principales se destacan *Respiración artificial* (1980), *Ciudad ausente* (1992) y *Plata quemada* (1993), que fue reconocida por la crítica con el Premio Planeta. Actualmente reside en Buenos Aires en donde trabaja en su cuarta novela, *Blanco nocturno.*

La historia económica de Argentina es ante todo una historia de posibilidades y oportunidades desaprovechadas. Argentina comenzó el siglo XX como la gran esperanza de América Latina: Una nación dotada de inmensos recursos naturales y con una fuerza de trabajo—en su mayoría, inmigrantes europeos—-disciplinada y con un nivel de educación muy superior al del resto del continente, y por varias décadas se pensó que la joven nación suramericana podría lograr sus expectativas. La agricultura y la ganadería la habían colocado entre los principales productores de cereal y carne en el mundo, y la inmensa riqueza acumulada sirvió para avanzar el desarrollo industrial del país. El hecho es que hoy en día Argentina goza de una infraestructura diversificada, basada no solamente en productos agrícolas, sino que también le permite producir bienes industriales como automóviles, maquinaria pesada (barcos, material militar) y hasta reactores nucleares.

Sin embargo, el desarrollo de la infraestructura y el aparentemente elevado nivel de vida de ciertas capas de la población esconden una historia marcada por la inestabilidad política y el estancamiento económico. La prosperidad de comienzos del siglo XX fue mermada por una serie de sucesos que acabaron por limitar seriamente la capacidad económica del país. Comenzando con el régimen populista de Juan Domingo Perón en 1946–55, Argentina entró en un prolongado periodo de tensión social bajo una serie de gobiernos civiles y militares que se alternaron el poder sin lograr restaurar la tranquilidad necesaria para sacar adelante al país, pero que sí tuvo como resultado la descapitalización de la economía y el empobrecimiento general de gran parte de la población. En 1989 el gobierno de Carlos Menem inició una serie de reformas estructurales con el fin de reducir el déficit presupuestario y la tasa de inflación, que por esa época había superado el 3.000 por ciento anual.

El cambio de mayor impacto fue la reorientación hacia una economía de mercado, abierta a la inversión extranjera y a una mayor competencia en el ámbito internacional. Esto se logró gracias a la participación en MERCOSUR, un mercado común establecido con el propósito de fomentar relaciones comerciales entre los países del sur del continente. Otro paso decisivo hacia la apertura fue el programa de privatización, destinado a reducir el peso del gobierno en la economía nacional. Esta nueva política permitió la venta al sector privado de empresas en industrias tan diversas como armamentos, telecomunicaciones, energía eléctrica, petróleo y transporte aéreo.

La magnitud de las reformas reactivó la economía argentina, que creció un promedio de 7,7 por ciento de 1991 a 1994. La recuperación, sin embargo, fue breve debido a la crisis generada por las dificultades económicas en Asia y México a mediados de los años noventa. Desde entonces la actividad económica ha sufrido una caída pronunciada en prácticamente todos los sectores, como apuntan los siguientes indicadores de 1999: Crecimiento del Producto Interno Bruto PIB de −3 por ciento; desempleo de 14.5 por ciento; la relación entre deuda externa y PIB en 48,5 por ciento, es decir una caída de diez puntos desde 1995. Hasta ahora, las medidas llevadas a cabo por el gobierno no han producido los resultados que se esperaban.

Repasemos

1. ¿Qué diferencias o semejanzas nota Ud. entre la situación de Argentina a comienzos del siglo XX y la de otros países en América Latina?

2. ¿Qué tipo de industrias tuvieron un papel clave en el desarrollo económico del país?
3. ¿Qué consecuencias para la economía tuvieron los problemas políticos de la segunda mitad del siglo XX?
4. Resuma las reformas económicas de los años noventa. ¿Sabe Ud. de otros casos en América Latina con programas similares?
5. ¿Cuáles son los objetivos de la apertura económica? ¿Qué efectos ha tenido?

Vocabulario para antes de leer

Billete: Papel moneda.
Despropósito: Acción ilógica, incomprensible.
Carenciados: Pobres, necesitados.
Tener mala entraña: Ser cruel, malo.
Derroche: Acción de malgastar dinero o bienes de valor.

Plata quemada (fragmento)

[La policía persigue a unos criminales quienes, tras asaltar un banco en Buenos Aires, se refugian en Montevideo en un edificio de apartamentos en un barrio de clase trabajadora]

Primero salió un humo blanco, por la ventanita del baño que se abría, como un ojo, en lo alto de la medianera.[15] Una pequeña columna de humo blanco, contra la blancura de la niebla.

—Quemar plata[16] es feo, es pecado. E pecatto—decía Dorda, con un billete de mil en una mano, en el bañito donde se daba con la anfeta,[17] con un encendedor Ronson que le había achacado a una loca;[18] lo prende y lo quema, se mira en el espejo y se ríe. En la puerta está el Nene, que lo mira y no dice nada.

15. Pared que separa dos cuartos.
16. Dinero.
17. *Se . . .* Se inyectaba anfetaminas [los protagonistas son drogadictos].
18. *Le había . . .* Le había robado a un homosexual.

—Pensar que para ganar un billete como este, un sereno,[19] ponéle[20]—los serenos son siempre boleta,[21] los conocen bien, siempre se le cruza alguno cuando ya entraron en el galpón[22] por la banderola[23] y aparece el tipo con cara de alucinado—tiene que trabajar dos semanas . . . y un cajero de banco, según la antigüedad, puede tardar casi un mes, para recibir un billete como este a cambio de pasarse la vida contando plata ajena.

Ellos son al revés, cuentan fajos y fajos de plata propia. Disueltas las pastillas de aktemin, machacadas y disueltas en un fresco[24] de calcigenol, como una leche, tienen otro gusto. La guita[25] estaba en el bañito, la pileta es para quemar. Se ríe el Nene. Dorda también se ríe, pero medio temeroso de que lo esté cachando.[26]

Luego en un momento dado se supo que los delincuentes estaban quemando cinco millones de pesos que les quedaban del atraco a la Municipalidad de San Fernando, de donde, como es sabido, se llevaron siete millones.

Empezaron a tirar billetes de mil encendidos por la ventana. Desde la banderola de la cocina lograban que la plata quemada volara sobre la esquina. Parecían mariposas de luz, los billetes encendidos.

Un murmullo de indignación hizo rugir a la multitud.

—La queman.—

—Están quemando la plata.

Si la plata es lo único que justificaba las muertes y si lo que han hecho, lo han hecho por plata y ahora la queman, quiere decir que no tienen moral, ni motivos, que actúan y matan gratuitamente, por el gusto del mal, por pura maldad, son asesinos de nacimiento, criminales insensibles, inhumanos. Indignados, los ciudadanos que observaban la escena daban gritos de horror y de odio, como en un aquelarre[27] del medioevo (según los diarios), no podían soportar que ante sus ojos se quemaran cerca de quinientos mil dólares en

19. Guardia que cuida los vecindarios de noche.
20. Ponle (voz argentina): Del verbo *poner* en el sentido de *suponer.*
21. *Son . . .* Siempre molestan.
22. Apartamento.
23. Pequeña ventana encima de la puerta.
24. Refresco.
25. Dinero. (Argentina)
26. Burlándose; haciéndole una broma.
27. Reunión nocturna de brujas.

una operación que paralizó de horror a la ciudad y al país y que duró exactamente quince interminables minutos, que es el tiempo que tarda en quemarse esa cantidad astronómica de dinero, esos billetes que por razones ajenas a la voluntad de las autoridades fueron destruidos sobre una chapa[28] que en Uruguay se llama "patona" y es usada para remover la brasa[29] en las parrillas de los asados. En una lata[30] "patona" fueron quemando el dinero y los policías quedaron inmóviles, estupefactos, porque qué se podía hacer con criminales capaces de tamaño despropósito. La gente indignada se acordó de inmediato de los carenciados, de los pobres, de los pobladores del campo uruguayo que viven en condiciones precarias y de los niños huérfanos a los que ese dinero habría garantizado un futuro.

Con salvar a uno solo de los niños huérfanos habrían justificado sus vidas, estos cretinos, dijo una señora, pero son malvados, tienen mala entraña,[31] son unos bestias, dijeron a los periodistas los testigos y la televisión filmó y luego trasmitió durante todo el día la repetición de ese ritual, al que el periodista de la TV Jorge Foister, llamó acto de canibalismo.

—Quemar dinero inocente es un acto de canibalismo.

Si hubieran donado ese dinero, si lo hubieran tirado por la ventana hacia la gente amontonada en la calle, si hubieran pactado con la policía la entrega del dinero a una fundación benéfica, todo habría sido distinto para ellos.

—Por ejemplo si hubieran donado esos millones para mejorar la condición de las cárceles donde ellos mismos van a ser encerrados.

Pero todos comprendieron que ese acto era una declaración de guerra total, una guerra directa y en regla contra toda la sociedad.

—Hay que ponerlos contra la pared y colgarlos.

—Hay que hacerlos morir lentamente achicharrados.[32]

Surgió ahí la idea de que el dinero es inocente, aunque haya sido resultado de la muerte y el crimen, no puede considerarse culpable, sino más bien neutral, un signo que sirve según el uso que cada uno le quiera dar.

Y también la idea de que la plata quemada era un ejemplo de locura asesina. Sólo locos asesinos y bestias sin moral pueden ser tan cínicos y tan cri-

28. Pieza circular de metal.
29. Carbón o leña (madera) encendido al rojo, incandescente.
30. Recipiente o envase de metal.
31. *Tienen* . . . Son malos, crueles.
32. Quemados.

minales como para quemar quinientos mil dólares. Ese acto (según los diarios) era peor que los crímenes que habían cometido, porque era un acto nihilista y un ejemplo de terrorismo puro.

En declaraciones a la revista *Marcha,* el filósofo uruguayo Washington Andrada señaló sin embargo que consideraba ese acto terrible, una especie de inocente *potlatch* realizado en una sociedad que ha olvidado ese rito, un acto absoluto y gratuito en sí, un gesto de puro gasto y de puro derroche que en otras sociedades ha sido considerado un sacrificio que se ofrece a los dioses porque sólo lo más valioso merece ser sacrificado y no hay nada más valioso entre nosotros que el dinero, dijo el profesor Andrada y de inmediato fue citado por el juez.

El modo en que quemaron la plata es una prueba pura de maldad y de genio, porque quemaron la plata haciendo visibles los billetes de cien que iban prendiendo fuego, uno detrás de otro, los billetes de cien se quemaban como mariposas cuyas alas son tocadas por las llamas de una vela y que aletean[33] un segundo todavía hechas de fuego y vuelan por el aire un instante interminable antes de arder y consumirse.[34]

Y después de todos esos interminables minutos en los que vieron arder los billetes como pájaros de fuego quedo una pila de ceniza, una pila funeraria de los valores de la sociedad (declaró en la televisión uno de los testigos), una columna bellísima de cenizas azules que cayeron desde la ventana como la llovizna de los restos calcinados[35] de los muertos que se esparcen en el océano o sobre los montes y los bosques pero nunca sobre las calles sucias de la ciudad, nunca las cenizas deben flotar sobre las piedras de la selva de cemento.

Inmediatamente después de ese acto que paralizó a todos, la policía pareció reaccionar y comenzó una ofensiva brutal como si el tiempo en que los nihilistas (como eran ahora llamados por los diarios) terminaban su acto ciego los hubiera predispuesto y enceguecido y los hubiera preparado para la represión definitiva.

Cuestionario

1. ¿Cómo consiguen los protagonistas el dinero?
2. ¿Qué hacen en el apartamento con el dinero?

33. Mueven las alas frecuentemente.
34. Quemarse.
35. Quemados; destruidos por el fuego.

3. ¿Cuál es la reacción de la gente que observaba los hechos desde la calle?
4. ¿Qué explicaciones dan para justificar su cambio de actitud?
5. ¿Qué hubiera preferido el público que se hiciera con el dinero?
6. Explique la siguiente frase: "Ese acto era una declaración de guerra total, una guerra directa y en regla contra la sociedad."
7. ¿Qué castigos propone el público para los delincuentes?
8. ¿Cómo explicaría Ud. la importancia que, en el texto, el público le da al dinero? ¿Está Ud. de acuerdo?
9. ¿Qué diferencias ve Ud. en la actitud hacia el dinero y la riqueza entre la cultura norteamericana y la cultura hispana? Explique su respuesta con ejemplos.

Temas de discusión

Desarrolle, en forma individual o en grupo, los siguientes temas y haga un resumen para compartir con la clase:

1. Importancia del dinero y la riqueza en la sociedad moderna.
2. La redistribución de la riqueza: ¿Necesidad social o atropello contra la libertad individual?
3. La delincuencia y el crimen: ¿Causas socioeconómicas o personales?

Ejercicios

Complete las siguientes oraciones con las palabras adecuadas:

1. En el apartamento, los delincuentes deciden _____ el dinero.
2. La policía, la gente y _____ los observa desde _____.
3. Los delincuentes lanzan _____ por la ventana.
4. Al enterarse de lo que sucede, la gente los compara a _____ _____ y _____.
5. La _____ entrevista a _____ para que explique los hechos.
6. _____ se compara a un _____ a los dioses.
7. La sociedad moderna asigna un _____ muy alto al dinero.

Gabriel García Márquez, su contexto y *Los funerales de la Mamá Grande*

Gabriel García Márquez nació en Aracataca en 1928, un pequeño pueblo cerca de la costa atlántica colombiana. Sus años de infancia, transcurridos en casa de sus abuelos, le permitieron criarse en una región rica en leyendas y mitos populares, y con una larga tradición oral. Las experiencias de su infancia figurarían de manera prominente años más tarde en gran parte de su obra literaria. Tras un breve periodo de estudios universitarios en Bogotá y Cartagena, García Márquez abandonó el ambiente académico para dedicarse al periodismo. Como corresponsal del diario bogotano *El espectador,* fue enviado a Europa a principios de los años cincuenta, en donde residió por varios años. A raíz de su estadía en el continente europeo, García Márquez tuvo oportunidad de viajar a los países del bloque soviético, hecho que tendría gran impacto en el desarrollo de su pensamiento político y que más tarde se manifestaría en un compromiso[36] con la izquierda internacional, como demuestra su apoyo al gobierno de Fidel Castro en Cuba y a los sandinistas en Nicaragua.

Es por esta época en que García Márquez comienza a crear el mundo mítico de Macondo, un lugar en donde lo real y lo fantástico se combinan para dar un matiz[37] único y propio a la experiencia latinoamericana: El "realismo mágico," que llegará a considerarse rasgo esencial de la obra del escritor colombiano. Entre sus obras más conocidas se destacan reportajes de tipo periodístico como *De viaje por los países socialistas* (1957) y *Noticias de un secuestro* (1996) y las siguientes novelas: *La hojarasca* (1955), *El coronel no tiene quien le escriba* (1961), *La mala hora* (1962), *Cien años de soledad* (1967), *El otoño del patriarca* (1975), *Crónica de una muerte anunciada* (1981) y *El gene-*

36. En este contexto, solidaridad.
37. Carácter, color.

ral en su laberinto (1989). Cuando en 1982 García Márquez recibió el Premio Nobel de literatura, ya hacía tiempo que se había consagrado[38] como una de las principales figuras de la literatura contemporánea.

"Los funerales de la Mamá Grande" es un cuento que aparece en la colección del mismo nombre, publicada en 1962. García Márquez ambienta la obra en un contexto rural en el cual prevalecen[39] prácticamente las mismas condiciones de vida y la misma organización social que impusieron los españoles durante la época colonial, es decir, una sociedad con características feudales en donde el poder y la autoridad residían en los grandes terratenientes.[40] La economía rural estaba organizada alrededor de la encomienda, inmensas extensiones de terreno otorgadas por el rey de España a través de Cédulas Reales[41] a individuos de prestigio o a quienes se hubieran distinguido por su servicio a la corona. La encomienda tuvo consecuencias que a la larga afectarían de forma negativa la economía de las jóvenes repúblicas hispanoamericanas: Por un lado, la acumulación de la tierra en manos de unos pocos latifundistas, que llegaron así a controlar los mecanismos sociales y políticos de la región. Por otro lado, esto también dio lugar a la dependencia del campesino, obligado a arrendar parcelas de tierra demasiado pequeñas para ser rentables,[42] y por lo tanto incapaces de generar suficientes fondos para modernizar el sector agrícola y así producir de forma más eficiente.

El problema de la distribución de la tierra ha sido uno de los factores principales en los conflictos sociales del siglo XX en América Latina. De la revolución mexicana de principios de siglo a la época de la violencia en Colombia de los cincuenta a las guerras civiles en El Salvador y Guatemala de los años ochenta, campesinos a lo largo y ancho del continente han luchado por el derecho a la tierra, y a pesar de los múltiples intentos de reforma agraria, continúa siendo uno de los problemas de mayor vigencia hoy en día. En gran parte de las zonas rurales, impera una situación no muy diferente de la que se vivió en la época en que la Mamá Grande controlaba los destinos de los ciudadanos de Macondo.

38. *Se*... Había llegado a ser.
39. Predominan.
40. Dueños de grandes extensiones de tierra.
41. Títulos de propiedad otorgados por el rey.
42. Producir ganancias.

Repasemos

1. En sus propias palabras explique el significado del término *encomienda*.
2. ¿Qué consecuencias podría tener para la economía en general la falta de modernización en la agricultura?
3. ¿Cómo se diferencia la situación en el campo en América Latina de la experiencia histórica de los EEUU y de otros países industrializados?
4. ¿Podría Ud. nombrar algunos lugares en donde recientemente haya habido conflictos por razón de derechos a la tierra?
5. ¿Qué consecuencias pueden tener tales conflictos para el comercio internacional y la inversión extranjera?

Vocabulario para antes de leer

Arrendatarios: Individuos que pagan arriendo por vivir o trabajar en una propiedad que no les pertenece.

Hierro: Instrumento de metal utilizado en el campo para marcar el ganado.

Patrimonio: Riqueza; conjunto de bienes de un individuo o una nación.

Testamento: Documento legal que enumera los bienes de un individuo, y que han de recibir sus herederos.

Los funerales de la Mamá Grande (fragmento)

La inminencia de la muerte removió la extenuante expectativa. La voz de la moribunda, acostumbrada al homenaje y a la obediencia, no fue más sonora que un bajo de órgano en la pieza cerrada, pero resonó en los más apartados rincones de la hacienda. Nadie era indiferente a esa muerte. Durante el presente siglo, la Mamá Grande había sido el centro de gravedad de Macondo, como sus hermanos, sus padres y los padres de sus padres lo fueron en el pasado, en una hegemonía que colmaba[43] dos siglos. La aldea se fundó alrededor de su apellido. Nadie conocía el origen, ni los límites, ni el valor real del patrimonio, pero todo el mundo se había acostumbrado a creer que la Mamá Grande era dueña de las aguas corrientes y estancadas,[44] llovidas y por

---

43. Abarcar, durar. Imperfecto del verbo *colmar*.
44. Aguas en lagos, pozos, etc.

llover, y de los caminos vecinales,[45] los postes del telégrafo, los años bisiestos y el calor, y que tenía además un derecho heredado sobre vidas y haciendas. Cuando se sentaba a tomar el fresco de la tarde en el balcón de su casa, con todo el peso de sus vísceras[46] y su autoridad, aplastada en su viejo mecedor de bejuco, parecía en verdad infinitamente rica y poderosa, la matrona más rica y poderosa del mundo. [. . .] Nicanor había preparado, en veinticuatro folios[47] escritos con letra muy clara, una escrupulosa relación[48] de sus bienes. Respirando apaciblemente, con el médico y el padre Antonio Isabel por testigos, la Mamá Grande dictó al notario la lista de sus propiedades, fuente suprema y única de su grandeza y autoridad. Reducido a sus proporciones reales, el patrimonio físico se reducía a tres encomiendas adjudicadas por Cédula Real durante la Colonia, y que con el transcurso del tiempo, en virtud de intrincados matrimonios de conveniencia, se habían acumulado bajo el dominio de la Mamá Grande. En ese territorio ocioso, sin límites definidos, que abarcaba cinco municipios y en el cual no se sembró nunca un solo grano por cuenta de los propietarios, vivían a título de arrendatarias 352 familias. Todos los años, en vísperas de su onomástico, la Mamá Grande ejercía el único acto de dominio[49] que había impedido el regreso de las tierras al Estado: el cobro de los arrendamientos. Sentada en el corredor interior de su casa, ella recibía personalmente el pago del derecho de habitar en sus tierras, como durante más de un siglo lo recibieron sus antepasados de los antepasados de los arrendatarios. Pasados los tres días de la recolección, el patio estaba atiborrado[50] de cerdos, pavos y gallinas, y de los diezmos[51] y primicias sobre los frutos de la tierra que se depositaban allí en calidad de regalo. En realidad, ésa era la única cosecha que jamás recogió la familia de un territorio muerto desde sus orígenes, calculado a primera vista en 100.000 hectáreas. Pero las circunstancias históricas habían dispuesto que dentro de esos

45. Pequeños; de importancia secundaria.
46. El estómago; en este caso, su cuerpo.
47. Forma arcaica; hojas, páginas.
48. Descripción; enumeración.
49. En este contexto, acción, derecho.
50. Lleno, ocupado.
51. Décima parte del producto de la tierra, que tradicionalmente se ofrecía a la iglesia.

límites crecieran y prosperaran las seis poblaciones del distrito de Macondo, incluso la cabecera[52] del municipio, de manera que todo el que habitara una casa no tenía más derecho de propiedad del que le correspondía sobre los materiales, pues la tierra pertenecía a la Mamá Grande y a ella se pagaba el alquiler, como tenía que pagarlo el gobierno por el uso que los ciudadanos hacían de las calles.

En los alrededores de los caseríos merodeaba un número nunca contado y menos atendido de animales herrados[53] en los cuartos traseros[54] con la forma de un candado. Ese hierro hereditario, que más por el desorden que por la cantidad se había hecho familiar en remotos departamentos donde llegaban en verano, muertas de sed, las reses[55] desperdigadas, era uno de los más sólidos soportes de la leyenda. Por razones que nadie se había detenido a explicar, las extensas caballerizas de la casa se habían vaciado progresivamente desde la última guerra civil, y en los últimos tiempos se habían instalado en ellas trapiches[56] de caña, corrales de ordeño, y una piladora de arroz.

Aparte de lo enumerado, se hacía constar en el testamento la existencia de tres vasijas de morrocotas[57] enterradas en algún lugar de la casa durante la guerra de Independencia, que no habían sido halladas en periódicas y laboriosas excavaciones. Con el derecho de continuar la explotación de la tierra arrendada y a percibir los diezmos y primicias y toda clase de dádivas[58] extraordinarias, los herederos recibían un plano levantado de generación en generación, y por cada generación perfeccionado, que facilitaba el hallazgo del tesoro enterrado.

La Mamá Grande necesitó tres horas para enumerar sus asuntos terrenales. En la sofocación de la alcoba, la voz de la moribunda parecía dignificar en su sitio cada cosa enumerada. Cuando estampó su firma balbuciente, y debajo estamparon la suya los testigos[59] un temblor secreto sacudió el corazón

52. En este contexto, pueblo principal.
53. Marcados.
54. Parte posterior del animal.
55. Vacas.
56. Instalación para extraer el jugo de la caña de azúcar.
57. Monedas de oro durante el periodo colonial.
58. Regalos, ofrendas.
59. Personas que presencian un acto.

de las muchedumbres que empezaban a concentrarse frente a la casa, a la sombra de los almendros[60] polvorientos.

Sólo faltaba entonces la enumeración minuciosa de los bienes morales. Haciendo un esfuerzo supremo—el mismo que hicieron sus antepasados antes de morir para asegurar el predominio de su especie—la Mamá Grande se irguió[61] sobre sus nalgas monumentales, y con voz dominante y sincera, abandonada a su memoria, dictó al notario la lista de su patrimonio invisible:

—La riqueza del subsuelo, las aguas territoriales, los colores de la bandera, la soberanía nacional, los partidos tradicionales, los derechos del hombre, las libertades ciudadanas, el primer magistrado,[62] la segunda instancia, el tercer debate, las cartas de recomendación, las constancias históricas, las elecciones libres, las reinas de la belleza, los discursos trascendentales, las grandiosas manifestaciones, las distinguidas señoritas, los correctos caballeros, los pundonorosos militares, su señoría ilustrísima, la corte suprema de justicia, los artículos de prohibida importación, las damas liberales, el problema de la carne, la pureza del lenguaje, los ejemplos para el mundo, el orden jurídico, la prensa libre pero responsable, la Atenas sudamericana, la opinión pública, las elecciones democráticas, la moral cristiana, la escasez de divisas, el derecho de asilo, el peligro comunista, la nave del Estado, la carestía[63] de la vida, las tradiciones republicanas, las clases desfavorecidas, los mensajes de adhesión.[64]

No alcanzó a terminar. La laboriosa enumeración tronchó[65] su último vahaje.[66]

Ahogándose en el mare magnum de fórmulas abstractas que durante dos siglos constituyeron la justificación moral del poderío de la familia, la Mamá Grande emitió un sonoro eructo y expiró.

60. Tipo de árbol.
61. Se levantó. Pretérito del verbo *erguirse*.
62. Presidente de la república.
63. Precios altos.
64. Apoyo, respaldo.
65. Rompió, interrumpió.
66. Viento suave. En este contexto, aliento.

Cuestionario

1. Explique el significado de la siguiente cita: "Durante el presente siglo la Mamá Grande había sido el centro de gravedad de Macondo, como sus hermanos, sus padres y los padres de sus padres lo fueron en el pasado."
2. La Mamá Grande posee una fortuna "real" y también una fortuna "imaginaria." Dé ejemplos de ambos tipos de bienes.
3. En su opinión, ¿con qué motivo es que el narrador exagera la riqueza de la matrona de Macondo?
4. ¿Cuál es el origen de la riqueza de la familia?
5. ¿Quiénes trabajaban las tierras?
6. ¿Cómo pagaban a la familia por el uso de la tierra?
7. Además de la tierra, ¿qué otras fuentes de riqueza tenía la familia?
8. ¿Qué tipo de poder ejercía la Mamá Grande sobre la población?
9. ¿Qué importancia simbólica tiene la presencia del Padre Antonio Isabel en el cuarto de la moribunda?
10. Teniendo en cuenta diferencias de tiempo y lugar, ¿conoce Ud. de casos de dinastías similares a la de la Mamá Grande en EEUU? Dé ejemplos.

Temas de discusión

Desarrolle, en forma individual o en grupo, los siguientes temas y haga un resumen para compartir con la clase:

1. La marginación social y política del campesino.
2. Política: Tensión entre el gobierno central y los caciques regionales.
3. Limitaciones al incentivo para modernizar o invertir en una economía con tal concentración de riqueza.
4. Inestabilidad política en una sociedad tan estratificada.
5. Paternalismo hacia el campesino en la sociedad rural.

Ejercicios

Complete las siguientes oraciones con las palabras adecuadas:

1. La Mamá Grande tenía control _____ sobre la _____ y la _____ de los habitantes de Macondo.

2. Su riqueza se basaba en tierras concedidas a través de _____
   _____ por los reyes de España.
3. La familia de la Mamá Grande arrendaba la tierra a los _____
   _____ para que ellos se encargaran de _____.
4. El elemento religioso está representado por el Padre _____
   _____.
5. La riqueza de la Mamá Grande constaba de terrenos, _____
   _____, _____ y _____ que nadie
   había podido encontrar por varias generaciones.
6. El _____, el _____ y el cura son
   _____ de la muerte de la Mamá Grande.

5

Poder político y abuso de autoridad

A partir del descubrimiento del continente americano en 1492 y de su conquista después, los reyes españoles ofrecieron como recompensa a los conquistadores, tierras y esclavos indígenas. Para atraer a más colonizadores hacia estas nuevas tierras, los mismos beneficios se extendieron a aquellos que desearan emigrar al "nuevo mundo." Esto marcó el inicio de lo que después se conoció como la encomienda y que dio paso a una rápida descomposición de la estructura socio-política que se estableció en territorio americano. Es decir, las leyes que se dictaban en España para las colonias americanas no se seguían al pie de la letra en las nuevas tierras, y con esto se daba un abuso de poder político y de autoridad sobre las poblaciones indígenas.

La independencia de España, por la gran mayoría de las colonias en Hispanoamérica lograda a principios del siglo XIX, no terminó con los abusos arriba mencionados; por el contrario, estos recayeron en una nueva clase de políticos, terratenientes y comerciantes que dominaban las esferas políticas, sociales y económicas en el subcontinente. Las nuevas facciones políticas—liberales y conservadores—chocaban constantemente en su afán por ser los nuevos líderes de sus países. Estos choques de corte político fueron más allá de este orden y en muchas ocasiones se convirtieron en ataques físicos entre unos y otros, creando de esta forma una crisis de violencia social.

La mayoría de las sociedades iberoamericanas experimentó, durante épocas distintas, permanentes condiciones de violencia y conflictos internos, a causa de las graves condiciones de injusticia y desigualdad económica y social que conllevaba el incumplimiento de la ley. Ante esto, las frágiles democracias hispanoamericanas, obedeciendo muchas veces los mandatos de Washington, tuvieron que ceder el poder a regímenes militares que gobernaron con la ayuda de los Estados Unidos y de la Central Intelligence Agency (CIA) en muchas ocasiones. Esto llevó también a que el gobierno de los Estados Unidos, bajo el pretexto de mantener estabilidad política en la región, creara en 1946 en Panamá, la Escuela de las Américas para entrenar en tácticas antisubversivas a miembros de las fuerzas armadas latinoamericanas. A la Escuela de la Américas se le acusa de adiestrar también en tácticas de tortura a los militares latinoamericanos y de tal forma contribuir a los frecuentes abusos de los derechos humanos que ocurren a lo largo del continente.

Entre las dictaduras más conocidas en Hispanoamérica figuran las de Porfirio Díaz en México de 1876 a 1911; Juan Vicente Gómez en Venezuela de 1908 a 1935; Rafael Leonidas Trujillo en la República Dominicana de 1930 a 1961; la dinastía Somoza en Nicaragua que va desde 1937 a 1979; Alfredo Stroessner en Paraguay de 1954 a 1989; Augusto Pinochet en Chile de 1973 a 1990; Jorge Videla, Roberto Eduardo Viola y Leopoldo Galtieri en Argentina de 1976 a 1982; Jorge Pacheco Areco y José María Bordaberry en Uruguay de 1966 a 1985.

Con la aparición de las dictaduras militares no sólo se aspiraba a eliminar la posibilidad de supuestas subversiones en sus respectivos países, sino de llevar a cabo la construcción de estructuras económicas y políticas que facilitaran la modernización y el desarrollo de sus sociedades de acuerdo al modelo presentado por los Estados Unidos, que se consideraba como la única vía posible para las naciones latinoamericanas. En tal ambiente, sin embargo, todo aquel que se opusiera a la construcción de tal proyecto socioeconómico era considerado como enemigo de los intereses de la nación:

Toda forma de oposición fue severamente castigada. Así en Hispanoamérica, la falta de garantías constitucionales, las torturas, los secuestros, las desapariciones, el destierro y el exilio se convirtieron en una realidad cotidiana en la que miles de personas vivieron controladas por medio del terror.

Las juntas militares y las oligarquías nacionales se convirtieron, pues, en una casta de poder que reinó en forma impune creando leyes que les beneficiaban principalmente a ellos y sus socios comerciales y políticos. Gracias al aislamiento internacional en que cayeron las juntas militares por sus violaciones a los derechos humanos a través de los años, a la lucha interna permanente de los ciudadanos y a la pérdida social generalizada por la corrupción institucional de estos gobiernos, fue posible el alejamiento político de los militares y la devolución del poder a los gobiernos civiles. A mediados de los años ochenta Hispanoamérica comenzó el regreso hacia regímenes democráticos, y en estos momentos todos los países, con excepción de Cuba, tienen gobiernos elegidos por voluntad popular. Sin embargo, las dictaduras militares han dejado como herencia a los nuevos gobiernos civiles altas deudas externas con grandes costos sociales y un estado general de amnesia que pretende olvidar todos los crímenes cometidos en el pasado.

Repasemos

1. ¿Cuál fue el premio que recibieron los primeros conquistadores en el nuevo mundo?
2. ¿Cómo se inició la descomposición del aparato político español?
3. ¿Cuáles son los orígenes de las crisis de violencia en Hispanoamérica?
4. ¿Por qué aparecen las primeras dictaduras militares en Hispanoamérica?
5. ¿Cuáles eran las aspiraciones de estas dictaduras y qué problemas sociales trajeron consigo?
6. ¿Cuál es la situación política de los gobiernos hispanoamericanos en estos momentos?

7. ¿Puede Ud. mencionar algunos ejemplos de dictaduras militares?
8. ¿Cuál ha sido el papel de los EEUU con respecto a las dictaduras militares?

Temas de discusión

Desarrolle, en forma individual o en grupo, los siguientes temas y haga un
resumen para compartir con la clase:

1. Los EEUU como modelo económico para Hispanoamérica.
2. La intervención del gobierno norteamericano y de la CIA en asuntos
   políticos de Hispanoamérica por cuestiones económicas.
3. Violencia en EEUU y en América Latina: Semejanzas y diferencias.
4. Causas de la violencia sociopolítica en países latinoamericanos.
5. Posibilidades de desarrollo económico sin la inversión de capital extranjero.

Rómulo Gallegos, su contexto
y *Doña Bárbara*

Rómulo Gallegos (1884–1969) nació en Caracas, Venezuela. Estudió en el Colegio Sucre y realizó estudios universitarios en filosofía, literatura y matemáticas. Más tarde, dirigió el Liceo Federal de Barcelona (Venezuela), la Escuela Normal de Caracas y el Liceo Andrés Bello. Gallegos fue elegido senador en 1930 pero renunció como acto de protesta contra la dictadura del General Juan Vicente Gómez. Se trasladó a España donde permaneció hasta su regreso en 1936, y en este periodo fue publicada su obra cumbre, *Doña Bárbara* (1929). Fue elegido presidente de la República en 1947 y derrocado al año siguiente por una junta militar.

La producción literaria de Gallegos es muy fecunda. Entre sus novelas se cuentan *Los Aventureros* (1913), *Los Inmigrantes* (1913), *Reinaldo Solar* (1920), *La trepadora* (1925), *Doña Bárbara* (1929), *Cantaclaro* (1934), *Canaima* (1935), *Pobre Negro* (1937), *El Forastero* (1942), *Sobre la misma tierra* (1943), *La Brizna de paja en el viento* (1952), *Una posición en la vida* (1954), *El Ultimo Patriota* (1957), *La rebelión y otros cuentos* (1922). Uno de sus dramas se titula *El milagro del año* (1911).

Doña Bárbara constituye un estudio psicológico de los habitantes de los llanos venezolanos. En esta obra se nota una intención más allá de lo literario, es decir, existe un fin social y sus personajes no se mueven por propia voluntad, sino que están condicionados por el medio en el que viven. Los personajes adquieren un carácter simbólico: Santos Luzardo, abogado graduado en la Universidad Central de Venezuela, representa a la civilización, el orden y el progreso que desea establecer con el apego y respeto a las leyes; Doña Bárbara es el atraso social, es arbitraria y violenta, representando a los tiranos que han gobernado en los países hispanoamericanos; Ño Pernalete y su secretario Mujiquita representan la tragedia política del país, la corrupción, el abuso de autoridad y de poder, y el atraso de la sociedad. Los problemas de la sociedad se reflejan en los defectos de quienes la dirigen.

A comienzos del siglo XX Venezuela experimentó un incremento en inversión extranjera, principalmente en la exploración de pozos de petróleo. Atraídas por las condiciones bastante favorables que ofrecía el gobierno, empresas de diferentes países comenzaron a explorar y extraer lo que más tarde habría de convertirse en el producto principal de exportación de la economía venezolana. Sin embargo, ciertos factores—el escaso control que el gobierno tenía sobre las operaciones de las compañías norteamericanas, la marginación de gran parte de la población nacional y el terrible clima político bajo la dictadura de Gómez—se combinaron para impedir que el pueblo se beneficiara de la producción petrolera. Esto ocasionó un profundo descontento popular que contribuyó a implantar un ambiente de tensión política y dificultades económicas.

Actualmente Venezuela es uno de los principales exportadores de petróleo del mundo. Fue uno de los países fundadores de la Organización de Países Exportadores de Petróleo (OPEP), y su industria petrolera fue nacionalizada en 1976. Venezuela exporta la tercera parte de su producción petrolera, principalmente a los Estados Unidos, gracias a lo cual se goza de precios muy bajos de gasolina en este último país. Venezuela dependió durante muchos años del petróleo como fuente de divisas, pero a partir de los años ochenta inició una fuerte diversificación económica que incluye la agricultura, el acero, y la industria manufacturera.

Repasemos

1. ¿Cómo era la situación político-social y económica de Venezuela durante los últimos años del siglo XIX, durante los años treinta, y cómo afectó o benefició al país?
2. ¿Cuál fue la reacción de Gallegos a los problemas de Venezuela durante esta época?
3. ¿Cuál es uno de los propósitos fundamentales de Gallegos en *Doña Bárbara?*
4. Mencione dos personajes simbólicos en la novela y lo que significan.
5. ¿En qué basaba Venezuela su economía y cómo la ha diversificado a partir de los años ochenta?

Vocabulario para antes de leer

Cerca: Barrera de metal o madera que sirve para indicar los límites de una propiedad o para separarla de otras propiedades.

Corral: Lugar cercado donde se mantiene el ganado.

Hato: Porción de ganado o el lugar donde se mantiene una porción de ganado.

Hierro: Instrumento que se usa para marcar al ganado con las señas del dueño del hato.

Jefatura Civil: Gobierno civil de una región o estado.

Ley del Llano: Código que indica las leyes que regulan la propiedad en el llano.

Llanos: En Colombia y Venezuela, grandes extensiones planas de tierra.

Orejano: Res que no tiene marcas que la identifiquen en el cuerpo.

Res: Vaca.

Sabana: Extensión de tierra plana, sin árboles, similar al llano.

Doña Bárbara (fragmento)

[Tras un largo periodo de ausencia en la ciudad, Santos Luzardo, un joven abogado, regresa al llano para rescatar la propiedad de su familia y restaurar el orden en la región]

No obstante, [Doña Bárbara] ensoberbecida por la desairada situación en que había quedado[1], optó por la violencia abierta, y cuando Luzardo, días después, le reiteró la petición del permiso para sacar sus ganados de las sabanas de El Miedo, se negó rotundamente.—Y ahora, doctor—insinuó Antonio Sandoval—, usted, por supuesto, va pagarle con la misma moneda[2] echando la cerca sin permitirle que ella saque ganado de aquí. ¿No es así?

—No. Por ahora acudiré a la autoridad inmediata para que la obligue a cumplir lo que le ordena la ley. Al mismo tiempo haré citar ante la Jefatura Civil al señor Danger y así quedarán zanjadas[3] de una vez las dos dificultades.

—Y cree usted que ño Pernalete le hará caso?—objetó todavía Antonio,

1. *Ensoberbecida . . .* Arrogante ante la situación humillante en que estaba.
2. *Pagar . . .* Hacer o actuar en la misma manera que lo hizo la otra persona.
3. Quedarán resueltas.

refiriéndose al Jefe Civil dentro de cuya jurisdicción estaban ubicadas Altamira y El Miedo—.[4] Ño Pernalete y Doña Bárbara son uña y carne.[5]

—Ya veremos si se niega a hacerme justicia—concluyó Santos. Y al día siguiente partió para el pueblo cabecera del Distrito.[6] [. . .]

. . . ¿Y qué buscas aquí?

—La Jefatura Civil.

—Acabas de dejarla atrás.—No te has fijado[7] porque está cerrada. Como hoy el general no está en el pueblo—ha salido para uno de sus hatos—, no la he abierto. Has de saber que estás hablando con el secretario.

¡Ah! ¿Sí? Pues celebro haberme tropezado contigo—díjole Santos, y enseguida le explicó el objeto de su viaje.

Mujiquita se quedó un rato caviloso,[8] y luego:

Has tenido suerte, chico, de no encontrar al coronel, porque con él hubieras perdido tu tiempo. Es muy amigo de doña Barbara, y si es mister Danger, ya tú sabes que musiú[9] tiene garantías en esta sierra. Pero yo te voy a arreglar la cosa. ¡Cómo no, Santos! Para algo hemos sido amigos. Voy a citar a doña Bárbara y a mister Danger, en nombre del Jefe Civil, haciéndome el que no sé las cosas que median[10] entre ellos, de modo que cuando se presenten en la Jefatura, ya no haya remedio y tú puedas exponer tus quejas.

—¿De manera que si no me encuentro contigo? . . .

—Te habrías ido con las cajas destempladas.[11] ¡Ay, Santos Luzardo! Tú estás acabando de salir de la Universidad y crees que eso de reclamar derechos es tan fácil como parece en los libros. Pero no tengas cuidado; lo principal está logrado ya: que se haga comparacer[12] ante la Jefatura a doña Bárbara y a mister Danger. Aprovechándome de que el coronel no está aquí y haciéndome el mogollón,[13] ya voy a mandar un propio[14] con las boletas de

4. Fincas de los protagonistas. Altamira pertenece a Santos Luzardo.

5. *Son* . . . Muy buenos amigos.

6. *Cabecera* . . . Pueblo principal del distrito.

7. Fijarse, ver. No has visto.

8. Pensativo, preocupado.

9. Del francés *monsieur*.

10. *No sé* . . . Las cosas que hay entre ellos.

11. No hubieras solucionado nada.

12. Presentarse personalmente.

13. Haciéndome el tonto, fingiendo que no sé nada.

14. Una persona que avisa, que entrega la noticia.

citación.[15] De modo que pasado mañana a estas horas deben de estar aquí. Mientras tanto tú te quedas por ahí, sin dejarte ver, no vaya a informarse el coronel a qué has venido y tener yo que explicarle antes de tiempo.

—Tendría que encerrarme en la posada. Si es que alguna hay en este pueblo.

—No es muy recomendable la que hay; pero . . . Si no fuera porque no conviene que el general se dé cuenta de que somos buenos amigos yo te diría que te quedaras en casa. [. . .]

—Muy bueno. Pues, oye, Mujiquita yo te agradezco la buena voluntad de serme útil[16] que has mostrado; pero como lo que vengo a reclamar es perfectamente legal, no tengo por qué andar con tantos tapujos.[17] El Jefe Civil, ese de quien todavía no sé si es general o coronel, pues le das los dos tratamientos, alternativamente, tendrá que atender mi solicitud . . .

Pero Mujiquita no lo dejó concluir:

—Mira, Santos. Síguete por mí. Tú traes la teoría, pero yo tengo la práctica. Haz lo que te aconsejo, métete en la posada,[18] fíngete enfermo[19] y no salgas a la calle hasta que yo te avise.

Se parecía a casi todos los de su oficio, como un toro a otro del mismo pelo, pues no poseía ni más ni menos que lo necesario para ser Jefe Civil de pueblos como aquel: una ignorancia absoluta, un temperamento despótico y un grado adquirido en correrías militares.[20] De coronel era el que había ganado en las de su juventud; pero aunque sus amigos y servidores tendían a darle, a veces, el de general, el resto de la población del Distrito prefería llamarlo: Ño Pernalete.

Estaba despachando[21] con Mujiquita, bajo la égida[22] de un sable[23] pendiente de la pared, envainado, pero con muestras de un uso frecuente en el desniquelado de la tarama, cuando se sintieron en la calle pisadas de caballos.

15. *Boletas* . . . Documentos que obliga a una persona a presentarse ante las autoridades.
16. *La buena* . . . El deseo de ayudar en algo.
17. En este contexto, misterios.
18. Hotel, lugar donde se alquilan habitaciones para dormir.
19. *Fíngete* . . . Aparenta estar enfermo.
20. Un título que ganó cuando era militar activo.
21. Trabajando.
22. Protección, defensa.
23. Arma similar a la espada.

Empalideciendo[24] de pronto, aunque ya todo lo tenía preparado para aquel preciso momento, Mujiquita exclamó:

—¡Ah, caramba! Se me olvidaba decirle, general.

Y echó el cuento,[25] aduciendo en justificación de la prisa que se había tomado para citar a los vecinos de Santos, el temor de que éste—Luzardo al fin—se hiciera justicia por sí mismo si no encontraba a la autoridad pronta a impartírsela.[26]

—Como usted se había ido para Las Maporas sin decirme cuánto tiempo estaría por allá—concluyó—, yo creí que lo mejor era proceder enseguida.

—Ya sabía yo que usted tenía algún entaparado,[27] Mujiquita. Porque desde ayer está como perro con gusano y en lo que va de hoy, si no se ha asomado cien veces a la puerta, es porque habrán sido más. ¿Conque lo mejor era proceder enseguida? Mire, Mujiquita, ¿usted cree que yo no sé que ese doctorcito que está ahí en la posada es amigo suyo?

Pero ya se detenían en la puerta de la Jefatura doña Bárbara y mister Danger, y ño Pernalete se reservó para después lo que todavía tenía que decirle al secretario. No le convenía que las personas citadas se enterasen de que allí no se podía hacer nada sin consentimiento suyo, y salió a recibirlas, aceptando el papel que le obligaba a representar Mujiquita; pero, eso sí!, dispuesto a cobrárselo caro.

—Adelante, mi señora. ¡Caramba! Si no es así no la vemos a usted por aquí. Siéntese, doña Bárbara. Aquí estará más cómoda. ¡Mujiquita! Quite su sombrero de esa silla para que se siente mister Danger. Ya le he dicho varias veces que no ponga el sombrero sobre las sillas.

Mujiquita obedeció solícito. Era el precio, el inevitable vejamen[28] que tenía que sufrirle a ño Pernalete cada vez que se atrevía a meter la mano en ayuda algún solicitante de justicia; su corona de martirio. Hecha de reprimendas insolentes en público, a voz en cuello, para mayor escarnio[29] de su dignidad de hombre. [. . .]

24. Volviéndose pálido, perdiendo el color de la cara.
25. *Y. . .* Contó lo ocurrido.
26. *Pronta . . .* Lista a darle lo que quería.
27. *Tenía . . .* Estaba ocultando o escondiendo algo.
28. Humillación.
29. Insulto.

Y, atolondrado[30] por la vergüenza, estuvo largo rato buscando donde poner el sombrero.

—Bueno. Aquí estamos a la orden de usted—dijo mister Danger.

Y doña Bárbara, sin disimular el enojo que todo aquello le causaba, agregó:

—Poco ha faltado para que se nos atarrillaran los caballos, por estar aquí como usted mandaba, al término de la distancia.

Pernalete le echó una mirada furiosa a Mujiquita y enseguida le dijo:

—Ande y búsquese al doctor Luzardo. Dígale que no se haga esperar mucho, que ya están aquí los señores. [. . .]

Momentos después, cuando regresó en compañía de Luzardo, ya la actitud de doña Bárbara era otra: había recobrado su habitual expresión de impasibilidad y sólo un ojo muy zahorí[31] habría podido descubrir en aquel rostro un indicio de perfida[32] satisfacción reveladora de que ya se había entendido[33] con ño Pernalete. Sin embargo, tuvo un instante de desconcierto al ver a Luzardo: la intuición fulminante del final de su vida.

—Bien—dijo ño Pernalete, sin responder al saludo de Luzardo—. Aquí están los señores que han venido a oír las quejas que usted tiene que formular contra ellos.

—Perfectamente—dijo Luzardo, tomándose el asiento que no le brindaban,[34] pues ni Pernalete estaba para cortesías, ni Mujiquita para demostraciones amistosas que acabaran de comprometerlo—. En primer lugar, y perdóneme la señora que la posponga, el caso del señor Danger.

Y como advirtiese la rápida guiñada de ojos que con el aludido[35] cruzó el Jefe Civil, comprendió que ya se habían entendido entre sí e hizo una pausa para dejarlos gozarse en su picardía.[36]

—Es el caso que el señor Danger tiene en sus corrales—y me sería fácil comprobarlo—reses marcadas con su hierro, pero que, sin embargo, llevan las señales de Altamira.

30. Confundido.
31. Sólo alguien muy astuto.
32. Desleal, infiel, traidor.
33. *Ya se . . .* Ya había llegado a un acuerdo.
34. Ofrecían.
35. La persona que se acaba de mencionar, en este caso el señor Danger.
36. *Dejarlos . . .* Permitirles que gozaran de su astucia.

—¿Y eso qué quiere decir?—interpeló el extranjero, sorprendido de aquel tema que no era el que esperaba oírle plantear.

—Que no le pertenecen. Simplemente.

—¡Oh! ¡Caramba! Cómo se conoce que usted está tiernito[37] en cosas de llano, doctor Luzardo. ¿No sabe usted que las señales no tienen importancia ninguna, y que lo único que da fe[38] sobre la propiedad de una res es el hierro, siempre que esté debidamente empadronado[39]

—¿De modo que puede usted cazar[40] orejanos marcados con señales ajenas?[41]

—¿Y por qué no? Yo estoy cansado de hacerlo y usted también lo estaría si se hubiera ocupado antes de su hato. ¿No es así, coronel?

Pero antes de que éste hubiese apoyado la afirmación de mister Danger, Luzardo dijo:

—Basta. Lo que me interesaba era que usted confesara que caza orejanos en La Barquereña.

—¿Y no es mía La Barquereña? Aquí tengo encima de mi pecho[42] los títulos de mi propiedad. ¿Pretende usted prohibirme que yo haga en mi posesión lo que usted puede hacer en la suya?

—Algo de eso me propongo, realmente. Coronel, tenga la bondad de exigirle al señor Danger que le muestre esos títulos de propiedad.

—Pero, bien—replicó ño Pernalete—¿Qué es lo que usted se propone, doctor Luzardo?

—Demostrar que el señor Danger está fuera de la ley, porque no posee la extensión de tierras que la Ley del Llano señala como mínimo para tener derecho a cazar orejanos.

—¡Oh!—hizo mister Danger, a tiempo que palidecía de ira, sin hallar objeción que hacer, pues era cierto lo que afirmaba Luzardo.

Y éste, sin darle tiempo a recobrarse de aquella sorpresa, concluyó:

—¿Ve usted cómo sí conozco mis derechos y estoy dispuesto a defender-

37. *Como . . .* Es obvio que usted es nuevo en estos asuntos.
38. *Da . . .* Certifica la veracidad de algo.
39. Registrado ante la ley.
40. En este contexto, juntar las reses para formar un hato.
41. De otras personas.
42. *Tengo . . .* Conmigo en este momento.

los? ¿Creía usted que yo venía a tratar de la palizada[43] de Corozalito? Ahora será usted quien tendrá que levantarla, porque no teniendo derecho a cazar orejanos, su propiedad debe estar cercada.[44]

—¡Pero bien! -volvió a exclamar ño Pernalete, descargando un puñetazo sobre la mesa de despacho[45] ante la cual estaba sentado—. ¿Y qué papel hago yo aquí, doctor Luzardo? Porque usted habla en un tono que parece que fuera la autoridad.

—En absoluto, coronel. Hablo en el tono de quien reclama ante la autoridad el cumplimiento de una ley. Y como ya he expuesto el caso del señor Danger, pasemos al de la señora. [. . .]

—Se trata de que la señora—prosiguió Santos—se niega a darme trabajo en sus sabanas. Trabajo que necesito urgentemente y que la Ley de Llano la obliga a darme.

Es cierto lo que dice el doctor—manifestó doña Bárbara—. Se lo he negado y se lo niego otra vez.

—¡Más claro no canta un gallo!,—exclamó el Jefe Civil.

—Pero la ley también es clara y terminante—replicó Luzardo—. Y pido que la señora se atenga[46] a ella.

—A ella me atengo, sí, señor.

Sonriendo de la picardía ya concertada entre ambos, ño Pernalete se dirigió al secretario, que hasta allí había estado como si sólo atendiera a lo que escribía en uno de los libros que estaban sobre la mesa.

—A ver, Mujiquita. Tráigame acá la Ley del Llano vigente.

Cogió el folleto de las manos de Mujiquita, arrebatándoselo casi, lo abrió, pasó unas hojas mojándose de saliva el índice y finalmente exclamó:

—¡Aja! ¡Aquí está! Vamos a ver qué dice la Ley soberana. Pues sí señora. El doctor tiene razón: la ley es terminante. Escuche cómo dice: "Todo dueño de hato o fundación está obligado a . . . "

—Sí—interrumpió doña Bárbara—. Me sé de memoria el artículo ese. ¿Entonces?—rearguyó ño Pernalete, farsa adelante.

—¿Entonces, que?

43. Cerca hecha de palo o madera.
44. *Debe* . . . Debe tener una cerca para así establecer límites.
45. *Descargando* . . . Golpeando con el puño sobre la mesa.
46. *Que* . . . Obedezca la ley.

—Que debe atenerse a la ley.

—A ella me atengo, ya lo he dicho. Me niego a darle al doctor el trabajo que me pide. Impóngame usted el castigo que señale la ley.

—¿El castigo? Vamos a ver qué dice la ley soberana.

Pero Luzardo lo interrumpió, diciendo, a tiempo que se ponía de pie:

—No se moleste, coronel. No lo encontrará. La ley no establece para este caso penas de multas ni arrestos, que son las únicas que puede imponer la autoridad civil de que está investido usted.

—¿Y entonces? Le pregunto yo ahora a usted: ¿Qué pretende que yo haga si la ley no me autoriza?

—Ya no pretendo nada. En un principio sí pretendí que usted le hiciera comprender a la señora que, aunque la ley no determine penas de multas o arrestos, ella obliga de por sí. Obliga a su cumplimiento, pura y simplemente. Y si la señora, por no entenderlo así, no se aviene[47] a lo que exijo, dentro del termino de ocho días, la demandaré ante un tribunal. Como demandaré también al señor Danger por lo que le corresponde. Y basta de explicaciones.

Dicho esto, abandonó la Jefatura.

Hubo un momento de silencio durante el cual Mujiquita se dijo mentalmente:

—¡Ah, Santos Luzardo! El mismo de siempre.

De pronto estalló[48] el Jefe Civil:

—¡Esto no se queda así! Alguno va a pagar la altanería[49] del doctorcito ese. ¡Venir a hablarme a mí de leyes! [. . .]

—Ahora le digo una cosa, doña Bárbara. Y a usted también, mister Danger. Eso que ha dicho el doctorcito es la pura verdad: las leyes tienen que cumplirse porque sí, pues si no, no serían leyes, que quiere decir mandatos, órdenes del Gobierno de hacer o no hacer tal o cual cosa. Y como parece que ese doctorcito sabe dónde le aprieta el zapato, yo les aconsejo a ustedes que se transen[50] con él. De modo que eche[51] su cerca, mister Danger, porque usted, verdaderamente, no está en ley. Aunque no sea sino para llenar la fórmula.

47. *No se . . .* Si no acepta, está de acuerdo.
48. Gritó.
49. Arrogancia.
50. *Que . . .* Tengan un arreglo con él.
51. Mandato formal del verbo *echar,* levantar, construir.

Después, un palo[52] que se cae hoy y otro mañana, y el ganado que para pasar al lambedero[53] no necesita boquetes[54] muy grandes, ¿quién va a fijarse en eso? Vuelve usted a parar los palos, si el vecino reclama, y ellos se volverán a caer, porque esa tierra suya como que no es muy firme. ¿Verdad?

—¡Oh! Muy flojita, coronel. Usted lo ha dicho.

Y descargando sus manazas en los hombros[55] del Jefe Civil con la familiaridad a que le daba derecho la bribonada[56] que acababa de oír, agregó:

—¡Este coronel tiene más vueltas que un cacho![57] Por allá le tengo dos vacas lecheras, muy buenas. Un día de estos voy a mandárselas.

—Serán bien recibidas, mister Danger.

—¡Ah, coronel bien competente! ¿Quiere ir a echarse[58] un trago conmigo?

—Dentro de un rato. Yo pasaré más tarde por la posada a buscarlo, porque supongo que usted no se va a ir ahora mismo.

—Convenido. Allá lo espero. ¿Y tú Mujiquita, quieres acompañarme?

—Gracias, mister Danger.

—¡Oh! ¡Esta cosa sí que es rara! Mujiquita no quiere beber hoy. Bueno. Hasta más luego, como dicen ustedes. Hasta más lueguito, doña Bárbara. Ja!, ja! Doña Bárbara se ha quedado muy pensativa esta vez.

En efecto, ceñuda y pensativa, con la mano extendida sobre la Ley de Llano que ño Pernalete acababa de consultar representando la farsa concertada entre ambos para burlarse de las pretensiones de Luzardo, sobre la "Ley de doña Bárbara," como por allí se la llamaba, porque a fuerza de dinero había obtenido que se la elaboraran a la medida de sus desmanes,[59] la mujerona se había quedado rumiando el encono[60] que le habían producido las palabras de Santos Luzardo.

52. Un pedazo de madera que sostiene la cerca.
53. Terreno rico en minerales que el ganado usa para alimentarse.
54. Brecha, apertura para entrar a algún lugar.
55. *Y...* Poniendo sus grandes manos.
56. Picardía.
57. *Tiene...* Sabe muchos trucos.
58. En este contexto tomarse, beberse.
59. *A la...* De acuerdo a sus exigencias personales, a sus deseos exagerados.
60. *Rumiando...* Pensando en el enojo.

Por primera vez había oído amenaza semejante, y lo que más le encrespaba la cólera era que fuese, precisamente, aquella ley suya, pagada con su dinero, lo que la obligase a otorgar cuanto se había propuesto negar. Estrujó rabiosamente la hoja del folleto, murmurando

—Que este papel, este pedazo de papel que yo puedo arrugar y volver trizas,[61] tenga fuerza para obligarme a hacer lo que no me da la gana![62]

Pero estas rabiosas palabras, además de encono, expresaban también otra cosa: un acontecimiento insólito, un respeto que doña Bárbara nunca había sentido.

Cuestionario

1. ¿Qué problema tiene Santos Luzardo con su ganado al inicio de la lectura?
2. Describa el poder económico y político de doña Bárbara en la región.
3. ¿Cuál es la relación entre ella, Pernalete y el señor Danger?
4. ¿Qué indica el hecho que la ley de la región se conozca como "Ley de Doña Bárbara"?
5. ¿Qué exige Santos Luzardo que hagan mister Danger y doña Bárbara?
6. ¿Cuál es el objetivo social—a diferencia del personal—de Santos Luzardo?
7. ¿En qué forma reacciona ño Pernalete ante las exigencias de Luzardo?
8. Santos Luzardo logra que se respete la ley. ¿Qué se propone el autor de la novela con este desenlace?
9. ¿Qué nos indica la situación en el llano de lo que ocurría en América Latina a comienzos del siglo XX?
10. ¿Qué paralelos ve Ud. entre la vida en el llano y el oeste norteamericano?

Temas de discusión

Desarrolle, en forma individual o en grupo, los siguientes temas y haga un resumen para compartir con la clase:

1. ¿En qué forma afecta a las sociedades el incumplimiento de las leyes, la falta de castigos y la corrupción?

61. *Arrugar . . .* En este contexto, destruir.
62. *No me . . .* No quiero hacer.

2. Diferencia entre la aplicación de las leyes en Hispanoamérica y EEUU.
3. El abuso de autoridad y la corrupción en EEUU. ¿Existen leyes como la "Ley de doña Bárbara"?
4. Dificultades para el inversionista o la persona de negocios extranjera en un ambiente donde impera la corrupción.
5. El comercio y la ética: ¿Qué actitud debe asumir una persona de negocios en una situación en la que un cliente o funcionario desea cierta recompensa monetaria a cambio de "un favor"?

Ejercicios

Complete las siguientes oraciones con las palabras adecuadas:

1. Todos los ciudadanos de un país deben _____ las leyes.
2. Un gobierno _____ no respeta los _____ _____ de los ciudadanos.
3. Un funcionario público honesto _____ ante cualquier forma de corrupción.
4. Santos Luzardo desea que se imponga la ley escrita en la _____ _____.
5. Ño Pernalete y los demás personajes tienen muchos _____ _____ de ganado en los _____ venezolanos.
6. Mujiquita sufría de constantes _____ de parte de ño Pernalete.
7. Santos Luzardo exige que mister Danger y doña Bárbara _____ _____ la Ley del Llano y que la _____ debidamente.

Eduardo Caballero Calderón, su contexto y *El Cristo de espaldas*

Eduardo Caballero Calderón (1910–98), nació en Bogotá, Colombia, durante una época en la que el país luchaba por solidificar sus instituciones democráticas. Terminó sus estudios de bachillerato en Bogotá y después estudió leyes durante cuatro años en la misma ciudad. Su talento y variedad de intereses se notan en la amplia gama de cargos que desempeñó: Director de un programa radial, editor, periodista, diplomático—ejerciendo en varios países europeos—diputado en el Congreso Nacional de Colombia y miembro de la Academia Colombiana de la Lengua. Caballero Calderón es un autor prolífico que abarcó casi todos los géneros literarios: Ensayo, novela, artículos y reseñas. En 1965 recibió el Premio Eugenio Nadal por su novela *El buen salvaje*. Otras obras de importancia son *Tipacoque* (1940), una crónica de la vida campesina, y *El Cristo de espaldas* (1952), en donde presenta una sociedad degradada por la corrupción, la violencia y la falta de respeto por la vida de los otros.

El Cristo de espaldas se publica cuando Colombia atravesaba el periodo más cruento de la violencia partidista. Los partidos Liberal y Conservador sumieron al país en una verdadera guerra civil. En pocos años, el conflicto dejó un saldo de más de 250 mil muertos, cientos de miles de campesinos desplazados,[63] campos y cosechas abandonados e incalculables pérdidas económicas. Inicialmente, las zonas más afectadas fueron el altiplano[64] central y el oriente del país, en donde la policía, controlada por dirigentes conservadores, desató una sangrienta campaña de violencia contra la población campesina. Los liberales, para defender sus intereses, formaron ejércitos guerrilleros que a su vez atacaron a quienes consideraban partidarios del go-

---

63. Obligados a abandonar su propiedad y lugar de residencia por razones políticas.
64. Región montañosa.

bierno conservador. La intensidad del odio sectario[65] fue dividiendo familias, pueblos y regiones hasta que la violencia se extendió a gran parte del territorio nacional. La situación política del país se agravó[66] bajo la dictadura militar de Gustavo Rojas Pinilla, un general del ejército que asumió el poder en 1953 con la promesa de poner fin al derramamiento de sangre, pero cuyo gobierno degeneró en un largo periodo de robo y enriquecimiento ilícito. Para controlar la situación, que amenazaba con escapárseles de las manos, dirigentes de los dos partidos firmaron en 1957 en España un acuerdo, conocido como el Frente Nacional, según el cual liberales y conservadores se turnarían la presidencia de la república cada cuatro años. Aunque el Frente Nacional disminuyó la violencia, no pudo solucionar las injusticias cometidas a nombre de la afiliación política ni aliviar la miseria en que se encontraba gran parte de la población. El siguiente fragmento de la novela de Caballero Calderón nos presenta una visión microcósmica e individual de uno de los periodos más trágicos de la historia de Colombia.

Repasemos

1. ¿Qué preocupaciones básicas desea expresar en su novela Caballero Calderón?
2. De acuerdo a sus propios conocimientos, ¿en qué forma se veía afectada Colombia durante la época de esta novela?
3. De acuerdo a comentarios anteriores, ¿cómo se ven afectados el campo, las ciudades y la economía del país por esta situación política?
4. ¿Cómo se comparan las circunstancias de Colombia en los años cincuenta con la de otros países de la región?
5. ¿Conoce Ud. otros casos de violencia motivada por razones políticas, étnicas o religiosas? ¿Dónde?

Vocabulario para antes de leer

Alcalde: Jefe del gobierno de un pueblo o ciudad.
Arrendatario: Persona que toma en arriendo una propiedad.
Cacique: Jefe o dirigente político de una región o pueblo.
Denuncia: Proceso jurídico contra una persona.

65. Odio causado por razones políticas.
66. Empeoró.

Desfalco: Robo de dinero o fraude económico.

Encono: Rencor, odio.

Enjuiciar: Entablar o llevar a cabo un proceso legal contra alguien.

Finca: Propiedad rural para uso agrícola.

Gamonal: Jefe o dirigente político de una región o pueblo.

Godo: En Colombia, forma popular de identificar a los miembros del partido Conservador.

Herencia: Patrimonio que pasa de una generación a otra.

Hijo legítimo: Hijo de una pareja casada.

Páramo: En la zona andina, lugar lluvioso, despoblado y sin cultivar.

Preeminencia: Privilegio, superioridad o supremacía de la que goza una persona o familia.

Remate: Trato preferencial a un individuo o empresa en la compra de ciertos bienes o servicios.

El Cristo de espaldas (fragmento)

[El cura de un pueblo ayuda a un prisionero acusado de haber matado a su propio padre, el cacique conservador don Roque Piragua. El narrador nos presenta el ambiente de tensión política que impera en el pueblo.]

Éste fue personalmente por un vaso de agua, para serenarlo.[67] Con un gesto nervioso el muchacho se aflojó la corbata y se bebió de un trago el agua del vaso. Lo colocó después, de un golpe, sobre la mesa.—Vamos—dijo su interlocutor con voz suave, tomándole efusivamente una mano entre las suyas—: ¡Cuéntame todo!

—El Anacleto, que era hijo legítimo de don Roque Piragua y de la hermana de don Pío Quinto Flechas, ya difunta,[68] desde niño se mostró rebelde.

—Le tira la sangre materna, que es mala sangre[69]—decía don Roque a quien quería escucharlo.

Y este don Roque se había casado ya muy maduro, y más por interés que por otra cosa, con la hermana de don Pío Quinto Flechas, a quien por ser en

67. Para calmarlo, tranquilizarlo.
68. Muerta, fallecida.
69. *Le tira . . .* Es como la familia de su madre, de malos sentimientos.

aquel entonces el gamonal de un pueblo donde todo el mundo le temía, no había quien osara[70] contrariarlo.

Cuando su hermana estuvo en edad de merecer,[71] como se decía en el pueblo, la casó con don Roque Piragua que pertenecía a una antigua familia conservadora del lugar, y a la sazón[72] vegetaba, casi en la ruina, en la secretaría del juzgado.

Don Roque Piragua resolvió casarse con la hermana de don Pío Quinto Flechas, sólo para salir de pobre[73] y en vista de que los tiempos no mejoraban. Su familia hacía rato que había perdido las preeminencias en la provincia: los contratos que alguna vez tuvo en las obras públicas y los remates de las rentas de tabaco y licores, porque todo eso, junto con el transporte del correo, lo acaparó don Pío Quinto. Los Piraguas, que a comienzos del siglo fueron muy poderosos, acabaron dispersándose por el departamento,[74] envileciéndose[75] en las ventas de los caminos y reabsorbiéndose en la humilde gleba rural.[76] Gracias a su matrimonio, don Roque tenía la oportunidad de restaurar el antiguo esplendor que el nombre de los Piraguas tuvo alguna vez en el Pueblo...

Los arrendatarios de Agua Bonita y los de todo el contorno de la provincia, apenas se daban cuenta de estas mutaciones y cambios de fortuna, porque, como decía don Roque, "esos indios[77] no entienden nada." Para ellos todo seguía lo mismo, con don Pío Quinto Flechas mandando en jefe soberano sobre el pueblo, o compartiendo el poder con su cuñado y antiguo enemigo don Roque Piragua.

El equilibrio entre las dos familias que secularmente[78] se disputaban el predominio de la región, se conservó durante unos años, cuando nació el Anacleto en la finca de Agua Bonita, entre su tío el cacique liberal, que fue

---

70. No había quien se atreviera.
71. *Cuando*... En edad de casarse.
72. Entonces, en aquel tiempo pasado.
73. *Sólo*... Para mejorar su condición económica.
74. Por el estado, la provincia.
75. Degenerándose a causa del alcohol y otros vicios.
76. En este contexto, en la masa de campesinos.
77. En ciertas regiones de Latinoamérica, término despectivo para referirse al campesino o a gente pobre.
78. *Que*... Por siempre.

el padrino, y su padre el antiguo secretario del juez. Sobre su cuna habían hecho las paces[79] para siempre las dos familias: a lo menos, eso creía la gente.

—Estamos en una era política de alianzas, que los gobiernos llaman de concentración nacional—decía el notario.

Pero no hay que olvidar que don Roque se casó derrotado por la pobreza cuando ya era hombre maduro y lleno de mañas,[80] por lo cual no tardó en hartarse[81] del matrimonio con una mujer a la que en realidad jamás había deseado. Para don Roque querer era desear, y lo demás no importaba. Comenzó, pues, a dejar por largas temporadas a su mujer en la finca de Agua Bonita, que le adjudicó a ella don Pío Quinto Flechas, porque la quería mucho. La abandonaba con el recién nacido Anacleto, montaba a caballo y no volvía en dos meses. Andaba por los pueblos y las veredas, dando rienda suelta a su mula y a su concupiscencia,[82] que ambas eran muy caprichosas. Decía que se iba de caza . . . Y en efecto, como quien persigue liebres o venados,[83] levantaba en el páramo esas campesinas[84] cuya frescura, tentadora un momento, como las flores silvestres, no dura sino mientras están en la mata,[85] es decir, en el rancho. En una de esas rústicas flores, que paró después de cocinera en Agua Bonita, había tenido al Anacarsis.[86] Le tomó cariño a la criatura[87] porque la veía a diario, lo que no le sucedía con otros hijos a quienes ni siquiera volvía a mirar cuando la madre llegaba a pedirle por el amor de Dios una limosna para no morirse de hambre.

Don Pío Quinto, en cambio, sin haberse casado jamás para no alborotar su gallinero[88] nunca perdió de vista a sus retoños,[89] habidos todos en la

79. *Habían* . . . Logrado hacer la paz.
80. Malos hábitos.
81. Cansarse, aburrirse.
82. *Dando* . . . Tanta libertad al animal que montaba (la mula) como a su apetito sexual.
83. Animales del monte.
84. *Levantaba* . . . Se involucraba sexualmente con campesinas de los lugares que visitaba.
85. *Están en* . . . Expresión idiomática; en este contexto, mientras son jovenes.
86. *En una* . . . Con una de estas campesinas tuvo un hijo, Anacarsis.
87. Niño pequeño.
88. *Sin* . . . Casarse nunca para no hacer enojar a ninguna de todas las mujeres que tenía.
89. En este contexto, hijos.

misma forma que su cuñado había tenido los suyos, pero a quienes destinaba, con un sensato criterio de conveniencia personal, a criados, peones, espoliques, pastores y guardaespaldas.[90] Por ser suyos, no se molestaba en pagarles. De ahí que dijera don Roque en sus ratos de mal humor, que su cuñado no tenía necesidad de contratar peones, porque los fabricaba de balde[91] y en su casa. Don Pío Quinto decía por su cuenta, cuando estaba borracho:

—Este Roque es una mansa oveja[92] porque lo tengo por debajo . . . Pero donde se voltearan las cargas,[93] ¡Virgen Santa!, sería capaz de asesinarme y de robar a su propio hijo . . . ¡Sólo que reza y empata, y santas pascuas!

El Anacleto y el Anacarsis se criaron juntos bajo el mismo techo[94] y cuando murió la madre del primero y se rompieron completamente las buenas relaciones entre don Roque y don Pío Quinto, que sólo la difunta había logrado mantener en las apariencias, el Flechas cargó[95] con su sobrino para Agua Bonita, donde lo crió a su imagen y semejanza como si fuera su hijo. El Piragua por su parte se llevó a la casa del pueblo (que por herencia materna también le pertenecía al Anacleto) al otro muchacho, al Anacarsis, a quien siempre había preferido al legítimo.

—Es natural que lo prefiera—decía con sorna el notario—es natural . . .

Don Pío Quinto se dedicó pacientemente a envenenar el alma de su sobrino contra su padre,[96] y aquel encono se emponzoñó[97] todavía más cuando soplaron vientos de transformación política por toda la república, y los conservadores, como los sapos cuando llueve, empezaron a croar en el charco pidiendo rey . . . [98]

En la casa de la plaza de abajo, que ya daba por suya, don Roque no trabajaba con menor empeño en envenenar el alma del Anacarsis. "Agua Bonita

90. *Criados* . . . Diferentes tipos de tareas o trabajos del campo.
91. *Fabricaba* . . . Gratis, sin costo de ninguna clase.
92. *Una* . . . Es una persona que no presenta peligro.
93. *Pero* . . . Si las cosas cambiaran.
94. *Juntos* . . . En la misma casa.
95. *Cargó* . . . Se llevó a su sobrino
96. *A envenenar* . . . Le infundió malos sentimientos en contra de su padre.
97. En este contexto, se agravó.
98. *Los conservadores* . . . Empezaron a pedir cambios en el gobierno.

tendrá que ser tuya," le vivía diciendo. "Ese renegado del Anacleto, que de mí
no tiene sino el apellido, habrá un día de morder el polvo que tú pisas porque
los godos volveremos a gobernar en este pueblo, que siempre ha sido nuestro,
y entonces yo seré el amo y tú serás el cacique . . ."

Los dos muchachos crecieron en el odio y el deseo de la mutua venganza.
Cambiaron los tiempos, y a don Pío Quinto a raíz de unas elecciones mane-
jadas[99] ya desde la ciudad por sus enemigos, se le volvió el Cristo de espaldas.
Don Roque se apoderó de sus antiguos dominios, y lo primero que hizo por
medio del alcalde a quien había recomendado para ese puesto, porque era su
mayordomo,[100] fue ordenar la captura de su cuñado por cierto desfalco que
éste cometió alguna vez, cuando se alzó[101] con el tesoro municipal siendo
presidente del Consejo. (En los pueblos nunca falta materia civil o criminal
para enjuiciar a los vencidos,[102] meterlos en la cárcel y quitarles la tierra.)

Había tenido que huir[103] de noche, saltando cercas y vallados, y milagro
fue que pudiera llegar vivo al pueblo de abajo. Fue en aquella ocasión cuando
Anacleto se presentó a la plaza. Se apeó en la casa[104] del alcalde para pedirle
cuentas por la persecución a su tío. Como estaba borracho, insultó al alcalde
que estaba recién llegado, y así no se atrevió a prenderlo[105] en consideración
a don Roque, que al fin y al cabo era el padre de aquel badulaque.[106] Entonces el Anacleto, loco de la ira, amenazó con dar muerte a su propio padre
si éste no retiraba la denuncia contra su tío y no le entregaba inmediatamente
su propia herencia.

—No tienes la mayoría de edad—le contestó don Roque, quien se presentó a la alcaldía rodeado de un grupo de paniaguados[107] y espoliques que
miraban al muchacho taimadamente,[108] por debajo del jipa.[109]

Anacleto juró y perjuró delante de todo el mundo que volvería al pueblo

99. Manipuladas, controladas.
100. Sirviente principal, a cargo de la administración de una casa o finca.
101. Se robó.
102. Los que no tienen poder ni protección de nadie.
103. Escaparse, salir apresuradamente debido a un peligro.
104. *Se* . . . Fue a la casa.
105. Meterlo a la cárcel o prisión.
106. Tonto, persona sin importancia de ninguna clase.
107. Término despectivo para indicar peones o trabajadores de muy bajo nivel.
108. De forma indirecta, con disimulo.
109. Sombrero campesino.

cuando tuviera veintiún años, no sólo por su herencia sino a vengarse de ese viejo bandido que era su padre. Éste le cruzó la cara de un latigazo[110], con su pesado cinturón de guarniciones metálicas, y le volvió desdeñosamente las espaldas.

—Lárgate[111] con el bandido de tu tío—le había dicho-. Dile que algún día me las pagará todas juntas . . .

Desde aquel día, y de esto hacía tres años, el Anacarsis pasó a mayordomo de Agua Bonita, como estaba previsto; don Roque reinó cómodamente en el pueblo de arriba y don Pío Quinto se refugió en el de abajo, donde todavía quedaban liberales que le guardaran las espaldas.[112]

Cuestionario

1. Haga un breve resumen de la lectura.
2. Explique las afiliaciones políticas de los protagonistas.
3. ¿Qué partido político controla el pueblo? ¿Qué podría Ud. decir de los derechos civiles de aquellos que no pertenecen a ese partido?
4. Explique los privilegios económicos de don Roque y don Pío.
5. ¿Cómo trata don Roque a los campesinos de la región?
6. ¿Cómo perdió don Pío el poder político en el pueblo?
7. ¿Qué actitud tenía don Roque de los arrendatarios de tierras en el pueblo?
8. Qué relación tiene don Roque con el alcalde y las autoridades del pueblo?
9. ¿Por qué fue Anacleto al pueblo y cómo lo recibió su padre?
10. ¿Qué diría Ud. de las condiciones de vida en el pueblo?

Temas de discusión

Desarrolle, en forma individual o en grupo, los siguientes temas y haga un resumen para compartir con la clase:

1. Los cambios de poder político en Hispanoamérica y sus efectos sociales y económicos dentro y fuera del país.
2. Abuso del poder en los pueblos pequeños en Hispanoamérica y EEUU.

110. *Este* . . . Le golpeó la cara con el látigo.
111. Mandato del verbo *largarse*, irse; orden de que se vaya del lugar.
112. *Le* . . . Lo protegieran.

3. La relación entre autoridades civiles y el poder económico.

4. La empresa extranjera en zonas de violencia o inestabilidad política.

5. Derechos de trabajadores agrícolas.

Ejercicios

Complete las siguientes oraciones con las palabras adecuadas:

1. Según don Roque, Pío Quinto se _____ con dinero
   del pueblo que robó a través de un _____.

2. Un _____ no cultivable no sirve a los _____
   _____ de tierras que no tienen propiedades en los pueblos pequeños.

3. A través de _____ muchos caciques se _____
   _____ propiedades que los hacen gozar de _____
   _____ que otros no tienen.

4. Muchos campesinos pobres de Hispanoamérica _____
   _____ de sus gobiernos y se _____ de su situación
   de pobreza.

5. Muchos problemas sociales se han _____ a través de la
   violencia que solamente crea más _____ en la sociedad.

6. La violencia social _____ a la población y hace que
   muchas familias y amigos se _____.

Enrique Buenaventura, su contexto y "La maestra"

Enrique Buenaventura nació en Cali, Colombia, en 1925. Es autor de la teoría del teatro de creación colectiva. Él mismo señala, para mostrar su posición social, que "hay que matar al burgués dentro de nosotros," y que "el teatro político sin estética es mal teatro y peor política." Durante los años sesenta fue maestro del Teatro de las Naciones en París. Fue también fundador, organizador y director del Teatro Experimental de Cali. Emilio Carballido, dramaturgo mexicano, señala que Buenaventura "nos ofrece algo a partir de nuestra realidad." Buenaventura vivió en Brasil y en Argentina, donde actuó en compañías importantes, y volvió a Colombia a comienzos de los cincuenta.

Los papeles del infierno, colección de la cual "La maestra" forma parte, cubre precisamente una época en Colombia que ya se ha mencionado, la violencia de mediados de siglo. Buenaventura, sin embargo, nos presenta una faceta en particular: El papel del gobierno y de las fuerzas armadas en la expropiación[113] del campesino. En Colombia y en otros países como Guatemala y el sur de México la represión contra la población campesina fue, en parte, motivada por consideraciones económicas: El deseo de los terratenientes de expulsar al campesino de la tierra, para así apoderarse de ella o adquirirla a muy bajo precio. La intimidación y el desplazamiento[114] de la población permitían, por un lado, acumular grandes extensiones de tierra cultivable y por otro, obligar al agricultor[115] a trabajar de jornalero[116] en las haciendas más grandes y así resolver el problema de escasez de mano de obra.

Este fenómeno, que se vio con bastante frecuencia en la región cafetera

---

113. Pérdida de la propiedad.
114. Expulsión del lugar de residencia.
115. Persona que trabaja la tierra.
116. Trabajador agrícola que es contratado por día.

en el centro del país, creó una nueva profesión: El "aprovechador," cuya función era ante todo servir de intermediario entre quienes se veían obligados a vender sus propiedades por temor a perder la vida, y aquéllos que estaban listos a beneficiarse de la situación. Esto alteró drásticamente la economía agrícola de la nación y según estudios sociológicos llevados a cabo por la Universidad Nacional de Colombia, los efectos de tal repartición de la tierra todavía se sienten en el país, en el éxodo de miles de campesinos a centros urbanos y en la acumulación de tierras cultivables en manos de unos pocos terratenientes. Como toda obra literaria con intención de crítica social, "La maestra" tiene dos elementos que se combinan para lograr el objetivo del autor: El estilo propio—en este caso la yuxtaposición de dos niveles de realidad, la maestra y los otros personajes que aparecen en el escenario—y el contexto histórico-social. De forma muy directa y económica, Buenaventura se vale de esta obra teatral para presentarnos un episodio más de la vida nacional durante la violencia.

Repasemos

1. ¿Cómo explica Ud. la idea de "matar al burgués dentro de nosotros"? ¿Está Ud. de acuerdo? Explique.
2. En general, ¿cuál es el propósito del teatro de Enrique Buenaventura?
3. ¿Quiénes se beneficiaron de la intimidación y éxodo de la población campesina?
4. Describa las posibles consecuencias para el país de este tipo de situación.
5. En la vida moderna, ¿conoce Ud. casos similares al de los "aprovechadores"?

Vocabulario para antes de leer

Apretar: Cerrar con fuerza.
Bandera: Pedazo de tela que tiene los colores de una nación.
Barro: Mezcla de agua y tierra que se endurece con el calor. Se usa en construcción.
Cacique: Jefe político de un pueblo.
Catecismo: Libro con explicaciones de la doctrina cristiana.
Cortejo: Grupo de personas que, durante un funeral, acompañan al difunto al cementerio.

Nubarrón: Nube grande y densa que está separada de las otras.
Patria: País o lugar de nacimiento.
Planto: Llanto, lamento, quejido.

"La maestra"

En primer plano una mujer joven, sentada en un banco. Detrás de ella o a un lado van ocurriendo algunas escenas. No debe haber ninguna relación directa entre ella y los personajes de esas escenas. Ella no los ve y ellos no la ven.

LA MAESTRA: Estoy muerta. Nací aquí, en este pueblo. En la casita de barro rojo con techo de paja que está al borde del camino,[117] frente a la escuela. El camino es un río lento de barro rojo en el invierno y un remolino de polvo rojo en el verano. Cuando vienen las lluvias uno pierde las alpargatas[118] en el barro y los caballos y las mulas se embarran[119] las barrigas, las enjalmas y hasta las caras y los sombreros de los jinetes[120] son salpicados por el barro. Cuando llegan los meses de sol, el polvo rojo cubre todo el pueblo. Las alpargatas suben llenas de polvo rojo y los pies y las piernas y las patas de los caballos y las crines[121] y las enjalmas y las caras sudorosas y los sombreros, todo se impregna de polvo rojo. Nací de ese barro y de ese polvo rojo y ahora he vuelto a ellos. Aquí, en el pequeño cementerio que vigila el pueblo desde lo alto, sembrado de hortensias, geranios, lirios[122] y espeso pasto. Es un sitio tranquilo y perfumado. El olor acre del barro rojo se mezcla con el aroma dulce del pasto yaraguá y hasta llega, de tarde, el olor del monte, un olor fuerte que se despeña[123] pueblo abajo.

    Pausa.

Me trajeron al anochecer.

    Cortejo mudo, al fondo, con un ataúd.[124]

117. *Qué está* . . . A la orilla del camino.
118. Calzado en forma de sandalia.
119. *Se embarran* . . . *Se cubren* con barro.
120. Personas que montan a caballo.
121. Pelo largo y áspero que tienen los caballos en el cuello.
122. *Hortensias* . . . Diferentes tipos de flores.
123. Cae; en este contexto, que baja desde un lugar más alto.
124. Caja de madera que se usa para enterrar a los muertos.

Venía Juana Pasambú, mi tía.

JUANA PASAMBÚ: ¿Por qué no quisiste comer?

LA MAESTRA: Yo no quise comer. ¿Para qué comer? Ya no tenía sentido comer.
Se come para vivir. Ya no tenía sentido vivir.

   Pausa.

Venía Pedro Pasambú, mi tío.

PEDRO PASAMBÚ: Te gustaban los bananos manzanos y las mazorcas asadas y
untadas de sal y de manteca.[125]

LA MAESTRA: Me gustaban los bananos manzanos y las mazorcas, y sin embargo, no los quise comer. Apreté los dientes.

   Pausa.

Estaba Tobías el Tuerto;[126] que hace años fue corregidor.[127]

TOBÍAS EL TUERTO: Te traje agua de la vertiente,[128] de la que tomabas cuando
eras niña en un vaso hecho con hoja de rascadera y no quisiste beber.

LA MAESTRA: No quise beber. Apreté los labios. ¿Fue maldad? Dios me perdone, pero llegué a pensar que la vertiente debía secarse. ¿Para qué seguía
brotando[129] agua de la vertiente? Me preguntaba. ¿Para qué?

   Pausa.

Estaba la vieja Asunción, la partera[130] que me trajo al mundo.

LA VIEJA ASUNCIÓN: Ay, mujer. Ay niña. Yo, que la traje a este mundo. Ay
niña. ¿Por qué no recibió nada de mis manos? ¿Por qué escupió[131] el caldo[132]
que le di? ¿Por qué mis manos, que curaron a tantos, no pudieron curar sus
carnes heridas? Mientras estuvieron aquí los asesinos . . .

   *Los acompañantes del cortejo miran en derredor con terror. La vieja sigue su
   planto mudo mientras habla La maestra.*

LA MAESTRA: Tienen miedo. Desde hace tiempo el miedo llegó a este pueblo y
se quedó suspendido sobre él como un inmenso nubarrón de tormenta. El
aire huele a miedo, las voces se disuelven en la saliva amarga del miedo y las

---

125. *Las . . .* Parte entera del maiz asada con sal y grasa de puerco.

126. *Tobías . . .* El que solamente tiene un ojo.

127. Alcalde de algunas poblaciones.

128. Declive o lugar por donde corre el agua de algún río.

129. Saliendo con fuerza.

130. Mujer que ayuda a otra mujer a tener un hijo en su casa.

131. Botar o arrojar algo por la boca.

132. Líquido en el cual se ha cocinado un tipo de carne.

gentes se las tragan. Un día se desgarró el nubarrón y el rayo[133] cayó sobre nosotros.

El cortejo desaparece, se oye un violento redoble de tambor[134] en la oscuridad. Al volver la luz, allí donde estaba el cortejo, está un campesino viejo arrodillado y con las manos atadas a la espalda.[135] Frente a él, un sargento de policía.

SARGENTO *(mirando una lista):* ¿Vos respondés al nombre de Peregrino Pasambú?

El viejo asiente.[136]

Entonces vos sos[137] el jefe político aquí.

El viejo niega.

LA MAESTRA: Mi padre había sido dos veces corregidor. Pero entendía tan poco de política, que no se había dado cuenta que la situación había cambiado.

SARGENTO: Con la política conseguiste esta tierra. ¿Cierto?

LA MAESTRA: No era cierto. Mi padre fue fundador del pueblo. Y como fundador le correspondió su casa a la orilla del camino y su finca. Él le puso nombre al pueblo. Lo llamó: "La Esperanza".

SARGENTO ¿No hablás, no decís nada?

LA MAESTRA: Mi padre hablaba muy poco. Casi nada.

SARGENTO Mal repartida[138] está esta tierra. Se va a repartir de nuevo. Va a tener dueños legítimos, con títulos y todo.

LA MAESTRA: Cuando mi padre llegó aquí, todo era selva.

SARGENTO Y también las posiciones están mal repartidas. Tu hija es la maestra de escuela, ¿no?

LA MAESTRA: No era ninguna posición. Raras veces me pagaron el sueldo. Pero me gustaba ser maestra. Mi madre fue la primera maestra que tuvo el pueblo. Ella me enseñó y cuando ella murió yo pasé a ser la maestra.

SARGENTO Quién sabe lo que enseña esa maestra.

LA MAESTRA: Enseñaba a leer y escribir y enseñaba el catecismo y el amor a la

---

133. Descarga eléctrica.
134. Instrumento musical de percusión, usado por los militares.
135. *Con las . . .* Forma en que se sujetan las manos de los prisioneros, para impedir movimiento.
136. Afirma con un movimiento de la cabeza.
137. *Vos sos . . .* (voz Colombiana) Ud es.
138. Mal distribuida.

patria y a la bandera. Cuando me negué a comer y a beber, pensé en los niños. Eran pocos, es cierto, pero ¿quién les iba a enseñar? También pensé: ¿Para qué han de aprender a leer y escribir? Ya no tenía sentido leer y escribir. ¿Para qué han de aprender el catecismo? ¿Para qué han de aprender el amor a la patria y a la bandera? Ya no tiene sentido la patria, ni la bandera. Fue mal pensado, tal vez, pero eso fue lo que pensé.

SARGENTO ¿Por qué no hablás? No es una cosa mía. Yo no tengo nada que ver, no tengo la culpa.[139]

Grita

¿Ves esta lista? Aquí están todos los caciques y gamonales del gobierno anterior. Hay orden de quitarlos de enmedio[140] para organizar las elecciones.

Desaparecen el Sargento y el viejo.

LA MAESTRA: Y así fue. Lo pusieron contra la tapia[141] de barro, detrás de la casa. El sargento dio la orden y los soldados dispararon. Luego el sargento y los soldados entraron en mi pieza y, uno tras otro, me violaron. Después no volví a comer ni a beber y me fui muriendo poco a poco.

Pausa.

Ya pronto lloverá y el polvo rojo se volverá barro. El camino será un río lento de barro rojo y volverán a subir las alpargatas y los pies cubiertos de barro y los caballos y las mulas con las barrigas llenas de barro y hasta las caras y los sombreros irán, camino arriba, salpicados de barro.

Cuestionario

1. En sus propias palabras, haga un breve resumen de "La maestra."
2. ¿Cómo se llama el pueblo? Explique el valor simbólico del nombre.
3. ¿Qué importancia en el pueblo tenía el padre de la protagonista?
4. Explique la siguiente frase: "Desde hace tiempo el miedo llegó a este pueblo. . . . El aire huele a miedo. . . ."
5. ¿Qué nos indica o anuncia el cortejo en la obra?
6. ¿Por qué no quiere alimentarse ni vivir más la protagonista?
7. ¿De qué acusa el sargento al campesino, padre de la maestra?
8. ¿Qué va a pasar con la tierra y la propiedad de los habitantes del pueblo?

139. *Yo no . . .* Yo nos soy responsable.
140. *Quitarlos . . .* Removerlos; en este contexto, matarlos.
141. La pared.

9. Posiblemente, ¿cuál es el motivo de los cambios y la represión contra los habitantes?

10. ¿Qué sucede con el viejo campesino y la maestra al final de la obra?

Temas de discusión

Desarrolle, en forma individual o en grupo, los siguientes temas y haga un resumen para compartir con la clase:

1. La década de los cincuenta en los EEUU: ¿Una época ideal o una nación intimidada por la cacería de brujas del Senador McCarthy?
2. Las dictaduras en Hispanoamérica y en España en los años cincuenta.
3. La pobreza y marginación económica: ¿Se puede considerar violencia contra la población?
4. Los derechos humanos en sociedades en vía de desarrollo.
5. "La maestra" y los derechos de la mujer.

Ejercicios

Complete las siguientes oraciones con las palabras adecuadas:

1. Las _____ son zapatos baratos y de uso común entre los campesinos pobres.
2. En la gran mayoría de los pueblos pobres los campesinos viven en casas de _____.
3. Muchas dictaduras militares _____ a quienes se oponen a sus intereses políticos.
4. La mala administración pública ha _____ a muchos países hispanoamericanos en la pobreza.
5. El _____ existe cuando una persona ayuda a su familia a obtener puestos de trabajo.
6. El sargento dice que la tierra está mal _____ y que pronto va a tener nuevos dueños con _____ de propiedad.
7. Los grupos _____ ocasionaron la muerte del padre de la maestra y de muchos campesinos en Hispanoamérica.
8. Los soldados asesinaron al viejo porque no querían en el pueblo _____ y _____ del gobierno anterior.

6

Reacción ante la modernización y el progreso

En América Latina, a diferencia de España, el periodo posterior a la Segunda Guerra Mundial comenzó con elevadas expectativas de progreso social y desarrollo económico. Se había tomado conciencia del atraso en que se encontraban las repúblicas del continente en relación con Europa y los Estados Unidos, y del estado de miseria en que vivía gran parte de la población.

Motivados por un sentimiento de nacionalismo y una actitud positivista,[1] los gobiernos decidieron darse a la labor de tratar de recuperar el terreno perdido. La solución: Copiar los pasos de los países industrializados, lo que se conoce como la política de sustitución de importaciones. Los objetivos de esta nueva política eran varios: Desarrollar el mercado interno; fomentar[2] la industria nacional—que habría de producir ante todo bienes de consumo que antes se importaban—para de tal forma reducir la dependencia en los países avanzados, e industrializar el país para lograr una economía dinámica que se sustentara a sí misma. Tales medidas iban acompañadas de una fuerte política proteccionista de la industria nacional ante la presión de la competencia extranjera, y de tasas de cambio fijas, necesarias para controlar el precio de bienes de capital.

1. En el sentido de ver la necesidad de desarrollar el país.
2. Promover, incentivar.

La nueva política industrial dejó resultados diversos. Por un lado se logró cierto nivel de industrialización y desarrollo de infraestrura en países como México, Brasil, Argentina, Colombia y Venezuela, que emprendieron programas de construcción de carreteras, centrales eléctricas, complejos metalúrgicos y plantas industriales. Todos estos proyectos atrajeron grandes cantidades de capital extranjero, necesario, sin duda, para llevarlos a cabo. Pero por otro lado, este tipo de progreso "paternalista" tuvo consecuencias negativas que todavía se sienten en América Latina. En primer lugar, afianzó[3] al gobierno como actor principal en el manejo de la economía, relegando a la empresa privada a un papel secundario: Decisiones se tomaban en función de las necesidades políticas del régimen y no según criterios económicos. A largo plazo, a raíz del excesivo control gubernamental, sectores claves de la economía degeneraron en burocracias corruptas e ineficientes, incapaces de rendir servicios de calidad a bajo costo. Éstas son precisamente las empresas que se han privatizado bajo la nueva política de apertura de la década pasada.

El impacto de la modernización y el desarrollo también se ha sentido en el medio ambiente. Como se vio en capítulos anteriores, durante los años cincuenta y sesenta tuvo lugar el desplazamiento de miles de trabajadores del campo a centros urbanos, atraídos por la posibilidad de mejorar su nivel de vida. De esa época datan los llamados cinturones de miseria, barrios en las afueras de las grandes ciudades de América Latina en donde los refugiados del campo fueron condenados a vivir en situaciones extremas. El éxodo de un porcentaje tan alto de la población campesina hacia pueblos y ciudades tuvo como consecuencia la severa desforestación de zonas aledañas, y la contaminación de ríos y lagos debido a la cantidad de desperdicios producidos por los habitantes. En muchos casos, la infraestructura no estaba capacitada para acomodar una tasa de crecimiento de la población tan alta.

Otra amenaza al medio ambiente proviene de la expansión a zonas marginales que anteriormente se habían mantenido aisladas y fuera del al-

3. Estableció, sostuvo.

cance de la población. Países como Haití, Honduras y El Salvador, entre otros, han perdido la mayor parte de sus bosques, lo que contribuye a la erosión y a la sequía. El mayor peligro ecológico, sin embargo, es el que se cierne sobre la selva amazónica en Brasil, que cada año pierde miles de kilómetros cuadrados de superficie. La pérdida de la Amazonía sería una catástrofe mundial, por ser territorio de varias civilizaciones indígenas y el habitat de miles de especies de animales y plantas medicinales, y por la importancia que tiene para el ecosistema del continente. Para evitar tal catástrofe, los gobiernos de América Latina deben tener en cuenta factores ecológicos en sus planes de desarrollo, y el mundo industrializado tiene la obligación de ayudar a estas naciones a proteger y conservar, para beneficio de todos, recursos naturales tan frágiles.

Repasemos

1. ¿En qué consiste la política de sustitución de importaciones?
2. Hoy en día, ¿se considera una política económica válida?
3. Explique el papel del gobierno durante el programa de desarrollo económico de los años cincuenta en América Latina.
4. Explique las consecuencias ecológicas de la desforestación. ¿Cómo podría afectar la economía? ¿Qué otros sectores podría afectar?
5. Basándose en sus conocimientos personales, ¿qué países en América Latina han adoptado programas de protección del medio ambiente?

Temas de discusión

Desarrolle, en forma individual o en grupos, los siguientes temas y haga un resumen para compartir con la clase:

1. El papel adecuado para un gobierno en la economía del país.
2. ¿Proteccionismo o libre comercio?: ¿Qué ruta deben seguir los países de América Latina?
3. Efectos de la explosión demográfica en el medio ambiente.
4. ¿Desarrollo económico o protección del medio ambiente?: ¿Cómo se pueden reconciliar estas dos opciones?

Mario Vargas Llosa, su contexto y
La historia de Alejandro Mayta

Mario Vargas Llosa (1939–) nació en Arequipa, Perú, en una distinguida familia de la sociedad peruana. La producción literaria de Vargas Llosa ha sido muy fecunda: Ha publicado novela, teatro y ensayo. Entre sus obras más renombradas se encuentran *Los jefes* (1959), *La ciudad y los perros* (1963), *La casa verde* (1966), *Conversación en la catedral* (1969), *Pantaleón y las visitadoras* (1973), *La tía Julia y el escribidor* (1977), *La guerra del fin del mundo* (1981), *La historia de Alejandro Mayta* (1984), *El hablador* (1988) y *La fiesta del chivo* (2000), novela cuyo trasfondo histórico es el régimen del dictador Rafael Trujillo en la República Dominicana.

Mario Vargas Llosa, como muchos otros escritores e intelectuales hispanoamericanos, se ha interesado por la situación político-económica de su país y del resto del continente, hecho que se refleja en muchas de sus obras. *La historia de Alejandro Mayta,* por ejemplo, es una versión ficticia de una rebelión de indios peruanos de los Andes, dirigida por el jefe guerrillero Jacinto Rentería en 1962. Sus convicciones políticas también lo llevaron a postular su candidatura a la presidencia del Perú en 1990, que perdió ante Alberto Fujimori.

Durante la década de los años ochenta, época de publicación de esta novela, el Perú pasó por un largo periodo de crisis social: huelgas generales, interrupciones eléctricas y del servicio de transporte, y constantes denuncias y demandas de obreros y campesinos, que siguen viviendo en condiciones de pobreza extrema. Para 1984, la situación económica mostraba el deterioro de los últimos diez años: el nivel de desempleo pasó del 4.2 por ciento en 1973 al 10.9 por ciento en 1984; el subempleo ascendió del 41.3 por ciento al 57.8 por ciento durante el mismo decenio. Como se puede observar con las cifras anteriores, creció el denominado sector informal, es decir una economía basada en trabajos inestables y marginales.

Las consecuencias del mal manejo de la economía fueron varias: Una caída acelerada en el poder de compra de la población, en su mayoría incapaz de proveerse de lo necesario para vivir; y un largo periodo de inestabilidad social y política. Durante los años ochenta y noventa se recrudece el terrorismo en Perú, con la aparición de grupos revolucionarios como Tupac Amaru y Sendero Luminoso, responsables por numerosos ataques contra el gobierno, tanto en el campo como en la capital y otras ciudades principales. La consiguiente campaña contra la guerrilla eliminó el problema de grupos armados, pero a un elevado costo en términos de derechos humanos.

Los noventa fueron años de cambio: Reestructuración de la economía hacia el sector privado; énfasis en la exportación y búsqueda de nuevos mercados y nuevas fuentes de inversión extranjera. Aunque la situación económica se ha estabilizado—de 1996 a 1999 el PIB creció a una tasa de 3,35 por ciento y la inflación se redujo de 11,5 a 3,5 por ciento—persisten las dificultades, en particular una tasa de desempleo de 9,8 por ciento y una deuda exterior demasiado elevada. Es preciso agregar que los escándalos políticos del segundo mandato de Fujimori han contribuido a empañar la imagen de Perú en el extranjero.

Repasemos

1. ¿En qué forma se ha involucrado Vargas Llosa en la política de su país?
2. ¿Qué tipo de empleos cree Ud. que se consideren parte de la economía informal?
3. ¿Cuál sector de la población se ha visto más afectado por la crisis económica?
4. En los años noventa ¿qué medidas ha llevado a cabo el gobierno para mejorar la situación?
5. ¿Qué efectos en las inversiones extranjeras podría tener la actual crisis política en Perú? Explique.

Vocabulario para antes de leer

Acantilado: En la costa, el precipicio que da al mar.
Barriadas: Barrios de bajo nivel social.
Desidia: Negligencia.
Hediondez: De muy mal olor, que apesta.

Malecón: Muralla que se levanta para contener el agua del mar y proteger la
costa.

Muladares: Sitios donde se acumula la basura.

Tugurio: Habitación o establecimiento descuidado, en un barrio bajo.

La historia de Alejandro Mayta (fragmento)

Correr en las mañanas por el Malecón de Barranco,[4] cuando la humedad de
la noche todavía impregna el aire y tiene a las veredas resbaladizas y brillosas,
es una buena manera de comenzar el día. El cielo está gris, aun en el verano,
pues el sol jamás aparece sobre el barrio antes de las diez, y la neblina imprecisa la frontera de las cosas, el perfil de las gaviotas,[5] el alcatraz que cruza
volando la quebradiza línea del acantilado. El mar se ve plomizo, verde oscuro, humeante, encabritado,[6] con manchas de espuma y olas que avanzan
guardando la misma distancia hacia la playa. A veces, una barquita de
pescadores zangolotea[7] entre los tumbos; a veces, un golpe de viento aparta
las nubes y asoman a lo lejos La Punta y las islas terrosas de San Lorenzo y el
Frontón. Es un paisaje bello, a condición de centrar la mirada en los elementos y en los pájaros. Porque lo que ha hecho el hombre, en cambio, es feo.

Son feas estas casas, imitaciones de imitaciones, a las que el miedo asfixia
de rejas, muros, sirenas y reflectores. Las antenas de televisión forman un
bosque espectral. Son feas estas basuras que se acumulan detrás del bordillo del
Malecón y que se desparraman por el acantilado. ¿Qué ha hecho que en este
lugar de la ciudad, el de mejor vista, surjan muladares? La desidia. ¿Por qué no
prohiben los dueños que sus sirvientes arrojen las inmundicias prácticamente
bajo sus narices? Porque saben que entonces las arrojarían los sirvientes de los
vecinos, o los jardineros del Parque de Barranco, y hasta los hombres del
camión de la basura, a quienes veo, mientras corro, vaciando en las laderas del
acantilado los cubos de desperdicio[8] que deberían llevarse al relleno[9] munici-

---

4. Barrio residencial de Lima.
5. Pájaro que vive en la costa.
6. Lo contrario de tranquilo.
7. Se mueve.
8. *Cubos . . .* Recipientes para poner la basura.
9. Basurero, lugar designado por el gobierno municipal para botar la basura.

pal. Por eso se han resignado a los gallinazos, las cucarachas, los ratones y la hediondez de estos basurales que he visto nacer, crecer mientras corría en las mañanas, visión puntual de perros vagos escarbando los muladares entre nubes de moscas. También me he acostumbrado, estos últimos años, a ver, junto a los canes vagabundos, a niños vagabundos, viejos vagabundos, mujeres vagabundas, todos revolviendo afanosamente los desperdicios en busca de algo que comer, que vender, que ponerse. El espectáculo de la miseria, antaño exclusivo de las barriadas, luego también del centro, es ahora el de toda la ciudad, incluidos hasta estos distritos—Miraflores, Barranco, San Isidro—residenciales y privilegiados. Si uno vive en Lima tiene que habituarse a la miseria y a la mugre o volverse loco o suicidarse [. . .]

Este es un barrio que conozco bien. Venía de chico, con mis amigos en noches de fiesta, a tomar cerveza en El Triunfo, a traer zapatos a renovar y ternos a darles la vuelta,[10] y a ver películas de cowboys en sus cines incómodos y malolientes: el Primavera, el Leoncio Prado, el Maximil. Es uno de los pocos barrios de Lima que casi no ha cambiado. Todavía está lleno de sastres,[11] zapateros, callejones, imprentas con cajistas que componen los tipos a mano, garajes municipales, bodeguitas[12] cavernosas, barcitos de tres por medio, depósitos, tiendas de medio pelo, pandillas de vagos en las esquinas y chiquillos que patean una pelota en plena pista, entre autos, camiones y triciclos de heladeros. La muchedumbre en las veredas, las casitas descoloridas de uno o dos pisos, los charcos grasientos, los perros famélicos parecen los de entonces.[13] Pero ahora, estas calles antaño sólo hamponescas y prostibularias[14] son también marihuaneras y coqueras. Aquí tiene lugar un tráfico de drogas aún más activo que en la Victoria, el Rímac, el Porvenir o las barriadas. En las noches, estas esquinas leprosas, estos conventillos sórdidos, estas cantinas patéticas, se vuelven «huecos», lugares donde se vende y se compra «pacos» de marihuana y de cocaína y continuamente se descubren, en estos tugurios, rústicos laboratorios para procesar la pasta básica. . . . La droga estaba lejos de convertirse en el negocio más próspero de este país y de extenderse por toda la ciudad.

10. *Ternos . . .* A arreglar trajes para hombre.
11. Persona que hace o arregla vestidos, generalmente de hombre.
12. Tiendas de comestibles.
13. *Parecen . . .* Los de antes.
14. *Hamponescas . . .* Para criminales y prostitutas.

Cuestionario

1. ¿A qué clase social pertenecen las casas del barrio a comienzos del fragmento? Explique su respuesta con ejemplos del texto.
2. ¿De qué tienen miedo los residentes del barrio? ¿Qué hacen para protegerse?
3. Explique la siguiente frase: "Porque lo que ha hecho el hombre, en cambio, es feo."
4. ¿A qué clase social pertenece el segundo barrio?
5. ¿Qué tipo de negocios hay allí? ¿Son empresas grandes o pequeñas?
6. ¿Qué problema social ha aparecido recientemente?
7. En su opinión, ¿qué consecuencias sociales podrían tener los cambios en el vecindario?
8. A modo de resumen, haga una breve comparación entre los dos sectores de Lima que presenta el narrador.
9. ¿Qué nos dice el texto del nivel de vida de la ciudad? ¿Podría hablarse realmente de progreso? Explique.
10. ¿Se ha dado un fenómeno parecido en las grandes ciudades de EEUU?

Temas de discusión

Desarrolle, en forma individual o en grupo, los siguientes temas y haga un resumen para compartir con la clase:

1. Diferencias / semejanzas entre este barrio en Lima y uno pobre en los EEUU.
2. El uso de las drogas como problema social en Hispanoamérica y los EEUU.
3. Las drogas: ¿Problema de oferta o de demanda?
4. Polución y contaminación en zonas urbanas.

Ejercicios

Complete las siguientes oraciones con las palabras adecuadas:

1. Las _____ son vecindarios donde vive gente pobre.
2. Normalmente la gente de pocos recursos económicos vive en lugares conocidos como _____.
3. Vargas Llosa se refiere a los sitios en las calles, donde se reúnen personas de mala reputación, como _____.

4. Otro lugar donde hay personas que no llevan una vida muy honesta es descrito como _____.

5. Los lugares donde la gente tira la basura son conocidos como _____ _____.

6. En Lima, como en otras ciudades grandes, el tráfico y _____ _____ de drogas como _____ y _____ _____ se ha convertido en un grave problema social.

Fernando Soto Aparicio, su contexto
y *La rebelión de las ratas*

Fernando Soto Aparicio es poeta, cuentista, novelista y dramaturgo. Nació en 1933 en el departamento de Boyacá en Colombia, en el interior del país. Atraído por la extensa biblioteca de su padre, desde muy joven demostró un marcado interés por la literatura. Con su primera publicación en 1950, *Himno a la patria,* aparecida en el suplemento literario del periódico *El Siglo,* Soto Aparicio manifiesta ya uno de los temas principales de su obra de escritor: Su solidaridad con el trabajador marginado por un sistema económico, el capitalismo, que tiende a deshumanizar al individuo. Para Soto Aparicio la labor del escritor es ante todo social y didáctica: Educar al lector para así superar la situación de opresión.

Su obra más conocida es *La rebelión de las ratas* (1961), en donde presenta la precaria situación de los mineros en empresas extranjeras, desposeídos[15] en su propia tierra. Con esta novela gana el premio Selecciones Lengua Española en 1962. Otras obras de importancia son *Los bienaventurados* (1969); *Viva el ejército,* Premio Casa de las Américas (1970); *Viaje a la claridad,* Premio Ciudad de Murcia (1971); *La siembra de Camilo* (1971) y *Después empezará la madrugada* (1974). Hoy en día Soto Aparicio continúa activo en sus labores literarias y periodísticas. Sus dos obras más recientes, *Y el hombre creó a Dios* y *Bendita sea tu pureza,* aparecieron en 1998.

En Colombia dos factores se combinaron para retrasar el desarrollo económico. En primer lugar, el sistema colonial estaba diseñado para evitar el desarrollo de cualquier tipo de industria que pudiera competir con los intereses de la metrópolis: Es decir, la economía colonial estaba organizada en función de las necesidades de España y no de los intereses de la población del país. Por otro lado, la geografía es también un factor que tuvo un efecto bastante fuerte en la organización económica y comercial nacional. La mayor

15. Que han perdido sus posesiones. En este caso, sin control.

parte de la población vive en el occidente del país, una zona montañosa y, en ciertos lugares, propensa a la erosión. El resultado de tales factores fue una economía prácticamente estática durante gran parte del siglo XIX, en un país dividido en regiones aisladas, sin mucho contacto con el exterior ni con el resto del territorio nacional.

El proceso de modernización arranca[16] en las primeras décadas del siglo XX, cuando el país se ve empujado hacia el plano internacional. En 1903 se independiza Panamá y poco después comienza la construcción del canal, hecho que facilita en gran forma el tráfico comercial. La exportación de café, por ese entonces el producto principal de Colombia, exige mejoras en el sistema de transporte y así comienza un proyecto de construcción de carreteras y caminos para conectar diferentes ciudades y regiones. Es hacia mediados de siglo que el gobierno lleva a cabo una serie de estudios geográficos, con el propósito de evaluar las posibilidades de desarrollo y la riqueza nacional. Finalmente, el descubrimiento de extensos yacimientos de petróleo atrae a compañías extranjeras para extraer el llamado oro negro, y se construye una refinería en el noroeste del país.

En pocos años, por lo tanto, Colombia pasó de ser un lugar apartado, aislado del mundo exterior, a ser una economía en proceso de desarrollo, parte del sistema global. Los efectos en la población fueron diversos. Para muchos, el progreso significó un mejor nivel de vida, con mayores comodidades y posibilidades de trabajo. Para otros, como los campesinos de la novela de Soto Aparicio, significó el fin de la vida tranquila y segura que hasta entonces habían conocido, para quedar así sujetos a fuerzas poderosas que no podían controlar.

Repasemos

1. ¿Qué consecuencias tuvo el sistema colonial para la economía colombiana?
2. ¿Qué efecto en el nivel de vida de un país tiene el aislamiento económico y geográfico?
3. Explique la importancia de productos como el café y el petróleo en el desarrollo de Colombia.

16. Comienza.

4. ¿Cómo explicaría Ud. la necesidad de seguir adelante con el progreso a pesar de las dificultades que pueda producir?

5. ¿Qué medidas puede llevar a cabo un gobierno para disminuir los efectos negativos del progreso?

6. ¿Cuáles son los costos y beneficios que representa el progreso?

Vocabulario para antes de leer

Amos: Dueños, propietarios.

Boscajes: Bosques pequeños.

Codicia: Deseo intenso de obtener dinero, bienes materiales.

Latón: Metal hecho de cobre y cinc.

Palas, grúas: Maquinaria utilizada en construcción o en la explotación de minas.

Rusticidad: Calidad de rústico, relativo al campo.

Sembrador: Agricultor, persona que trabaja la tierra.

Verdor: Color verde, representa la naturaleza.

La rebelión de las ratas (fragmento)

Antes todo era sencillez, rusticidad, paz. Y de pronto el valle se vio invadido por las máquinas; el mediodía fue roto por el grito estridente de las sirenas; los camiones se perdieron bajo toneladas de polvo y anchas vías cruzaron el verdor de los sembrados; los arboles, cercados[17] por el humo, envejecieron y terminaron por perder sus hojas y sus nidos;[18] y el silencio, ese bendito silencio que era como un manto protector tendido sobre el campo, huyó para siempre hacia las montañas.

Así como el paisaje, los rostros[19] cambiaron también. Ya no era la cara ancha y sonrosada del sembrador; ya no las mejillas[20] frutales de las muchachas ni los ojos risueños de los niños. Eran semblantes[21] deformados por

17. Rodeados; en medio de algo.
18. Objeto que construyen las aves para poner los huevos y proteger los pollos.
19. Caras.
20. Parte de la cara, debajo de los ojos.
21. Caras.

scars

beastly appearance

bitten by smallpox

grandes cicatrices;[22] con hirsutos pelos que les daban apariencias bestiales o ridículas; eran pieles ajadas[23] por el sudor, ennegrecidas por el hollín,[24] picadas por las viruelas[25] inclementes que diezmaron[26] la población del valle como plaga bíblica; eran ojos asustados, huidizos,[27] brillantes de codicia, señalados por las huellas imborrables[28] de crímenes pasados.

greed

A eso lo llamaban algunos, pomposamente, «civilización», «progreso». La esperanza de la patria estaba allí; con el sacrificio de unos pocos se aseguraba la tranquilidad de muchos. Era necesario que el valle perdiera su aspecto bucólico para que la nación recobrara su estabilidad económica. Al menos tales cosas decían los oradores que acudieron[29] a convencer a los campesinos de la conveniencia de abandonar las cosechas, de trocar la azada por la piqueta,[30] de cambiar el maíz por las piedras negras del carbón, y de acabar con los mansos burrillos[31] de carga para reemplazarlos por los camiones de color rojo oscuro, como teñidos de sangre.

Los agricultores al principio ofrecieron resistencia. Pero pronto fueron cediendo[32]: el miedo, la ambición, el dinero, el analfabetismo. . . . Después de que se descubrieron las minas de carbón en aquel vasto territorio, llegaron de los diversos puntos de la república gentes de toda condición social, pero generalmente desheredados,[33] fugitivos y vagabundos. Rondaron[34] por entre los cultivos, acudieron hasta las casas hospitalarias, siempre abiertas al forastero,[35] y en ellas fueron infiltrando la savia de sus pensamientos, el ve-

22. Señal que queda en la piel cuando una herida se cura.
23. Gastadas; envejecidas. *worn out*
24. Polvo o residuo muy fino, de color negro, producido por el humo. *soot*
25. Enfermedad contagiosa. *smallpox*
26. Causaron muchas muertes.
27. En este contexto, que evitaban mirar directamente.
28. Que no se pueden borrar u olvidar. *unforgettable*
29. Llegaron; vinieron.
30. *Trocar . . .* Cambiar una herramienta que se usa en agricultura por otra que se usa en minería.
31. Diminutivo de burro.
32. Disminuyendo la resistencia; aceptando el punto de vista contrario.
33. En este contexto, sin valores morales o sentido de la ética.
34. Anduvieron.
35. Extranjero; persona de otro lugar.

neno de sus convicciones, el lenguaje rebuscado[36] de sus argumentos. Entonces los dueños de pequeñas parcelas—verdes en invierno, doradas en verano—tuvieron que abandonarlas, entregándolas a la voracidad de los compradores. Incluso algunos se vieron amenazados de muerte. Pero los más terminaron cediendo de buena gana, ante las promesas de un futuro de abundancia y prosperidad.

Luego de conquistada la tierra vino la invasión mecánica: camiones, palas, grúas. . . . Crujieron[37] las montañas centenarias al sentir en su base la puñalada[38] del acero; se descuajaban[39] con quejidos casi humanos los árboles enormes de los boscajes; y las casas humildes, fabricadas de paja y barro, cayeron con sus ensueños ancestrales ante el empuje[40] de la codicia.

No eran malas, quizá, las intenciones de los que esbozaron[41] el proyecto. Pero a través de centenares de labios y de cerebros diversos, las palabras y los pensamientos fueron deformándose. Y aquellos hombres silenciosos y rústicos no adivinaron lo que vendría.

Ocurrió pronto. El valle estaba habitado por doce o quince familias asentadas en todas direcciones: el rancho de los Moreno, la fundación de los Montoya, la casita de los Ramírez. . . . Así, por todos lados, un nombre amigo, un rostro sonriente, una mano franca. Y luego de la irrupción del progreso, fueron decenas de familias agrupadas en barrios miserables, apiñadas como tallos de trigo. Las construcciones apresuradas[42] crecieron como cizaña.[43] Casas de latón, de madera, de piedras y cemento. Y de allí surgió el pueblo: Timbalí.

Eran rostros y conciencias distintas, pero era un solo idioma. Y de súbito llegaron los extranjeros: ingleses, franceses, alemanes. . . . Desterrados los unos, atraídos los otros por la sed de fortuna, guiados los demás por intereses de variada índole.[44] Penetraron al valle las palabras duras, metálicas, los ros-

36. Complicado.
37. Hicieron ruido.
38. Golpe con un puñal o con un arma semejante.
39. Caían, arrancados de raíz.
40. Fuerza.
41. Presentaron, elaboraron.
42. En este contexto, hechas con rapidez.
43. Planta venenosa que crece en los cultivos.
44. Tipo, condición.

tros colorados y los cabellos rubios, casi blancos. Mujeres altas y pálidas reemplazaron a las hembras morenas y ardientes de antaño.

Construyeron casas de aspecto raro, con los tejados terminados en punta, con puertas de vidrio y de metal. Y fundaron, a un lado del pueblo de los trabajadores, una especie de barrio, con calles pavimentadas. Allí vivían esas pocas familias, cuyos hombres vinieron pronto a mandar en los otros, en los dueños de la tierra. Seres rubios que decían *very good, Au revoir,* o *Auf wiedersehen,* invadieron las oficinas, construidas apresuradamente en las estribaciones[45] de la montaña. Y los que antes fueran amos absolutos de aquellos rincones, de los que habían huido para siempre el sosiego[46] y la paz, se vieron obligados a obedecer a los extraños.

Principió la explotación de carbón en gran escala. Las montañas que rodeaban maternalmente el valle contenían una incalculable riqueza. Bajo la tenue capa de verdura se ocultaban millones de toneladas de mineral. Tanto, que en cincuenta años apenas si se haría pequeña mella en su inmensidad.

Por los campos, ya secos y abandonados, se tendieron[47] los caminos metálicos. Los hombres, inclinados sobre la tierra, clavaban en su vientre largas púas[48] de acero para sostener las líneas por las que, meses después, corrían veloces locomotoras lanzando al aire sus eructos negros, y arrastrando tras de sí largas filas de carros que transportaban carbón hacia la capital.

Todas las escalas[49] sociales vinieron a formar el pueblo de Timbalí. Desde los extranjeros que pisaban la tierra aquella, buena y acogedora, como dominándola, como amenazándola, hasta el pordiosero, hasta la prostituta. [. . .]

Cuestionario

1. ¿Cómo justifican los políticos la necesidad de desarrollar los recursos del valle?
2. El cambio del lugar se refleja también en los habitantes. ¿Cómo han cambiado ellos? ¿Qué efectos ha tenido el "progreso" en los habitantes?
3. ¿Cuál fue la reacción inicial de los habitantes? ¿ Qué pasó después?

45. Parte baja, base.
46. Tranquilidad, serenidad.
47. Se extendieron por el suelo.
48. Objeto delgado y con punta, de metal o madera.
49. Niveles, clases.

4. ¿Qué producía la región antes del desarrollo? ¿Qué producto mineral encuentran allí?

5. ¿Qué consecuencia para el medio ambiente tiene la explotación de ese
mineral?

6. ¿Cuál es el papel de los compradores?

7. ¿Qué otros cambios ocurren como resultado del desarrollo?

8. En EEUU ¿qué lugares han sido afectados de forma semejante?

9. Según el texto, ¿quiénes se benefician del desarrollo económico?

10. ¿Qué cambios nota usted entre la actitud del autor hacia la inversión extranjera y la actitud que predomina hoy en día en Latinoamérica y España? ¿A qué se deben tales cambios en actitud?

Temas de discusión

Desarrolle, en forma individual o en grupo, los siguientes temas y haga un resumen para compartir con la clase:

1. Efectos del desarrollo económico en el medio ambiente.

2. Efectos del desarrollo económico en la población local.

3. Explotación de recursos naturales: Costos y beneficios.

4. Desarrollo y ecología.

5. Intereses locales contra intereses nacionales.

Ejercicios

Complete las siguientes oraciones con las palabras adecuadas:

1. Las máquinas _____ la armonía y tranquilidad del
valle.

2. El gobierno asegura que el desarrollo es necesario para _____
_____ y _____.

3. El burro y la azada fueron sustituidos por _____ y
_____.

4. _____ sirve para transportar _____
a la capital y a otros centros industriales.

5. El desarrollo atrae gente de _____, _____
y _____, muy diferente a los habitantes del lugar.

"Los vicios del mundo moderno" de Nicanor Parra y su contexto[50]

Más que cualquier otra época de la historia, el siglo XX se distingue por ser el siglo de la ciencia y la tecnología. Prácticamente todo aspecto de la vida del ser humano ha sido afectado por los adelantos tecnológicos de los últimos cien años. El ritmo al cual han ocurrido los cambios ha sido vertiginoso: El siglo comenzó con el automóvil y concluyó con la construcción de la segunda estación espacial.

Para gran parte de la población los beneficios de las innovaciones tecnológicas son numerosos: Han mejorado las condiciones de vida; el cuidado médico es más accesible y el transporte moderno ha facilitado el comercio y la comunicación entre diferentes regiones del globo. A primera vista, parecería que la ciencia, al servicio del ingenio humano, es el instrumento indicado para resolver los problemas del mundo.

Y sin embargo, nos queda la sensación de que a pesar de todos los adelantos y el progreso material, el ser humano continúa a la deriva, incapaz de controlar su propio destino. La ciencia y tecnología han ayudado a mejorar la calidad de vida de gran parte de la población, pero también han contribuido a aumentar los peligros que nos amenazan: Por primera vez en la historia, con las armas nucleares y biológicas, tenemos la capacidad de destruir el planeta y toda forma de vida que existe hoy en día. Y el desarrollo económico, tan necesario para encaminarnos a un futuro mejor, es en parte responsable por el lamentable estado del medio ambiente, por la desaparición de bosques y zonas verdes y la constante contaminación de ríos y lagos.

La tecnología nos ha permitido dominar ciertos elementos de la naturaleza, pero todavía nos sentimos en un mundo hostil, inhóspito, imposible de descifrar. Y es un mundo de enormes contrastes donde conviven la opulencia y la miseria, la gula y el hambre, la libertad y la tiranía, la generosidad

50. Para información biográfica sobre Parra, véase el capítulo 4, p. 73

147

y la fiebre de riqueza. Para el ser humano, el mundo moderno es un misterio que presenta más incógnitas que respuestas. La problemática que plantea Nicanor Parra a continuación es un tema de alcance universal, pero su relevancia en los países hispanos es clara: Los programas desarrollistas afectaron a la población de nuestros países de forma particular, por la rapidez del cambio y por los efectos tan dispares que tuvieron. Es precisamente la incertidumbre del hombre ante la complejidad de la época en que vivimos lo que trata Nicanor Parra en su poema.

Repasemos

1. Explique por qué la tecnología y la ciencia han tenido resultados ambiguos en el mundo moderno.
2. ¿Cuál considera Ud. el mayor peligro que amenaza el bienestar de su generación?
3. En su opinión, ¿el ser humano controla la tecnología o la tecnología controla al ser humano?
4. Para Ud., ¿cuáles son los adelantos tecnológicos más importantes del siglo pasado? Explique.
5. ¿Se siente Ud. optimista o pesimista ante el futuro?

Vocabulario para antes de leer

Alta banca: Los bancos de mayor capital.

Cloaca: Lugar sucio, lleno de basura e inmudicias.

Endiosamiento: Elevación del algo o alguien a categoría de dios.

Entrar a saco: Atacar, invadir.

Estupefacientes: Drogas, barbitúricos.

Gula: Deseo excesivo de comer y beber.

Juegos de azar: Juegos como cartas, en donde la suerte es un factor de importancia.

Mendigos: Personas que piden dinero en las calles.

Purgas en masa: Expulsión masiva de funcionarios del gobierno por razones políticas.

Sabios: Personas que tienen mucho conocimiento y buen juicio.

Terremoto: Desastre natural: temblor de tierra.

"Los vicios del mundo moderno"

Los delincuentes modernos
Están autorizados para concurrir[51] diariamente a parques y jardines.
Provistos de poderosos anteojos y de relojes de bolsillo
Entran a saco en los kioscos favorecidos por la muerte
E instalan sus laboratorios entre los rosales en flor.
Desde allí controlan a fotógrafos y mendigos que deambulan[52] por los alre-
    dedores
Procurando levantar un pequeño templo a la miseria
Y si presenta la oportunidad llegan a poseer a un lustrabotas[53] melancólico.
La policía atemorizada[54] huye de estos monstruos
En dirección del centro de la ciudad
En donde estallan los grandes incendios de fines de año
Y un valiente encapuchado[55] pone manos arriba a dos madres de la caridad.[56]
Los vicios del mundo moderno:
El automóvil y el cine sonoro,
Las discriminaciones raciales,
El exterminio de los pieles rojas,
Los trucos de la alta banca,
La catástrofe de los ancianos,
El comercio clandestino de blancas[57] realizado por sodomitas internacio-
    nales,
El autobombo[58] y la gula
Las Pompas Fúnebres
Los amigos personales de su excelencia
La exaltación del folklore a categoría del espíritu,
El abuso de los estupefacientes y de la filosofía,

51. Ir.
52. Pasean; caminan.
53. Persona que limpia los zapatos de otra gente.
54. Con temor; miedo.
55. Persona con la cara escondida por una capucha.
56. *Pone . . .* Asalta a dos mujeres que pertenecen a una orden religiosa.
57. *El comercio . . .* Prostitución.
58. Elogiarse demasiado a sí mismo.

El reblandecimiento[59] de los hombres favorecidos por la fortuna
El autoerotismo y la crueldad sexual
La exaltación de lo onírico y del subconsciente en desmedro[60] del sentido
    común,
La confianza exagerada en sueros y vacunas,[61]
El endiosamiento del falo,
La política internacional de piernas abiertas patrocinada por la prensa reac-
    cionaria,
El afán desmedido[62] de poder y de lucro,
La carrera del oro,
La fatídica danza de los dólares,
La especulación y el aborto,
La destrucción de los ídolos,
El desarrollo excesivo de la dietética y de la psicología pedagógica,
El vicio del baile, del cigarrillo, de los juegos de azar,
Las gotas de sangre que suelen encontrarse entre las sábanas de los recién des-
    posados,
La locura del mar,
La agorafobia y la claustrofobia,
La desintegración del átomo,
El humorismo sangriento de la teoría de la relatividad,
El delirio de retorno al vientre materno,
El culto de lo exótico,
Los accidentes aeronáuticos,
Las incineraciones, las purgas en masa, la retención de los pasaportes,
Todo esto porque sí,
Porque produce vértigo,
La interpretación de los sueños
Y la difusión de la radiomanía.

Como queda demostrado,
El mundo moderno se compone de flores artificiales,

    59. Acción de hacer algo menos duro; menos fuerte.
    60. Deterioro.
    61. En este contexto, adelantos de la medicina.
    62. Sin control.

Que se cultivan en unas campanas de vidrio parecidas a la muerte,
Está formado por estrellas de cine,
Y de sangrientos boxeadores que pelean a la luz de la luna,
Se compone de hombres ruiseñores que controlan la vida económica de los
   países
Mediante algunos mecanismos fáciles de explicar;
Ellos visten generalmente de negro como los precursores del otoño
Y se alimentan de raíces y de hierbas silvestres.
Entretanto los sabios, comidos por las ratas,
Se pudren en los sótanos de las catedrales,
Y las almas nobles son perseguidas implacablemente[63] por la policía.

El mundo moderno es una gran cloaca:
Los restaurantes de lujo están atestados[64] de cadáveres digestivos
Y de pájaros que vuelan peligrosamente a escasa altura.
Esto no es todo: Los hospitales están llenos de impostores,
Sin mencionar a los herederos del espíritu que establecen sus colonias en el
   ano de los recién operados.
Los industriales modernos sufren a veces el efecto de la atmósfera envene-
   nada,
Junto a las máquinas de tejer suelen caer enfermos del espantoso mal del sueño
Que los transforma a la larga en unas especies de ángeles.
Niegan la existencia del mundo físico
Y se vanaglorian[65] de ser unos pobres hijos del sepulcro.

Sin embargo, el mundo ha sido siempre así.
La verdad, como la belleza, no se crea ni se pierde
Y la poesía reside en las cosas o es simplemente un espejismo[66] del espíritu.
Reconozco que un terremoto bien concebido
Puede acabar en algunos segundos con una ciudad rica en tradiciones
Y que un minucioso bombardeo aéreo
Derribe árboles, caballos, tronos, música.

63. Sin compasión.
64. Llenos.
65. Se sienten orgullosos.
66. Ilusión óptica.

Pero qué importa todo esto
Si mientras la bailarina más grande del mundo
Muere pobre y abandonada en una pequeña aldea del sur de Francia
La primavera devuelve al hombre una parte de las flores desaparecidas.
Tratemos de ser felices, recomiendo yo, chupando[67] la miserable costilla humana.
Extraigamos[68] de ella el líquido renovador,
Cada cual de acuerdo con sus inclinaciones personales.
¡Aferrémonos[69] a esta piltrafa[70] divina!
Jadeantes y tremebundos[71]
Chupemos estos labios que nos enloquecen;
La suerte está echada.[72]
Aspiremos[73] este perfume enervador y destructor
Y vivamos un día más la vida de los elegidos:[74]
De sus axilas[75] extrae el hombre la cera necesaria para forjar el rostro de sus ídolos.
Y del sexo de la mujer la paja y el barro[76] de sus templos.
Por todo lo cual
Cultivo un piojo[77] en mi corbata
Y sonrío a los imbéciles que bajan de los árboles.

Cuestionario

1. De los vicios enumerados por el autor, ¿cuáles se refieren a factores económicos?
2. ¿Cuáles son de tipo cultural o social?

67. Del verbo *chupar:* sacar con los labios o la lengua el jugo de algo.
68. Saquemos.
69. Del verbo *aferrarse:* coger, agarrar, tomar con fuerza.
70. En este contexto, basura; algo sin valor de ninguna clase.
71. *Jadeantes . . .* En muy mal estado físico.
72. *La suerte . . .* Todo ha sido ya decidido.
73. Respiremos.
74. Los afortunados, privilegiados.
75. Concavidad donde el brazo se une al cuerpo, debajo del hombro.
76. *La paja . . .* Materiales de construcción.
77. Insecto; parásito.

3. Según el autor, ¿cuál ha sido el efecto de la modernización en el ser humano?

4. ¿Qué imagen da el autor del mundo contemporáneo?

5. ¿Está Ud. de acuerdo con la visión del autor? Explique.

6. ¿En su opinión qué factores contribuyen a crear el sentimiento de inseguridad y duda que afecta al ser humano hoy en día?

7. ¿Qué papel juega el capitalismo en el caos que describe el autor?

8. A pesar de que Nicanor Parra es chileno, ¿piensa Ud. que sus observaciones tengan una dimensión universal?

9. Explique el siguiente verso: "La primavera devuelve al hombre una parte de las flores desaparecidas."

10. Resuma en un párrafo las ideas principales del poema.

Temas de discusión

Desarrolle, en forma individual o en grupos, los siguientes temas y haga un resumen para compartir con la clase:

1. La alienación en el ser humano moderno.

2. Los valores tradicionales en un ambiente donde predomina el materialismo.

3. La pérdida de la espiritualidad en el mundo moderno.

4. El hombre moderno—esclavo del dinero.

5. La tecnología y el ser humano.

Ejercicios

Complete las siguientes oraciones con las palabras adecuadas:

1. _____ y _____ son vicios de tipo personal.

2. _____ y _____ son ejemplos del impacto de la máquina en el mundo moderno.

3. _____ y _____ son ejemplos de la explotación económica.

4. En el mundo moderno la naturaleza ha sido reemplazada por _____ _____.

5. Parece como si _____ estuvieran en control de la sociedad contemporánea.

La burocracia y corrupción económica

El término *burocracia,* que históricamente se ha usado para identificar el cuerpo de funcionarios encargados de administrar las instituciones estatales, en el mundo contemporáneo se ha convertido en sinónimo de corrupción e ineficiencia económica. Aunque tales defectos se encuentran también en la empresa privada, es sin duda en el sector público donde las consecuencias se han llegado a sentir con mayor fuerza. Como hemos señalado en capítulos anteriores, las causas del problema en América Latina se remontan al aparato político-burocrático español que se trasladó a las colonias hispanoamericanas, una estructura de por sí carente[1] de flexibilidad y dinamismo y rígidamente controlada desde Madrid. En el contexto colonial, el aspecto reaccionario del aparato burocrático se agrava por la política de impedir o retardar cualquier tipo de innovación o adelanto que pudiera poner en peligro los intereses económicos de la metrópolis.

La burocracia se ha convertido en una capa social que se caracteriza por la indiferencia y falta de ética profesional por parte de los funcionarios y servidores públicos que en ella se desempeñan. Es también un obstáculo difícil de superar y que a largo plazo contribuye a la parálisis social y económica de nuestros países. El título del artículo de Mariano José de Larra, "Vuelva usted mañana," es sin duda una frase que ha trascendido tiempo y espacio pues no se puede pensar en una institución burocrática en el mundo de habla hispana que no presente situaciones similares. Es

1. Sin; que no tiene algo.

precisamente este tipo de actitud la que lleva a la corrupción económica dentro de los dos sectores, el público y el privado.

La burocracia no es privativa[2] de los países hispanohablantes. La mayoría de los países del mundo tienen una estructura gubernamental en la que la "influencia" de sus empleados, excesiva o no, sigue jugando un papel importante en el desarrollo de sus actividades diarias y del servicio al público. El escritor uruguayo Eduardo Galeano señala que en los gobiernos hispanoamericanos los empleados se asemejan a "parásitos que deambulan hacia ninguna parte" pues su trabajo no resulta en algo productivo, y el resultado son países donde "de día falta agua y de noche falta luz, los teléfonos no funcionan, las cartas no llegan y los expedientes tienen hijos."

Irónicamente, el sector privado de los países industrializados ha contribuido a la corrupción y venalidad del llamado Tercer Mundo. Robert Klitgaard, ex-profesor de la Escuela Kennedy de Administración Pública en la Universidad de Harvard y de la Escuela de Administración de la Universidad de Yale, señala en su artículo "Combating Corruption and Promoting Ethics in the Public Service," que los Estados Unidos eran, probablemente y en términos históricos, los exportadores de corrupción número uno en el mundo, a causa de sobornos[3] y pagos a funcionarios gubernamentales en países en los cuales las compañías norteamericanas tenían negocios pendientes. Esto cambió luego de la aprobación de la Ley de Prácticas Corruptas en el Extranjero, pero todavía sigue siendo una idea cautivante. El mismo Klitgaard va aún más allá al asegurar que en el pasado los Estados Unidos sufrían de algunas formas de corrupción que en México estaban en su infancia. Se refería, por ejemplo, a la influencia de los cabilderos[4] en Washington, cuyo dinero y presión política bien podrían afectar el proceso legislativo a favor de las compañías e industrias que representan. La situación anterior, sin embargo, también podría aplicarse a la gran mayoría de

2. Exclusiva de una cosa o persona.
3. Dinero que se da a alguien para conseguir favores especiales.
4. Individuo que presiona el proceso legislativo a nombre de industrias o instituciones que representa.

países hispanoamericanos—y en realidad al mundo entero—siempre que un grupo determinado ponga sus propios intereses por encima de los intereses del público y el país al cual sirve.

Repasemos

1. ¿Cómo podemos describir los términos *burocracia* y *corrupción*?
2. ¿Cuál podría ser el origen de la burocracia?
3. ¿Qué problemas provoca una burocracia excesiva?
4. ¿Qué consecuencias para el país tiene el poder de los cabilderos y grupos de presión en Washington?
5. ¿Qué clase de corrupción existe en un sistema judicial?
6. ¿Por qué se dice que los países del Primer Mundo son también culpables de parte de la corrupción en los países en vías de desarrollo?
7. ¿Podemos aplicar los comentarios de Galeano sobre Hispanoamérica a los EEUU?
8. ¿Cómo pueden enfrentarse a la burocracia y la corrupción las empresas extranjeras que desean invertir en un país?
9. ¿En qué forma debe actuar el ejecutivo/a que viaja a un país donde se hace uso de la corrupción para lograr resultados favorables?

Temas de discusión

Desarrolle, en forma individual o en grupo, los siguientes temas y haga un resumen para compartir con la clase:

1. La burocracia como un "mal necesario" en Hispanoamérica.
2. Diferencias entre la burocracia en los EEUU e Hispanoamérica.
3. La burocracia y la corrupción en los EEUU.
4. La burocracia como barrera al desarrollo.
5. Medios para terminar con la burocracia y la corrupción económica.

Mariano José de Larra, su contexto y "Vuelva usted mañana"

Mariano José de Larra (1809–37) nació en España durante la guerra de Independencia (1808–14). La corta vida de Larra transcurrió entre una época de dramáticos acontecimientos y grandes cambios políticos y sociales. A raíz de la invasión francesa de comienzos del siglo XIX, Carlos IV y su hijo Fernando se vieron obligados a abdicar. Napoleón, en pleno apogeo, nombró rey a su hermano José. El pueblo español se rebeló y se opuso a la invasión, iniciando así la Guerra por la Independencia en 1809. En 1812 las Cortes Constituyentes redactaron y promulgaron la primera Constitución de España. En 1813 Napoleón devolvió la corona de España a Fernando VII, y éste dio un golpe de estado y anuló la constitución. La época de Fernando VII es conocida como la del "absolutismo monárquico"[5] pues su reinado se caracterizó por la dura represión en contra de las ideas liberales que, con la caída de Napoleón, se estaban propagando por el resto del continente europeo. También fue durante el reinado de Fernando VII que la mayor parte de las colonias americanas declararon su independencia de España.

"Vuelva usted mañana" se publicó en 1833 y forma parte de la colección *Vuelva usted mañana y otros artículos*. En el fragmento del artículo que aquí presentamos, Larra hace una fuerte crítica y censura irónica de la idiosincrasia española que, según el autor, se caracteriza por la pereza y una profunda falta de motivación que impiden el progreso del país. El personaje principal, un extranjero llamado monsieur Sans-délai, tiene ciertos negocios pendientes en España—encontrar su ascendencia genealógica e invertir cierto dinero en varios proyectos—y piensa que los puede hacer con la rapidez que se harían en su propio país. La realidad es muy diferente.

Este artículo aparece durante el reinado de Isabel II, años de gran inestabilidad política en España. Quien en verdad gobernó fue la madre, María

5. El rey tenía todo el poder.

Cristina, pues Isabel era menor de edad. Durante esta época se redactó una nueva constitución y se llevó a cabo la desamortización eclesiástica: Las propiedades de la iglesia fueron declaradas bienes nacionales y se pusieron a la venta pública. Esta medida tenía como objeto disminuir el peso de la Iglesia en la economía del país y solucionar el problema de la falta de tierra para gran parte de la población campesina. El resultado de la desamortización, sin embargo, benefició ante todo a burgueses ricos. Los campesinos solamente cambiaron de dueño junto con las propiedades.

Durante el primer tercio del siglo XIX España sufrió las consecuencias de la inestabilidad política. La destrucción de las ciudades y vías de comunicación y otros daños causados por la guerra de la independencia arruinaron la agricultura y la ganadería. Por otro lado Fernando VII, al tratar de mantener las estructuras sociales y económicas del pasado, atrasó la industrialización del país, y España sufrió un fuerte retardo económico en comparación a otras naciones de Europa, que ya habían pasado por la primera revolución industrial.

Sin embargo, durante el reinado de Isabel II, se dio una lenta transformación de España y su adaptación a las corrientes económicas europeas. El crecimiento no fue regular y constante pues estuvo condicionado por continuas crisis políticas que repercutían en la economía desfavorablemente. Sólo a partir de 1854 se inició un periodo de estabilidad que proporcionó treinta años continuos de prosperidad. A pesar de este breve tiempo de desarrollo, a lo largo del siglo XIX España continuó siendo uno de los países más pobres de Europa: Una economía ante todo agraria sin incentivo para modernizarse, con un enorme proletariado rural que vivía en condiciones de pobreza.

Repasemos

1. Mencione algunos hechos históricos importantes durante la juventud de Larra.
2. ¿En que consistía la desamortización de bienes de la iglesia?
3. ¿Qué resultados negativos / positivos tuvo la desamortización de propiedades en España?
4. ¿Qué problemas le causó a España la inestabilidad política de la primera mitad del siglo XIX?
5. ¿Cuándo y en qué forma empezó España la recuperación económica?

6. Compare la situación de España en el siglo XIX con la de otros países europeos.

Vocabulario para antes de leer

Asunto: Negocio, quehacer.
Audiencia: Oportunidad de reclamar, solicitar o exponer algo ante las autoridades.
Caudal: Riqueza, capital.
Despacho: Oficina.
Escribiente: En una oficina, persona cuya función es copiar o escribir documentos que se dictan.
Expediente: Todos los papeles o documentos que corresponden a un negocio.
Memorial: Documento escrito en que se pide un favor especial.
Pereza: Negligencia o descuido de las obligaciones.
Reclamación: Petición contra el fallo o decisión de una corte.
Solventar: Pagar lo debido. Dar solución a un asunto difícil.

"Vuelva usted mañana" (fragmento)

Gran persona debió de ser el primero que llamó pecado mortal a la pereza. Nosotros, que ya en uno de nuestros artículos anteriores estuvimos más serios de lo que nunca nos habíamos propuesto, no entraremos ahora en largas y profundas investigaciones acerca de la historia de este pecado, por más que conozcamos que hay pecados que pican en historia,[6] y que la historia de los pecados sería un tanto cuanto divertida. Convengamos solamente en que esta institución[7] ha cerrado y cerrará las puertas del cielo a más de un cristiano. [. . .]

Un extranjero de éstos fue el que se presentó en mi casa, provisto de competentes cartas de recomendación para mi persona. Asuntos intrincados de familia, reclamaciones futuras, y aún proyectos vastos concebidos en París de invertir aquí sus cuantiosos caudales en tal cual especulación industrial o mercantil, eran los motivos que a nuestra patria le conducían.

Acostumbrado a la actividad en que viven nuestros vecinos,[8] me aseguró

6. *Por más* . . . Aunque sepamos que hay pecados muy antiguos.
7. La pereza se ha convertido en una institución dentro de la burocracia en España.
8. En este contexto, los franceses.

formalmente que pensaba permanecer aquí muy poco tiempo, sobre todo si no encontraba pronto objeto seguro en que invertir su capital. Parecióme el extranjero digno de alguna consideración, trabé presto amistad[9] con él, y lleno de lástima traté de persuadirle a que se volviese a su casa cuanto antes, siempre que seriamente trajese otro fin que no fuese el de pasearse.[10] Admiróle la proposición, y fue preciso explicarme más claro.[11]

—Mirad—le dije—, monsieur Sans-délai, que así se llamaba; vos venís decidido a pasar quince días, y a solventar en ellos vuestros asuntos.

—Ciertamente—me contestó—. Quince días, y es mucho. Mañana por la mañana buscamos un genealogista para mis asuntos de familia; por la tarde revuelve sus libros,[12] busca mis ascendientes, y por la noche ya sé quién soy. En cuanto a mis reclamaciones, pasado mañana las presento fundadas[13] en los datos que aquél me dé, legalizados en debida forma; y como será una cosa clara y de justicia innegable (pues sólo en este caso haré valer mis derechos), al tercer día se juzga el caso y soy dueño de lo mío. En cuanto a mis especulaciones, en que pienso invertir mis caudales, al cuarto día ya habré presentado mis proposiciones. Serán buenas o malas, y admitidas o desechadas en el acto,[14] y son cinco días; en el sexto, séptimo y octavo, veo lo que hay que ver en Madrid; descanso el noveno; el décimo tomo mi asiento en la diligencia,[15] si no me conviene estar más tiempo aquí, y me vuelvo a mi casa; aún me sobran de los quince, cinco días.[16] [. . .]

—Permitidme, monsieur Sans-délai—le dije entre socarrón[17] y formal —, permitidme que os convide a comer para el día en que llevéis quince meses de estancia en Madrid.

—¿Cómo?

—Dentro de quince meses estáis aquí todavía.

—¿Os burláis?

---

9. *Trabé* . . . Rápidamente me hice amigo de él.
10. Conocer la ciudad.
11. Se sorprendió . . . y tuve que ser más claro.
12. *Revuelve* . . . Busca en sus libros.
13. *Las presento* . . . Basadas.
14. *Admitidas* . . . Aceptadas o rechazadas inmediatamente.
15. Coche de caballos que se usaba para viajes largos.
16. *Me sobran* . . . Tengo cinco días más de lo que necesito.
17. Con tono de burla.

—No por cierto.

—¿No me podré marchar cuando quiera? ¡Cierto que la idea es graciosa![18]

—Sabed que no estáis en vuestro país activo y trabajador.

—¡Oh!, los españoles que han viajado por el extranjero han adquirido la costumbre de hablar mal de su país por hacerse superiores a sus compatriotas.

—Os aseguro que en los quince días con que contáis, no habréis podido hablar siquiera a una sola de las personas cuya cooperación necesitáis.

—¡Hipérboles[19]! Yo les comunicaré a todos mi actividad.

—Todos os comunicarán su inercia.

Conocí que no estaba el señor de Sans-délai muy dispuesto a dejarse convencer sino por la experiencia, y callé[20] por entonces, bien seguro de que no tardarían mucho los hechos en hablar por mí.

Amaneció el día siguiente, y salimos entrambos[21] a buscar un genealogista, lo cual sólo se pudo hacer preguntando de amigo en amigo y de conocido en conocido; encontrámosle por fin, y el buen señor, aturdido[22] de ver nuestra precipitación, declaró francamente que necesitaba tomarse algún tiempo; instósele,[23] y por mucho favor nos dijo definitivamente que nos diéramos una vuelta[24] por allí dentro de unos días. Sonreíme y marchámonos. Pasaron tres días: fuimos.

—Vuelva usted mañana—nos respondió la criada—, porque el señor no se ha levantado todavía.

—Vuelva usted mañana—nos dijo al siguiente día—, porque el amo[25] acaba de salir.

—Vuelva usted mañana—nos respondió al otro—, porque el amo está durmiendo la siesta.

---

18. Cómica.

19. Exageraciones

20. No dije nada.

21. Juntos.

22. Confundido.

23. Se le insistió en algo. Esta forma verbal, enclítica, consiste en agregar los pronombres de objeto directo e indirecto al final del verbo. Se usa bastante menos en la lengua de hoy en día.

24. *Nos dijo . . .* Que regresaramos después de algunos días.

25. El señor de la casa.

—Vuelva usted mañana—nos respondió el lunes siguiente—, porque hoy ha ido a los toros.

—¿Qué día, a qué hora se ve a un español? Vímosle por fin, y Vuelva usted mañana—nos dijo—, porque se me ha olvidado. Vuelva usted mañana, porque no está en limpio.

A los quince días ya estuvo; pero mi amigo le había pedido una noticia[26] del apellido Díez, y él había entendido Díaz y la noticia no servía. Esperando nuevas pruebas, nada dije a mi amigo, desesperado ya de dar jamás con sus abuelos.[27] Es claro que faltando este principio no tuvieron lugar las reclamaciones. Para las proposiciones que acerca de varios establecimientos y empresas utilísimas pensaba hacer, había sido preciso buscar un traductor; por los mismos pasos que el genealogista nos hizo pasar el traductor; de mañana en mañana nos llevó hasta el fin del mes.

Averiguamos que necesitaba dinero diariamente para comer, con la mayor urgencia; sin embargo, nunca encontraba momento oportuno para trabajar. El escribiente hizo después otro tanto con las copias, sobre[28] llenarlas de mentiras, porque un escribiente que sepa escribir no le hay en este país.

No paró aquí; un sastre tardó veinte días en hacerle un frac,[29] que le había mandado llevarle en veinticuatro horas; el zapatero le obligó con su tardanza a comprar botas hechas; la planchadora necesitó quince días para plancharle una camisola; y el sombrerero, a quien le había enviado su sombrero a variar el ala, le tuvo dos días con la cabeza al aire y sin salir de casa.

Sus conocidos y amigos no le asistían a una sola cita, ni avisaban cuando faltaban, ni respondían a sus esquelas.[30] ¡Qué formalidad y qué exactitud!

—¿Qué os parece de esta tierra, monsieur Sans-délai?—le dije al llegar a estas pruebas.[31]

—Me parece que son hombres singulares . . .

26. En este contexto, información.
27. *Dar* . . . No conocer su árbol genealógico o la historia de su familia, sus antepasados.
28. Además de.
29. Traje de hombre para ocasiones solemnes.
30. Cartas, mensajes.
31. En este contexto, problemas, barreras.

—Pues así son todos. No comerán por no llevar la comida a la boca.[32]

Presentóse con todo, yendo y viniendo días, una proposición de mejoras para un ramo[33] que no citaré, quedando recomendada eficacísimamente.

A los cuatro días volvimos a saber el éxito de nuestra pretensión.

—Vuelva usted mañana—nos dijo el portero—. El oficial de la mesa[34] no ha venido hoy.

—Grande causa le habrá detenido—dije yo entre mí. Fuímonos a dar un paseo, y nos encontramos, ¡qué casualidad! al oficial de la mesa en el Retiro,[35] ocupadísimo en dar una vuelta con su señora al hermoso sol de los inviernos claros de Madrid.

Martes era el día siguiente, y nos dijo el portero:

—Vuelva usted mañana, porque el señor oficial de la mesa no da audiencia hoy.

—Grandes negocios habrán cargado sobre él—, dije yo.[36] [. . .]

Dionos audiencia el miércoles inmediato, y, ¡qué fatalidad!, el expediente había pasado a informe,[37] por desgracia a la única persona enemiga indispensable de *monsieur* y de su plan porque era quien debía salir en él perjudicado. Vivió el expediente dos meses en informe y vino tan informado como era de esperar. Verdad es que nosotros no habíamos podido encontrar empeño para una persona muy amiga del informante. Esta persona tenía unos ojos muy hermosos, los cuales le hubieran convencido en sus ratos perdidos de la justicia de nuestra causa.

Vuelto de informe, se cayó en la cuenta en la sección de nuestra bendita oficina de que el tal expediente no correspondía a aquel ramo; era preciso rectificar este pequeño error; pasóse al ramo, establecimiento y mesa[38] correspondiente, y hétenos[39] caminando después de tres meses a la cola siempre de

---

32. *No comerán . . .* Son tan perezosos que no comen porque no quieren hacer el esfuerzo necesario. [Expresión popular.]
33. Subdivisión, parte o sección de una industria.
34. *El oficial . . .* Personal responsable de estos asuntos.
35. Parque de recreo en Madrid.
36. *Grandes . . .* Importantes negocios tendrá que atender.
37. En este contexto, un paso en el proceso jurídico.
38. Escritorio.
39. *Y hétenos . . .* Y aquí estábamos.

nuestro expediente, como hurón que busca el conejo,[40] y sin poderlo sacar muerto ni vivo de la huronera. Fue el caso al llegar aquí que el expediente salió del primer establecimiento y nunca llegó al otro.

—De aquí se remitió[41] con fecha de tantos—decían en uno.

—Aquí no ha llegado nada—decían en otro.

—¡Voto va![42]—dije yo a monsieur Sans-délai—¿sabéis que nuestro expediente se ha quedado en el aire como el alma de Garibay, y que debe de estar ahora posado como una paloma sobre algún tejado de esta activa población?

Hubo[43] que hacer otro. ¡Vuelta a los empeños! ¡Vuelta a la prisa! ¡Qué delirio!

—Es indispensable—dijo el oficial con voz campanuda—, que esas cosas vayan por sus trámites regulares. [. . .]

Por último, después de cerca de medio año de subir y bajar, y estar a la firma o al informe, o a la aprobación, o al despacho, o debajo de la mesa, y de volver siempre mañana, salió con una notita al margen que decía: "A pesar de la justicia y utilidad del plan del exponente, negado."

—¡Ah, ah, monsieur Sans-délai!—exclamé riéndome a carcajadas—; éste es nuestro negocio. [. . .]

—¿Para esto he echado yo viaje tan largo? ¿Después de seis meses no habré conseguido sino que me digan en todas partes diariamente: Vuelva usted mañana? ¿Y cuando este dichoso mañana llega, en fin, nos dicen redondamente que no? ¿Y vengo a darles dinero? ¿Y vengo a hacerles favor? Preciso es que la intriga más enredada se haya fraguado para oponerse a nuestras miras.[44]

—¿Intriga, monsieur Sans-délai? No hay hombre capaz de seguir dos horas una intriga. La pereza es la verdadera intriga; os juro que no hay otra; ésa es la gran causa oculta: es más fácil negar las cosas que enterarse[45] de ellas. [. . .]

—Me marcho, señor Fígaro—me dijo—. En este país no hay tiempo

40. *Como hurón* . . . Como un animal predador busca a su víctima.
41. De esta oficina salió.
42. Expresión familiar para indicar sorpresa, enfado, etc.
43. Pretérito del verbo *hacer*. Fue necesario.
44. *Fraguado* . . . Planeado para oponerse a nuestros deseos y negocios.
45. Informarse.

para hacer nada; sólo me limitaré a ver lo que haya en la capital de más notable.

—¡Ay! mi amigo—le dije—, idos[46] en paz, y no queráis acabar con vuestra poca paciencia; Mirad que la mayor parte de nuestras cosas no se ven.

—¿Es posible?

—¿Nunca me habéis de creer? Acordáos de los quince días . . .

Un gesto de monsieur Sans-délai me indicó que no le había gustado el recuerdo.

—Vuelva usted mañana—nos decían en todas partes—, porque hoy no se ve.

—Ponga usted un memorialito[47] para que le den a usted permiso especial.

Era cosa de ver la cara de mi amigo al oír lo del memorialito: representábasele en la imaginación el informe, y el empeño, y los seis meses, y . . . Contentóse con decir:—Soy extranjero—. ¡Buena recomendación entre los amables compatriotas míos! [. . .]

Y concluyo por hoy confesando[te] que ha más de tres meses que tengo, como la primera entre mis apuraciones, el título de este artículo, que llamé *Vuelva usted mañana;* que todas las noches y muchas tardes he querido durante ese tiempo escribir algo en él, y todas las noches apagaba mi luz diciéndome a mí mismo con la más pueril credulidad en mis propias resoluciones: ¡Eh, mañana le escribiré! Da gracias a que llegó por fin este mañana, que no es del todo malo; pero ¡ay de aquel mañana que no ha de llegar jamás.

Cuestionario

1. ¿Cuál es el propósito del viaje a España de monsieur San-délai?
2. ¿Cuánto tiempo cree monsieur Sans-délai que necesita para arreglar sus negocios?
3. ¿Cuál es el primer consejo que recibe de su amigo el español?
4. ¿Qué pasa los primeros días de su estancia en Madrid?
5. ¿Cuáles son algunos de los obstáculos a los que se enfrenta monsieur Sans-délai?
6. ¿Cuánto tiempo pasa monsieur Sans-délai en España? ¿Puede resolver sus asuntos?

46. Imperativo del verbo *irse.*
47. Diminutivo de memorial.

7. Según el artículo, ¿qué actitud predominaba en España hacia el trabajo?

8. ¿Qué efecto podría tener esta actitud en una empresa? ¿En una institución del estado?

9. ¿Qué efecto tiene en la inversión extranjera? Explique su respuesta con ejemplos del texto.

10. Explique el significado del título del artículo.

Temas de discusión

Desarrolle, en forma individual o en grupo, los siguientes temas y haga un resumen para compartir con la clase:

1. La ética protestante como factor en el desarrollo económico y la riqueza de un país.

2. La diferencia entre la burocracia en los EEUU y en países hispanos.

3. Formas de motivar a los empleados para evitar la indiferencia en el trabajo.

4. Cómo resolver o enfrentar los problemas burocráticos que encuentra la gente de negocios en los EEUU y los países hispanohablantes.

Ejercicios

Complete las siguientes oraciones con las palabras adecuadas:

1. Monsieur Sans-délai desea _____ en España sus _____ en alguna _____ mercantil o industrial.

2. El extranjero quería contratar un _____ para tener más información acerca de su familia.

3. El funcionario del estado no dio una _____ a monsieur Sans-délai para que éste presentara su caso.

4. El narrador considera que la _____ es tal vez la peor característica de los españoles de la época.

5. El _____ con todos los documentos de monsieur Sans-délai se perdió en las oficinas del estado.

El coronel no tiene quien le escriba de Gabriel García Márquez y su contexto[48]

Colombia entra al siglo XX en estado de guerra civil con la Guerra de los Mil Días (1899–1902), entre liberales y conservadores, los dos partidos políticos de mayor importancia en el país. El conflicto se basaba ante todo en la necesidad de controlar el presupuesto nacional: como en gran parte del continente americano, el partido de gobierno controlaba el presupuesto y por lo tanto— debido al peso del estado en la economía—la dirección económica del país. A causa del sistema de "clientelismo",[49] la burocracia estatal también quedaba en manos del partido vencedor en las elecciones. Gran parte de los puestos gubernamentales los ocupaban partidarios y miembros del partido ganador, hecho que servía para mantener y exacerbar las diferencias sectarias. El resultado fue un proceso electoral susceptible al fraude, a la corrupción política y a la violencia. Las luchas entre liberales y conservadores continuaron a lo largo de la primera mitad del siglo XX y llegaron a un punto decisivo con el asesinato del líder liberal Jorge Eliécer Gaitán en 1948. Como se ha visto en capítulos anteriores, con la muerte de Gaitán Colombia entró en una prolongada ola de violencia que causó enormes daños tanto en términos humanos como económicos y que todavía afectan la vida nacional.

A pesar de estar en París cuando escribió *El coronel no tiene quien le escriba* (publicado en 1961), García Márquez instala a sus personajes en un contexto claramente iberoamericano en el cual éstos representan toda una gama de emociones humanas: desde los que van perdiendo la esperanza a una vida mejor, hasta los que actúan de forma por demás cínica. El coronel, aparentemente veterano combatiente de la guerra de los Mil Días, es un hombre honesto y al mismo tiempo bastante idealista, a la merced[50] de fun-

---

48. Para información biográfica sobre García Márquez, véase el capítulo 4, p. 88.
49. Sistema de protección y favores a amigos y partidarios políticos.
50. *A la merced* . . . Que depende de alguien o algo.

cionarios del estado que no comprenden la penosa situación en la cual se encuentran él y su familia. Durante quince años espera ansiosamente la llegada del pago de su pensión que le debe enviar un gobierno que ya no existe. La burocracia, que ha alargado tanto la espera, es una muestra de lo que ésta realmente representa en cualquier país de Hispanoamérica: una capa social más interesada en mantener sus puestos de trabajo y sus privilegios que en ayudar al público contribuyente. Los cambios de gobierno y de gabinete son pretextos comunes que se usan para no satisfacer las necesidades de los ciudadanos, tal y como queda representado en este fragmento.

Repasemos

1. Describa, en sus propias palabras, la situación política de Colombia a principios del siglo XX.
2. En general, ¿qué privilegios tiene un partido político que está en el poder?
3. Explique cómo funciona el sistema de "clientelismo" y las consecuencias económicas y sociales que puede tener.
4. ¿Está Ud. de acuerdo con la caracterización que se da más arriba de la burocracia? Explique su respuesta.
5. Antes de leer el cuento de García Márquez, ¿podría Ud. anticipar la situación personal del coronel?

Vocabulario para antes de leer

Circunscripción: División administrativa, militar, electoral o eclesiástica de un territorio.

Despacho: Oficina.

Diligencia: Trámite, gestión de algún documento legal.

Escalafón: Lista de personas clasificadas de acuerdo a su categoría, antigüedad en el empleo, etc.

Hipoteca: Propiedad que se usa como garantía de pago de un préstamo.

Indemnización: Pago a una persona por daños recibidos.

Papel sellado: Papel con un sello oficial, usado en documentos legales.

Partida: Asiento en libros civiles, de parroquias, copias certificadas.

Pensión vitalicia: Pensión que una persona recibe por el resto de su vida.

Poder: Documento legal que permite a una persona representar o hacer algo por otra.

Promulgar: Publicar una ley, política o algo en forma solemne.
Replicar: Responder.

El coronel no tiene quien le escriba (fragmento)

—¿Cuál es el apuro[51] de salir a la calle?- preguntó.

—El correo.

"Se me había olvidado que hoy es viernes," comentó ella de regreso al cuarto. El coronel estaba vestido pero sin los pantalones. Ella observó sus zapatos.

—Ya esos zapatos están de botar[52] dijo—. Sigue poniéndote los botines de charol.[53]

El coronel se sintió desolado.

—Parecen zapatos de huérfano—protestó—. Cada que me los pongo me siento fugado de un asilo.

—Nosotros somos huérfanos de nuestro hijo—dijo la mujer.

También esta vez lo persuadió. El coronel se dirigió al puerto antes de que pitaran las lanchas.[54] Botines de charol, pantalón blanco sin correa y la camisa sin el cuello postizo, cerrada arriba con el botón de cobre. Observó la maniobra de las lanchas desde el almacén del sirio Moisés. Los viajeros descendieron estragados[55] después de ocho horas sin cambiar de posición. Los mismos de siempre: vendedores ambulantes y la gente del pueblo que había viajado la semana anterior y regresaba a la rutina.

La última fue la lancha del correo. El coronel la vio atracar[56] con una angustiosa desazón.[57] En el techo, amarrado a los tubos del vapor y protegido con tela encerada, descubrió el saco del correo. Quince años de espera habían agudizado su intuición. El gallo había agudizado[58] su ansiedad. Desde el instante en que el administrador de correos subió a la lancha, desató el saco y se lo echó a la espalda, el coronel lo tuvo a la vista.

51. ¿Cuál es la prisa?
52. *Están . . .* Para poner en la basura.
53. *Botines de charol . . .* Zapatos de un cuero muy brillante.
54. *Antes . . .* De que hiciera ruido anunciando la llegada del pequeño barco.
55. *Descendieron . . .* Cansados del viaje.
56. Llegar al pequeño puerto.
57. Inquietud, preocupación.
58. En este contexto, hecho más fuerte.

Lo persiguió por la calle paralela al puerto, un laberinto de almacenes y barracas con mercancías de colores en exhibición. Cada vez que lo hacía, el coronel experimentaba una ansiedad muy distinta pero tan apremiante como el terror. El médico esperaba los periódicos en la oficina de correos.

—Mi esposa le manda preguntar si en la casa le echaron agua caliente, doctor—le dijo el coronel.[59]

Era un médico joven con el cráneo cubierto de rizos charolados. Había algo increíble en la perfección de su sistema dental. Se interesó por la salud de la asmática.[60] El coronel suministró una información detallada sin descuidar[61] los movimientos del administrador que distribuía las cartas en las casillas[62] clasificadas. Su indolente manera de actuar exasperaba al coronel.

El médico recibió la correspondencia con el paquete de los periódicos. Puso a un lado los boletines de propaganda científica. Luego leyó superficialmente las cartas personales. Mientras tanto, el administrador distribuyó el correo entre los destinatarios presentes. El coronel observó la casilla que le correspondía en el alfabeto. Una carta aérea de bordes azules aumentó la tensión de sus nervios.

El médico rompió el sello de los periódicos. Se informó de las noticias destacadas mientras el coronel—fija la vista en su casilla—esperaba que el administrador se detuviera frente a ella. Pero no lo hizo. El médico interrumpió la lectura de los periódicos. Miró al coronel. Después miró al administrador sentado frente a los instrumentos del telégrafo y después otra vez al coronel.

—Nos vamos—dijo.

El administrador no levantó la cabeza.

—Nada para el coronel—dijo.

El coronel se sintió avergonzado.

—No esperaba nada—mintió. Volvió hacia el médico una mirada enteramente infantil—

Yo no tengo quien me escriba. [. . .]

Ya no quedaba en la casa nada que vender, salvo el reloj y el cuadro. El

59. Forma irónica de preguntarle a alguien por qué no ha visitado la casa.
60. Enferma de asma. En este caso, la esposa del coronel.
61. *Sin . . .* Perder de vista.
62. En la oficina de correos, el lugar donde se ponen las cartas para personas particulares.

jueves en la noche, en el último extremo de los recursos, la mujer manifestó su inquietud ante la situación.

—No te preocupes—la consoló el coronel—. Mañana viene el correo. [. . .]

—¿Nada para el coronel?

El coronel sintió el terror. El administrador se echó el saco al hombro, bajó el andén y respondió sin volver la cabeza:

—El coronel no tiene quien le escriba. [. . .]

La mujer lo esperaba.

—Nada—preguntó.

—Nada—respondió el coronel.

El viernes siguiente volvió a las lanchas. Y como todos los viernes regresó a su casa sin la carta esperada. "Ya hemos cumplido con esperar",[63] le dijo esa noche su mujer. "Se necesita tener esa paciencia de buey que tú tienes para esperar una carta durante quince años." El coronel se metió en la hamaca a leer los periódicos.

—Hay que esperar el turno[64] dijo—. Nuestro número es el mil ochocientos veintitrés.

—Desde que estamos esperando, ese número ha salido dos veces en la lotería[65]—replicó la mujer.

El coronel leyó, como siempre, desde la primera página hasta la última, incluso los avisos. Pero esta vez no se concentró. Durante la lectura pensó en su pensión de veterano. Diecinueve años antes, cuando el congreso promulgó la ley, se inició un proceso de justificación que duró ocho años. Luego necesitó seis años más para hacerse incluir en el escalafón. Esa fue la última carta que recibió el coronel. [. . .]

—Desde que estoy con el tema de que cambies de abogado ya hubiéramos tenido tiempo hasta de gastarnos la plata—dijo la mujer, entregando a su marido el recorte de periódico—. Nada sacamos con que nos la metan en el cajón como a los indios.[66]

63. Ya hemos esperado lo suficiente.
64. Hay que esperar a que seamos los siguientes.
65. *Desde que estamos esperando* . . . Ese número ha salido premiado dos veces en la lotería. Forma irónica de decirle al coronel que ya han esperado demasiado tiempo.
66. *Nada* . . . Cuando recibamos el dinero, ya estaremos muertos.

El coronel leyó el recorte fechado dos años antes. Lo guardó en el bolsillo de la camisa colgada detrás de la puerta.

—Lo malo es que para el cambio de abogado se necesitaría dinero.

—Nada de eso—decidió la mujer—. Se les escribe diciendo que descuenten lo que sea de la misma pensión cuando la cobren.[67] Es la única manera de que se interesen en el asunto.

Así que el sábado en la tarde el coronel fue a visitar a su abogado. Lo encontró tendido a la bartola en una hamaca. Era un negro monumental sin nada más que los dos colmillos en la mandíbula superior. Metió los pies en unas pantuflas con suelas de madera y abrió la ventana del despacho sobre una polvorienta pianola con papeles embutidos en los espacios de los rollos: recortes del "Diario Oficial" pegados con goma en viejos cuadernos de contabilidad y una colección salteada de los boletines de la contraloría.[68] La pianola sin teclas servía al mismo tiempo de escritorio. El abogado se sentó en una silla de resortes. El coronel expuso su inquietud antes de revelar el propósito de su visita.

"Yo le advertí que la cosa no era de un día para el otro," dijo el abogado en una pausa del coronel. Estaba aplastado[69] por el calor. Forzó hacia atrás los resortes de la silla y se abanicó con el cartón de propaganda.

—Mis agentes me escriben con frecuencia diciendo que no hay que desesperarse.

—Es lo mismo desde hace quince años—replicó el coronel—. Esto empieza a parecerse al cuento del gallo capón.[70]

El abogado hizo una descripción muy gráfica de los vericuetos[71] administrativos. La silla era demasiado estrecha para sus nalgas otoñales. "Hace quince años era más fácil," dijo. "Entonces existía la asociación municipal de veteranos compuesta por elementos de los dos partidos." Se llenó los pulmones de un aire abrasante y pronunció la sentencia[72] como si acabara de inventarla:

67. Les decimos a los abogados que cuando arreglen nuestro problema de la pensión, de ahí mismo les pagamos.
68. Oficina encargada de la contabilidad y gastos de una empresa o del gobierno.
69. Muy molesto, incómodo.
70. Dicho popular. Se refiere a una historia inverosímil, exagerada o que no acaba nunca.
71. Problemas, complicaciones, líos.
72. *Se llenó . . .* Respiró profundo y pronunció la frase.

—La unión hace la fuerza.

—En este caso no la hizo—dijo el coronel, por primera vez dándose cuenta de su soledad—. Todos mis compañeros se murieron esperando el correo.

El abogado no se alteró.

—La ley fue promulgada demasiado tarde—dijo—. No todos tuvieron la suerte de usted que fue coronel a los veinte años. Además, no se incluyó una partida especial, de manera que el gobierno ha tenido que hacer remiendos[73] en el presupuesto.

Siempre la misma historia. Cada vez que el coronel la escuchaba padecía un sordo resentimiento. "Esto no es una limosna,[74]" dijo. "No se trata de hacernos un favor. Nosotros nos rompimos el cuero para salvar la república."[75] El abogado se abrió de brazos.

—Así es, coronel—dijo—. La ingratitud humana no tiene límites.

También esa historia la conocía el coronel. Había empezado a escucharla al día siguiente del tratado de Neerlandia cuando el gobierno prometió auxilios de viaje e indemnizaciones a doscientos oficiales de la revolución. [. . .]

—Pues yo he decidido tomar una determinación.

El abogado quedó en suspenso.

—¿Es decir?

—Cambio de abogado.

Una pata seguida por varios patitos amarillos entró al despacho. El abogado se incorporó para hacerla salir. "Como usted diga, coronel," dijo, espantando los animales. "Será como usted diga. Si yo pudiera hacer milagros no estaría viviendo en este corral." Puso una verja[76] de madera en la puerta del patio y regresó a la silla.

—Mi hijo trabajó toda su vida—dijo el coronel—. Mi casa está hipotecada. La ley de jubilaciones[77] ha sido una pensión vitalicia para los abogados.

—Para mí no—protestó el abogado—. Hasta el último centavo se ha gastado en diligencias.

73. Cambios de última hora.
74. Dinero que se regala a los pobres.
75. No estoy pidiendo caridad. El coronel se enoja y aclara que está en su derecho de exigir su pensión.
76. Barrera que sirve para aislar o proteger un lugar.
77. La ley que autoriza y regula las pensiones de los empleados del estado.

El coronel sufrió con la idea de haber sido injusto.

—Eso es lo que quise decir—corrigió. Se secó la frente con la manga de la camisa—. Con este calor se oxidan las tuercas de la cabeza.[78]

Un momento después el abogado revolvió el despacho[79] en busca del poder. El sol avanzó hacia el centro de la escueta[80] habitación construida con tablas sin cepillar. Después de buscar inútilmente por todas partes, el abogado se puso a gatas, bufando, y cogió un rollo de papeles bajo la pianola.

—Aquí está.

Entregó al coronel una hoja del papel sellado. "Tengo que escribirles a mis agentes para que anulen las copias," concluyó. El coronel sacudió el polvo y se guardó la hoja en el bolsillo de la camisa.

—Rómpala usted mismo—dijo el abogado.

"No," respondió el coronel. "Son veinte años de recuerdos." Y esperó a que el abogado siguiera buscando. Pero no lo hizo. Fue hasta la hamaca a secarse el sudor. Desde allí miro al coronel a través de una atmósfera reverberante.

—También necesito los documentos -dijo el coronel

—Cuáles.

—La justificación.

El abogado se abrió de brazos.

—Eso sí que será imposible, coronel.

El coronel se alarmó. Como tesorero de la revolución en la circunscripción de Macondo había realizado un penoso viaje de seis días con los fondos de la guerra civil en dos baúles amarrados al lomo de una mula. Llegó al campamento de Neerlandia arrastrando la mula muerta de hambre media hora antes de que se firmara el tratado. El coronel Aureliano Buendía—intendente general[81] de las fuerzas revolucionarias en el litoral Atlántico—extendió el recibo de los fondos e incluyó los dos baúles en el inventario de la rendición.

—Son documentos de un valor incalculable—dijo el coronel—. Hay un recibo escrito de su puño y letra del coronel Aureliano Buendía.

78. Con este calor no sabe uno lo que dice. El coronel se disculpa por lo dicho anteriormente al abogado.
79. Buscó por todas partes en la oficina.
80. Sin adornos, sin lujos.
81. *Intendente . . .* Jefe, comandante.

—De acuerdo—dijo el abogado—. Pero esos documentos han pasado por miles y miles de manos en miles y miles de oficinas hasta llegar a quién sabe qué departamento del ministerio de guerra.

—Unos documentos de esa índole[82] no pueden pasar inadvertidos para ningún funcionario—dijo el coronel.

—Pero en los últimos quince años han cambiado muchas veces los funcionarios—precisó el abogado—. Piense usted que ha habido siete presidentes y que cada presidente cambió por lo menos diez veces su gabinete y que cada ministro cambió sus empleados por lo menos cien veces.

—Pero nadie pudo llevarse los documentos para su casa—dijo el coronel—. Cada nuevo funcionario debió encontrarlos en su sitio.

El abogado se desesperó.

—Además, si esos papeles salen ahora del ministerio tendrán que someterse a un nuevo turno para el escalafón.

—No importa—dijo el coronel.

—Será cuestión de siglos.

—No importa. El que espera lo mucho espera lo poco. [. . .]

—Estoy pensando en el empleado de quien depende la pensión—mintió el coronel—. Dentro de cincuenta años nosotros estaremos tranquilos bajo tierra mientras ese pobre hombre agonizará todos los viernes esperando su jubilación.

"Mal síntoma," dijo la mujer. "Eso quiere decir que ya empiezas a resignarte.[83]"

Cuestionario

1. Brevemente, haga un resumen del fragmento.
2. Describa la situación económica del coronel y su familia.
3. ¿Qué hacen para sobrevivir?
4. Explique la importancia del correo para el protagonista.
5. ¿Qué papel juega la burocracia estatal en la situación del coronel? Explique.
6. ¿Qué decide hacer para resolver el problema?
7. ¿Qué opina Ud. del abogado como profesional?

82. De tanta importancia.
83. Aceptar la situación.

8. ¿Qué tipo de explicaciones le da el abogado al coronel?

9. ¿Qué nos dice el fragmento de García Márquez sobre la burocracia estatal?

10. En EEUU ¿qué institución se encarga de los derechos de los veteranos de las fuerzas armadas? ¿Qué sabe Ud. de la eficiencia de esa institución?

Temas de discusión

Desarrolle, en forma individual o en grupo, los siguientes temas y haga un resumen para compartir con la clase:

1. La burocracia en Hispanoamérica y los EEUU en las oficinas públicas.

2. La indiferencia del funcionario público ante los problemas de los ciudadanos: causas y soluciones.

3. La burocracia en los EEUU y cómo eliminarla.

4. El comportamiento de los abogados en los EEUU ante este tipo de situación.

5. La reacción del público ante la burocracia en los EEUU e Hispanoamérica: semejanzas y diferencias.

Ejercicios

Complete las siguientes oraciones con las palabras adecuadas:

1. La _____ de algunas leyes provoca la _____ _____ de problemas burocráticos al tratar de llevar a cabo _____ en oficinas del gobierno.

2. Todas las acciones de tipo civil quedan asentadas en _____ _____ que se guardan en los libros de las oficinas gubernamentales las cuales se dividen en _____ territoriales.

3. Es común que en las empresas públicas se respeten los _____ _____ para determinar aumentos salariales y de puestos.

4. El coronel parece _____ ante los _____ _____ que ocasiona el recibir su pensión y tal vez decida no _____ _____ su objetivo.

5. La esposa del coronel es una enferma _____.

6. Según el coronel, la Ley de Jubilaciones se ha convertido en una ____ _____ para los abogados.

Emilio Carballido, su contexto y *El censo*

Emilio Carballido nació en Córdoba, estado de Veracruz, México, el 22 de mayo de 1925. Dramaturgo, narrador y crítico, obtuvo la maestría en Letras y Arte Dramático de la Universidad Nacional Autónoma de México (UNAM). Ha trabajado con la Escuela de Teatro y el Consejo Editorial de la Universidad Veracruzana, el Instituto Nacional de Bellas Artes y en varias universidades de Estados Unidos como profesor invitado. Ha colaborado con las revistas *América, México en el Arte, La Palabra y el Hombre, Tramoya,* y *El Nacional.* La obra de Carballido cubre todas las áreas de la literatura y ha sido reconocida en España, Alemania, Francia, Suiza, Bélgica, Israel, Colombia, Venezuela y Cuba, además de México. El trabajo literario de Carballido es vastísimo por lo que aquí ofrecemos solamente algunos títulos de su obra en los diferentes géneros. Antología: *Teatro joven de México* (1973), *9 obras jóvenes* (1984), *Jardín con animales* (1985); cuento: *La caja vacía* (1974), *El poeta que se volvió gusano y otros cuentos* (1978), *Un cuento de Navidad* y *El censo* (1980); cuento infantil: *El pizarrón encantado* (1984), *La historia de Sputnik y David* (1991); guión cinematográfico: *Macario* (1961); novela: *La veleta oxidada* (1956), *Las visitaciones del diablo* (1965), *El sol* (1970), *El tren que corría* (1984).

El censo, obra tradicional, es un retrato del México de la época que no ha perdido su sentido de crítica social. *El censo* muestra perfectamente el temor que la gente siente por la burocracia gubernamental, que históricamente nunca ha estado del lado de los pobres para ayudarlos a mejorar su situación económica. Por esta razón, las protagonistas de la obra actúan en la única forma en que han aprendido a hacerlo cuando se trata de un representante del gobierno: usando el soborno.

La obra tiene lugar en el año de 1945 en uno de los barrios más populares y pobres de México, D.F. Durante esta época México vivía un crecimiento económico hasta cierto punto único en Hispanoamérica pues, a diferencia de otras naciones, no apoyaba su economía en un sólo recurso natural como eran los casos de Venezuela con el petróleo, Chile con el cobre y Argentina con el trigo y la carne. Al mismo tiempo México—también caso único en América Latina—experimentaba un desarrollo tecnológico, desde inicios de la década de los años cuarenta, que le permitía tener una economía más diversificada. Sin embargo, como ya hemos visto en capítulos anteriores, la constante migración del campo a la ciudad provocaba que las condiciones sociales no fueran iguales para todos. La teoría de permitir la acumulación de riqueza con la esperanza de que la alta tasa de crecimiento económico del país ayudara a los pobres a superar su estado social, no funcionaba al momento de recibir los beneficios. Es decir, los ricos sí se hacían más ricos pero los pobres no dejaban de ser pobres. La población mexicana crecía a un ritmo del 3 por ciento anual mientras que el Producto Nacional Bruto crecía a un 4 por ciento. De ahí, la importancia económica de la micro-empresa—pequeñas empresas individuales como restaurantes, talleres de mecánica, de costura etc., negocios familiares como el que aparece en *El censo*.

Repasemos

1. ¿Por qué era diferente el crecimiento económico de México durante los años cuarenta al del resto de Hispanoamérica?
2. ¿Por qué tenía México una economía más diversificada?
3. ¿Qué capas sociales no llegaron a beneficiarse plenamente del desarrollo económico? Explique.
4. ¿Cuál es la razón por la que aparecen los pequeños talleres o negocios familiares?

Vocabulario para antes de leer

Acta de consignación: Documento extendido a quien rompe la ley para que responda ante las autoridades.

Boletas: Cédula donde quedan asentados datos para uso oficial.

Corte: Cantidad de tela necesaria para hacer una prenda de vestir.

Empadronar: Inscribir en un padrón (documento) el número de habitantes en una población. Censo poblacional.

Letrero: Escrito que sirve para indicar o anunciar una cosa, negocio, etc.

Multa: Suma de dinero que se paga por haber cometido una infracción contra la ley.

Soborno: Acción de corromper con dinero o regalos.

Taller de costura: Negocio pequeño donde se cose o se hace ropa.

Tela: Material que se utiliza para hacer ropa y otros productos.

El censo (fragmento)

Personajes: Remedios, Dora, Herlinda, Concha, El Empadronador, Paco.
Lugar: Una vivienda en el rumbo de La Lagunilla,[84] 1945.

    Dora es gorda y Herlinda flaca. Concha está rapada[85] y trae un pañuelo cubriéndole el cuero cabelludo. El Empadronador es flaco y usa lentes; tiene cara y maneras de estudiante genial.

    Habitación de una vivienda pobre, convertida en taller de costura. Es también recámara. Tiene una cama de latón[86] al fondo, muy dorada y muy desvencijada,[87] con colcha tejida y cojines bordados. Un altarcito sobre ella, con veladoras y Virgen de Guadalupe. Cuatro máquinas de coser. Ropero con lunas baratas,[88] que deforman al que mire en ellas. El reloj (grande, de doble alarma) está en el buró.

    Remedios está probándose un vestido. Es una señora generosamente desproporcionada por delante y por detrás. Dora la ayuda; Herlinda corta telas sobre la cama; Concha cose en una de las máquinas. La ropa anteriormente usada por doña Remedios cuelga de una silla.

REMEDIOS: Pues . . . Me veo un poco buchona,[89] ¿no?

DORA: (*Angustiada.*) No, doña Remedios. Le queda muy bien, muy elegante.

HERLINDA: Ese espejo deforma mucho. Tenemos que comprar otro.

REMEDIOS: ¿No se me respinga[90] de atrás?'

CONCHA: Sí.

84. Barrio pobre de la capital de México.
85. Sin pelo en la cabeza.
86. Metal; aleación de cobre y cinc.
87. En este contexto, en mal estado.
88. *Ropero* . . . Armario o cuarto para guardar ropa con espejos baratos.
89. Gorda.
90. *¿No* . . . Se levanta en la parte de atrás?

REMEDIOS: ¿Verdad?

HERLINDA: No se le respinga nada. Esta Concha no sabe de modas.

REMEDIOS: Pues yo me veo un respingo . . .

Herlinda va y da a la falda un feroz tirón hacia abajo.

HERLINDA: Ahora sí. Muy bonito. Realmente nos quedó muy bonito.

DORA: Es un modelo francés.

Tocan el timbre.[91] *Dora va a abrir.*

REMEDIOS: Pues creo que sí está bien. ¿Cuánto falta darles?

HERLINDA: Doce pesos.

REMEDIOS: Me lo voy a llevar puesto.

Vuelve Dora, aterrada.[92]

DORA: ¡Ahí está un hombre del gobierno![93]

HERLINDA: ¿Qué quiere?

DORA: No sé.

HERLINDA: Pues pregúntale.

DORA: ¿Le pregunto?

HERLINDA: Claro.

Sale Dora. [. . .]

Entra Dora, enloquecida.

DORA: ¡Que lo manda la Secretaría de Economía, y ya averiguó que cosemos![94] ¡Esconde esas telas!

HERLINDA: ¡Cómo!

DORA: Trae muchos papeles.[95]

REMEDIOS: ¡Papeles! Ay, Dios, lo que se les viene encima. ¿Ustedes no están registradas?[96]

DORA: ¿En dónde? Ah, no, doña Remedios, figúrese.

HERLINDA: (*Codazo.*)[97] Claro que sí, sólo que Dora no sabe nada, siempre está en la luna.

DORA: Ah, sí, sí estamos.

91. Alguien llama a la puerta.
92. Con mucho terror.
93. Un empleado del gobierno.
94. *Ya . . .* Ya sabe que hacemos ropa.
95. Muchos documentos legales.
96. *No están . . .* ¿No tienen documentos legales para operar el negocio?
97. Golpe con el codo.

REMEDIOS: Leí que ahora se han vuelto muy estrictos. Pobres de ustedes. Ya me voy, no me vayan a comprometer en algo. Adiós, ¿eh? ¡Qué multota se les espera! (*Sale. Se lleva su otro vestido al brazo.*)

HERLINDA: Qué tienes que informarle a esta mujer . . .

DORA: Virgen, ¿qué hacemos?

HERLINDA: ¿Lo dejaste allá afuera?

DORA: Sí pero le cerré la puerta.

HERLINDA: Tú eres nuestra sobrina, ¿lo oyes?

CONCHA: Yo no, qué.

HERLINDA: Las groserías para después. Tú eres nuestra sobrina, y aquí no hacemos más ropa que la nuestra . . .

DORA: ¿Y el letrero de la calle?

HERLINDA: Y la de nuestras amistades. Y ya.

DORA: Ay, yo no creo que . . .

HERLINDA: ¡Esconde ese vestido! (*El de la cama.*)

Toquidos[98] *en la puerta.*

EL EMPADRONADOR: (*Fuera.*) ¿Se puede?[99]

DORA: (*Grita casi.*) ¡Ya se metió! (*Y se deja caer en una silla.*)

Herlinda duda un instante. Abre.

HERLINDA: (*Enérgica.*) ¿Qué se le ofrece, señor?

EL EMPADRONADOR: (*Avanza un paso.*) Buenas tardes. Vengo de la . . .

HERLINDA: ¿Puede saberse quién lo invitó a pasar?

EL EMPADRONADOR: La señora que salía me dijo que . . .

HERLINDA: Porque esta es una casa privada y entrar así es un . . . ama—a llamamiento de morada.[100]

EL EMPADRONADOR: La señora que salía me dijo que pasara y . . .

HERLINDA: ¡Salga usted de aquí!

EL EMPADRONADOR: Oiga usted . . .

DORA: ¡Ay, Dios mío!

HERLINDA: (*Gran ademán.*) ¡Salga!

EL EMPADRONADOR: (*Cobra ánimos.*) Un momento, ¿echa usted de su casa a un empadronador de la Secretaría de Economía? ¿Y enfrente de testigos?

98. Golpes.

99. Manera formal de decir, ¿puedo pasar?

100. Herlinda no puede pronunciar *allanamiento*. Entrar a una casa sin permiso y por la fuerza.

HERLINDA: No, tanto como echarlo, no. Pero . . . ¡yo no lo autoricé a entrar!

EL EMPADRONADOR: Mire: estoy harto. El sastre[101] me amenazó con las tijeras, en la tortillería me insultaron. ¿Ve usted estas hojas? Son actas de consignación. Si usted se niega a recibirme, doy parte.[102]

HERLINDA: ¿Pero qué es lo que quiere?

EL EMPADRONADOR: Empadronarlas. ¿Qué horas son? (*Busca el reloj.*) ¡Es tardísimo! (*De memoria, muy aprisa.*) En estos momentos se está levantando en toda la República el censo industrial, comercial y de transportes. Yo soy uno de los encargados de empadronar esta zona. Aquí en la boleta dice (*se apodera de una mesa, saca sus papeles*) que todos los datos son confidenciales y no podrán usarse como prueba fiscal o . . .

HERLINDA: Entonces esto es del fisco.[103]

EL EMPADRONADOR: ¡No, señora! ¡Todo lo contrario! (*Aprisa.*) La Dirección General de Estadística y el Fisco no tienen nada que ver. Un censo sirve para hacer . . .

HERLINDA: Pero usted habló del Fisco.

EL EMPADRONADOR: Para explicarle que nada tienen que ver . . .

HERLINDA: (*Amable, femenina.*) Pues esto no es un taller, ni . . . Mire, la jovencita es mi sobrina . . . (*Por lo bajo, a Dora.*) Dame cinco pesos. (*Alto.*) Es mi sobrina, y la señora es mi cuñada, y yo . . .

DORA: ¿Que te dé qué?

HERLINDA: (*Con los dedos hace "cinco"*). Somos una familia, nada más. *Concha niega con la cabeza. EL Empadronador no la ve.*

EL EMPADRONADOR: (*Preparando papeles y pluma.*) Un tallercito familiar . . .

HERLINDA: (*Menos, por lo bajo.*) ¡Cinco pesos!

DORA: Ah. (*Va al ropero.*)

HERLINDA: No, taller no . . . ¡Dora! (*Se interpone[104] entre Dora y el ropero.*) Si ni vale la pena que pierda el tiempo . . .

DORA: (*Horrorizada de lo que iba a hacer.*) Ay, de veras. Pero . . . (*Azorada ve a todos.*)

101. Persona que diseña y cose vestidos para hombre.
102. *Doy* . . . Doy aviso a las autoridades.
103. El fisco es la forma popular de referirse a la Secretaría de Hacienda, responsable de recaudar los impuestos.
104. Se pone; se sitúa.

CONCHA, ¿no tienes . . . ? ¿Para qué quieres cinco pesos?

HERLINDA: (*Furiosa.*) ¡Para nada!

DORA: A ver si Paco . . . (*Sale.*)

HERLINDA: Es muy tonta, pobrecita. Perdóneme un instante. (*Sale tras la otra.*) [. . .]

Entra Herlinda.

HERLINDA: Bueno, joven (*le da la mano*), pues ya ve que ésta es una casa decente y que . . . (*Le sonríe como cómplice, le guiña un ojo.*) Que todo está bien.

EL EMPADRONADOR: ¿Y esto? (*Herlinda le puso en la mano un billete.*) ¿Diez pesos?

HERLINDA: Por la molestia. Adiós. Lo acompaño.

EL EMPADRONADOR: Oiga, señora . . .

HERLINDA: Señorita, aunque sea más largo.[105]

EL EMPADRONADOR: Señorita, esto se llama soborno. ¿Qué se ha creído? Tenga. Con esto bastaba para que levantara un acta[106] y la encerraran en la cárcel. Voy a hacer como que no pasó nada, pero usted me va a dar sus datos, ya. Y aprisa, por favor. (*Ve el reloj, se sienta, saca la pluma.*)

A Herlinda le tiemblan las piernas; se sienta en una silla. Ahora sí está aterrada.

EL EMPADRONADOR: ¿Razón social?[107]

HERLINDA: ¿Cómo?

EL EMPADRONADOR: ¿A nombre de quién está esto?

HERLINDA: No está a nombre de nadie.

EL EMPADRONADOR: ¿Quién es el dueño de todo esto?

HERLINDA: El jefe de la casa es Francisco Ríos.

EL EMPADRONADOR: (*Escribe.*) ¿Cuánta materia prima consumen al año?

HERLINDA: (*Horrorizada.*) ¡Materia prima!

EL EMPADRONADOR: Sí. Telas, hilos, botones.[108] Al año, ¿cuántos carretes de hilo usarán?

---

105. *Señorita* . . . Herlinda le dice al empadronador que es una mujer soltera, que no es una señora.

106. *Levantara* . . . Escribiera un informe sobre lo ocurrido para denunciarla a las autoridades por corrupción.

107. Nombre de un negocio.

108. Diferentes tipos de materiales usados en la confección de ropa.

HERLINDA: Dos, o tres.

EL EMPADRONADOR: ¡Cómo es posible!

Entra Dora, ve los diez pesos sobre la mesa. Desfallece.

DORA: ¡Jesús!

EL EMPADRONADOR: (*Mueve la cabeza.*) Habrá que calcular. ¿Hacen trabajos de maquila?

HERLINDA: No, señor. Cosemos.

EL EMPADRONADOR: Eso es. Pero ¿con telas ajenas? ¿O venden telas?

DORA: (*Ofendida, calumniada.*) Ay, no. ¿Cómo vamos a vender telas?

HERLINDA: No vendemos.

EL EMPADRONADOR: ¿Podría ver lo que hay en ese ropero?

HERLINDA: ¿Ahí?

EL EMPADRONADOR: (*Feroz.*) Sí, ahí.

HERLINDA: Nuestras cosas: ropa, vestidos

DORA: (*Pudorosa.*) Ropa interior.

HERLINDA: Comida.

EL EMPADRONADOR: ¿Comida?

HERLINDA: Cosas privadas.

EL EMPADRONADOR: Bueno, pues déjeme verlas. (*Truculento.*) Eso está lleno de telas, ¿verdad?

Dora grita. Pausa.

HERLINDA: (*Ve a Concha.*) ¡Judas!

Concha se sonríe, baja la vista.

Dora empieza a llorar en silencio. Herlinda se pasa la mano por la frente.

HERLINDA: Está bien. (*Va y abre.*) Aquí hay unas telas, pero son nuestras, de nuestro uso. Y no las vendemos. Son puros vestidos nuestros.

Concha hace señas de «mentiras».

EL EMPADRONADOR: ¿Cuántos cortes? (*Va y cuenta.*) ¿Treinta y siete vestidos van a hacerse?

HERLINDA: ¡Nos encanta la ropa!

Dora empieza a sollozar, cada vez más alto.

DORA: Ay, Herlinda, este señor parece un ser humano. ¡Dile, explícale! Señor, somos solas, mi marido está enfermo, no puede trabajar . . .

CONCHA: Se emborracha.

DORA: Mi cuñada y yo trabajamos. Empezamos cosiendo a mano, y ve usted que tenemos buen gusto, a las vecinas les parecieron bien nuestros trabajitos. Ay, señor, nos sangraban los dedos, ni dedal[109] teníamos. Mire estas máquinas, estas telas, así las ganamos, con sangre. ¿Cómo puede usted? (*Se arrodilla.*) Yo le suplico, por su madre, por lo que más quiera . . . (*Aúlla.*) ¡No nos hunda[110] usted! ¡No podemos pagar contribuciones![111] ¡Casi no ganamos nada! ¡No podemos! ¡Acepte los diez pesos!

HERLINDA: ¡Dora! ¡Cállate ya!

DORA: ¡Acéptelos! ¡No tenemos más! ¡Se los damos de buena voluntad! ¡Pero váyase, váyase! (*Va de rodillas a la cama y ahí sigue sollozando.*)

EL EMPADRONADOR: (*Gritando.*) ¡Pero señora, no entiende! Esto es para Estadística, de Economía. Los impuestos son de Hacienda. Esto es confidencial, es secreto. Nadie lo sabrá. ¿Qué horas son? ¿Dónde pusieron el reloj? ¡Van a dar las dos y no hemos hecho nada! ¡A ver! ¡Contésteme!

Más aullidos de Dora, Herlinda se seca dignamente dos lágrimas.

HERLINDA: Pregunte lo que quiera

EL EMPADRONADOR: Por favor, entienda. ¿Cómo cree que les iba a hacer un daño?[112] ¡Pero debo entregar veinte boletas cada día y llevo seis! ¡Seis boletas! ¡Y ayer entregué nada más quince! Yo estudio, necesito libros, necesito ropa. Mire mis pantalones. ¿Ve qué valencianas? Mire mi suéter, los codos. Y no quiero que me corran[113] antes de cobrar mi primera quincena.

CONCHA: (*Coqueta.*) ¿No tiene un cigarro?

EL EMPADRONADOR: ¡No tango nada!

Una pausa. Sollozos de Dora. El Empadronador saca un cigarro y lo enciende, inconscientemente.

EL EMPADRONADOR: El censo es . . . Ya le expliqué, es un . . . ¡No tiene nada que ver con los impuestos! ¡No les va a pasar nada!

Entra Paco, adormilado,[114] con leves huellas alcohólicas en su apariencia y voz.

PACO: ¿Qué sucede? ¿Por qué lloran?

109. Utensilio pequeño que los sastres y costureras usan para protegerse el dedo cuando cosen.
110. *No . . .* No nos destruya; no nos arruine.
111. *Contribuciones . . .* Impuestos que todos los negocios deben pagar al estado.
112. *Hacer . . .* En este contexto, crear problemas.
113. Del verbo *correr.* Se usa cuando se habla de despedir o ser despedido de un trabajo, de una casa, etc.
114. Casi dormido.

EL EMPADRONADOR: Señor. ¿Usted es el jefe de la casa?

PACO: (*Solemne.*) A sus órdenes.

EL EMPADRONADOR: Mire usted, sus esposas no han entendido.

HERLINDA: No es harén, señor. Yo soy su hermana.

EL EMPADRONADOR: Eso. Perdón. Mire . . . ¿Usted sabe lo que es un censo?

PACO: Claro, el periódico lo ha dicho. Un recuento de población. Todos los grandes países lo hacen.

EL EMPADRONADOR: (*Ve el cielo abierto.*) Eso es. Y un censo de industria, comercio y transporte, es un recuento de . . . Eso mismo.

PACO: Sí claro. Muy bien. ¿Y por eso lloran? No se fije. Son tontas. Concha, tráeme una cerveza.

CONCHA: No soy su gata.[115]

PACO: (*Ruge.*) ¡Cómo que no! (*La arrastra por el brazo.*) Toma, y no te tardes. (*Le aprieta una nalga. Intenso.*) Una Dos Equis, fría. (*De mala gana.*) Usted toma una, ¿verdad?

EL EMPADRONADOR: No puedo, trabajando . . . [116]

PACO: Me imaginé. (*Ruge.*) ¡Anda!

Concha sale, muerta de risa.

EL EMPADRONADOR: Los datos del censo son confidenciales. La Dirección General de Estadística es una tumba, y yo otra. Nadie sabrá lo que aquí se escriba.

PACO: ¿Y para qué lo escriben, entonces?

EL EMPADRONADOR: Quiero decir . . . Lo saben en Estadística.

PACO: Como pura información.

EL EMPADRONADOR: Sí.

PACO: Nada personal.

EL EMPADRONADOR: Nada. Todo se convierte en números.

PACO: Archivan los datos.

EL EMPADRONADOR: Sí.

PACO: Y se los mandan al fisco.

EL EMPADRONADOR: Sí. ¡No! Pero . . . usted entendía. (*Azota los papeles.*) Usted sabe lo que es un censo. Es . . . es ser patriota, engrandecer a México, es . . . ¿No lo leyó en el periódico?

115. Sirvienta. (Expresión vulgar.)

116. Estoy trabajando. Es práctica común el no usar el pronombre personal en ocasiones como ésta pues se entiende que el empadronador habla de sí mismo.

PACO: (*Malicioso, bien informado.*) Los periódicos dicen puras mentiras. Vamos a ver, si no es para ganar más con los impuestos, ¿para qué van a gastar en sueldo de usted, papel muy fino, imprenta . . . ?

EL EMPADRONADOR: (*Desesperado.*) Es como . . . Mire, la Nación se pregunta: ¿Cuáles son mis riquezas? Y hace la cuenta. Como usted, ¿no le importa saber cuánto dinero hay en su casa?

PACO: No.

EL EMPADRONADOR: Pero . . . tiene que contar cuánto gastan, cuánto ganan . . .

PACO: Nunca.

EL EMPADRONADOR: ¡Pero cómo no! Bueno, ustedes no, pero un país debe saber . . . cuánta riqueza tiene, debe publicarlo . . .

PACO: ¿Para que cuando lo sepan los demás países le caigan encima?[117] ¡Yo no voy a ayudar a la ruina de mi Patria!

EL EMPADRONADOR: Es que . . . ¡Es que ya son casi las dos! ¡A las dos y media debo entregar mi trabajo!

PACO: Ah, pues vaya usted. Ya no le quito el tiempo.

EL EMPADRONADOR: (*Grita.*) ¿Y qué voy a entregar? Nadie me da datos, todo el mundo llora. Me van a correr, hoy no llevo más que seis boletas. Usted, déme los datos. De lo contrario, es delito, ocultación de datos. Puedo levantar un acta y consignarla.

Nuevos aullidos de Dora.

HERLINDA: Consígneme. Se verá muy bien arrastrándome a la cárcel. Muy varonil.[118]

PACO: No se exalte, no se exalte. Nadie le oculta nada. ¿Pero usted cree que vale la pena hacer llorar a estas mujeres por esos datos?

EL EMPADRONADOR: ¡Pero si no les va a pasar nada!

PACO: Les pasa, mire. (*Patético.*) ¡Sufren! (*Tierno.*) Ya no llores, mujer, ya no llores, hermana. (*Las muestra.*) Aquí tiene. Siguen llorando.

EL EMPADRONADOR: (*A punto de llorar*) Tengo que llenar veinte boletas, y llevo seis.

PACO: Pues llene aprisa las que le faltan, yo le ayudo. ¿Qué hay que poner?

117. En este contexto, lo ataquen.
118. Digno de hombres.

EL EMPADRONADOR: (*Escandalizado.*) ¿Pero quiere que inventemos los datos?

PACO: Yo no. Usted. (*Le da un codazo.*) Ande. Primero es uno, después los papeles.

Entra Concha.

CONCHA: Tenga. (*Le da la cerveza.*)

PACO: ¿Una poca? ¿Un vasito? ¿O algo más fuerte? ¿Un tequilita?

EL EMPADRONADOR: ¿Qué horas son? (*Duda.*) ¿Usted me ayuda?

PACO: ¡Claro, hombre!

EL EMPADRONADOR: Pues aprisa. Despejen la mesa. Sólo así. Señora, señorita. . . Ya no voy a llenar la boleta de ustedes, pero . . . ¿Pueden ayudarme, con unos datos?

PACO: A ver, viejas, ayúdennos. Hay que ayudar a mi señor censor. ¿Un tequilita, mi censor?

EL EMPADRONADOR: Muy chico.

Las mujeres ven el cielo abierto, corren a servirlo.

PACO: Y una botanita. A ver. ¿Se puede con lápiz?

EL EMPADRONADOR: Con lápiz tinta, nada más.

DORA: (*Tímida.*) ¿Los ayudamos?

EL EMPADRONADOR: Pues . . . A ver si pueden. Si no, yo las corrijo.

HERLINDA: (*Cauta, sonríe.*) ¿Rompemos ésta?

EL EMPADRONADOR: ¿La de ustedes? Póngale una cruz grande y «Nulificada». Ahora imagínese que tiene un taller con . . . quince máquinas. Y vaya escribiendo cuántos vestidos haría al año, cuánto material gastaría. . . . Haga la cuenta por separado. Y usted . . . imagínese un taller más chico, con ocho máquinas. Las preguntas que no entiendan, sáltenlas.[119] Yo las lleno después.

Se sientan con él. Trabajan velozmente.

HERLINDA: Mi taller va a ser precioso. Se va a llamar: «Alta Costura», S. en C. de R.H.[120]

DORA: ¿Qué dirección le pongo a mi taller?

EL EMPADRONADOR: Cualquiera de esta manzana. Salud. (*Bebe.*)

DORA: (*Se ríe.*) Le voy a poner la dirección de doña Remedios.

---

119. *Las preguntas* . . . No las respondan.
120. Sociedad en Comandita de Responsabilidad Hipotecaria. El individuo no es responsable legal en caso de pérdidas o bancarrota.

PACO: Yo preferiría un taller mecánico. Eso voy a hacer. «La Autógena», S.A. (*Pellizca a Concha.*)

CONCHA: ¡Ay!

HERLINDA: Cállate, Judas.

EL EMPADRONADOR: Con esos diez pesos podrían mandar a Judas a comprar unas tortas[121] para todos, ¿no?

Cuestionario

1. Brevemente describa la trama de la obra.
2. ¿Qué tipo de negocio es y cuál es el nivel social de la gente que trabaja allí?
3. ¿Por qué le tienen tanto miedo al empadronador las dos mujeres?
4. ¿Cuál es el verdadero objetivo del empadronador?
5. ¿Por qué este tipo de información y datos es importante para un país?
6. ¿Cuál es la actitud de los empleados del taller hacia el gobierno y sus instituciones?
7. ¿Qué consecuencias económicas para un país tiene la evasión de impuestos?
8. ¿Para qué es el dinero que le ofrecen al empadronador?
9. ¿Es esta acción legal? ¿Qué consecuencias sociales tiene?
10. ¿Conoce Ud. casos de soborno a funcionarios del gobierno o a figuras políticas en América Latina? ¿En EEUU?

Temas de discusión

Desarrolle, en forma individual o en grupo, los siguientes temas y haga un resumen para compartir con la clase:

1. Las diferencias en actitud de la gente mexicana y la norteamericana hacia el gobierno.
2. El humor que se encuentra en la comedia y cómo representa un comentario cultural.
3. El soborno en el mundo de los negocios: ¿Crimen o simplemente un gasto extra?

121. *Tortas* . . . Comida mexicana: Se abre un pan blanco por la mitad para ponerle cualquier tipo de guiso y comerlo.

4. Las condiciones laborales y los derechos del trabajador en micro-empresas.

5. Importancia de las estadísticas en una economía moderna.

Ejercicios

Complete las siguientes oraciones con las palabras adecuadas:

1. Se extiende un _____ a quien no cumpla con la ley y además se debe pagar una _____ en caso de tratar de _____ con dinero a un funcionario público.

2. Todo negocio debe tener una _____ que identifique a la empresa. También, es necesario que los comercios tengan un _____ a la vista del público para que se identifique el tipo de negocio que es.

3. Un _____ debe levantar un censo llenando una _____ por cada familia, en un área determinada de algunas _____ que comprenden varias calles diferentes.

4. La cama de las mujeres en el drama teatral está muy _____ _____.

5. Las costureras de la historia usan muchos _____ de _____ para confeccionar vestidos. Además, necesitan muchos _____ de hilo, botones, etc.

6. El Empadronador tiene hambre, por esa razón quiere comer una _____.

7. Las costureras tienen miedo porque piensan que el Empadronador es un empleado de la Secretaría de _____ que quiere que paguen _____ al _____.

Mario Benedetti, su contexto y "El presupuesto"

Mario Benedetti nació en 1920 en Paso de los Toros, Departamento de Tacuarembó en Uruguay. A los cuatro años se mudó con su familia a Montevideo debido a la bancarrota económica de su padre, quien era dueño de una farmacia. Entre los trabajos que ha ejercido están los de taquígrafo, vendedor de partes automotrices, cajero, contable, funcionario público y periodista. En 1971 Benedetti fue designado director del Departamento de Literatura Hispanoamericana en la Facultad de Humanidades y Ciencias de la Universidad de Montevideo. Dos años más tarde, en 1973, debido a un golpe militar y por razones políticas, renuncia a su cargo como director y comienza un prolongado periodo en el exilio, que lo habría de llevar a Buenos Aires, Cuba y España. Finalmente en 1985, tras la restauración de la democracia en Uruguay, regresa al país, donde vivirá una parte del año y la otra en España.

La producción literaria de Mario Benedetti es muy prolífica pues abarca todos los géneros literarios: ensayo, poesía, teatro, cuento, novela. Los siguientes son solamente algunos títulos de sus obras: *Quien de nosotros* (1953), *Poemas de la oficina* (1956), *La tregua* (1960), *Inventario* (1963), *El escritor latinoamericano y la revolución posible* (1974), *Pedro y el capitán* (1979), *Primavera con una esquina rota* (1982), *Las soledades de babel* (1991).

"El presupuesto" se publicó inicialmente en la colección de cuentos *Esta mañana* en 1949 y se incluyó en la segunda edición de *Montevideanos* en 1962. A través de este cuento Benedetti pone en evidencia hechos aparentemente superficiales en la vida de los uruguayos. Es claramente visible que la vida burocrática de la oficina pública está llena de apatía y que la gente carece de una razón o de un impulso que la haga reaccionar y superar la mediocridad.

En 1966, cuatro años después de la segunda publicación de este cuento, Uruguay pasaba por serias dificultades económicas, sociales y políticas que hicieron necesarios cambios en la constitución. Para 1967 se adoptó una nueva, pero en 1973, debido a la continuidad de los problemas mencionados, el ejército tomó el poder, cerrando el Congreso y estableciendo un régimen civil y militar. Esta época se caracteriza también por la aparición de la guerrilla urbana—en particular los Tupamaros, un grupo subversivo integrado ante todo por estudiantes universitarios—que trató de presentar oposición armada a los objetivos políticos de la dictadura. El poder militar redactó una nueva constitución que fue rechazada por los ciudadanos en un plebiscito en 1980, e inmediatamente los militares anunciaron el retorno a un gobierno civil. En 1984 el partido Colorado ganó las elecciones, y Julio María Sanguinetti fue elegido presidente en 1985. Sanguinetti implementó reformas económicas que ayudaron a la democratización después del régimen militar y a atraer la inversión extranjera, hecho que ayudó a estabilizar la economía y el país. Uruguay pasó a formar parte del MERCOSUR en 1991 y desde entonces un factor importante en su plan de desarrollo ha sido la industria de transporte, en particular sus puertos marítimos, que ofrecen acceso rápido y a bajo costo a los países miembros de MERCOSUR. Además, ha incrementado el turismo internacional gracias al desarrollo de playas como Punta del Este.

Repasemos

1. Compare las condiciones políticas y económicas de Uruguay en los años sesenta con las de otros países en Latinoamérica.
2. ¿Por qué salió exiliado el autor de Uruguay?
3. ¿Qué tipo de problemas existía en Uruguay en los años sesenta?
4. ¿Cómo se solucionaron los problemas económicos, sociales y políticos de Uruguay?
5. ¿Cuál es la situación social y económica de Uruguay en el presente?

Vocabulario para antes de leer

Audiencia: Cita o entrevista con un funcionario público.
Aumento: Alza o subida en algo como precios o salarios.
Contaduría: Oficina donde se maneja la contabilidad general de una empresa pública o privada.

Comprar al contado: Pagar inmediatamente en dinero efectivo el precio de un artículo.

Dactilógrafo: Persona que escribe a máquina, mecanógrafo.

Demora: Tardanza, retraso.

Expediente: Documentos relacionados con algún asunto.

Interpelar: Solicitar algo a alguien o exigir una explicación sobre un hecho.

Presupuesto: Cantidad de dinero disponible para los gastos de un individuo o una institución.

Reclamo: Derecho a pedir o exigir algo.

Vacante: Plaza, puesto, empleo sin ocupar.

"El presupuesto" (fragmento)

En nuestra oficina regía el mismo presupuesto desde el año mil novecientos veintitantos, o sea desde una época en que la mayoría de nosotros estábamos luchando con la geografía y con los quebrados. Sin embargo, el Jefe se acordaba del acontecimiento y a veces, cuando el trabajo disminuía, se sentaba familiarmente sobre uno de nuestros escritorios, y así, con las piernas colgantes que mostraban después del pantalón unos inmaculados calcetines blancos, nos relataba con su vieja emoción y las quinientas noventa y ocho palabras de costumbre, el lejano y magnífico día en que su Jefe—él era entonces Oficial Primero—le había palmeado el hombro y le había dicho: «Muchacho, tenemos presupuesto nuevo», con la sonrisa amplia y satisfecha del que ya ha calculado cuántas camisas podrá comprar con el aumento. [. . .]

Jugábamos de cinco a seis, cuando ya era imposible que llegaran nuevos expedientes, ya que el letrero de la ventanilla advertía que después de las cinco no recibían "asuntos." Tantas veces lo habíamos leído que al final no sabíamos quién lo había inventado, ni siquiera qué concepto respondía exactamente a la palabra "asunto." A veces alguien venía y preguntaba el número de su "asunto." Nosotros le dábamos el del expediente y el hombre se iba satisfecho. De modo que "asunto" podría ser, por ejemplo, un expediente.

En realidad, la vida que pasábamos allí no era mala. De vez en cuando el Jefe se creía en la obligación de mostrarnos las ventajas de la administración pública sobre el comercio, y algunos de nosotros pensábamos que ya era un poco tarde para que opinara diferente.

Uno de sus argumentos era la Seguridad. La seguridad de que no nos dejarían cesantes.[122] Para que ello pudiera acontecer, era preciso que se reuniesen los senadores, y nosotros sabíamos que los senadores apenas si se reunían cuando tenían que interpelar a un Ministro. De modo que por ese lado el Jefe tenía razón. La Seguridad existía. Claro que también existía la otra seguridad, la de que nunca tendríamos un aumento que nos permitiera comprar un sobretodo[123] al contado. Pero el Jefe, que tampoco podía comprarlo, consideraba que no era ése el momento de ponerse a criticar su empleo ni tampoco el nuestro. Y—como siempre—tenía razón.

Esa paz ya resuelta y casi definitiva que pesaba en nuestra Oficina, dejándonos conformes con nuestro pequeño destino y un poco torpes[124] debido a nuestra falta de insomnios, se vio un día alterada por la noticia que trajo el Oficial Segundo. Era sobrino de un Oficial Primero del Ministerio y resulta que ese tío—dicho sea[125] sin desprecio y con propiedad—había sabido que allí se hablaba de un presupuesto nuevo para nuestra Oficina. Como en el primer momento no supimos quién o quiénes eran los que hablaban de nuestro presupuesto, sonreíamos con la ironía de lujo que reservábamos para algunas ocasiones, como si el Oficial Segundo estuviera un poco loco o como si nosotros pensáramos que él nos tomaba[126] por un poco tontos. Pero cuando nos agregó que, según el tío, el que había hablado de ello había sido el mismo secretario, o sea el alma parens del Ministerio, sentimos de pronto que en nuestras vidas de setenta pesos[127] algo estaba cambiando, como si una mano invisible hubiera apretado al fin aquella de nuestras tuercas que se hallaba floja, como si nos hubiesen sacudido a bofetadas[128] toda la conformidad y toda la resignación. [. . .]

El Oficial Segundo había traído más noticias. Primeramente, que el presupuesto estaba a informe de la Secretaría del Ministerio. Después que no. No era en Secretaría. Era en Contaduría. Pero el Jefe de Contaduría estaba enfermo y era preciso conocer su opinión. Todos nos preocupábamos por la

122. Sin trabajo.
123. Abrigo.
124. En este contexto, confundidos.
125. *Dicho* . . . Es necesario decir . . .
126. Consideraba.
127. *Nuestras* . . . Vidas sin importancia, miserables.
128. Golpes con la mano en la cara.

salud de ese Jefe del que sólo sabíamos que se llamaba Eugenio y que tenía a
estudio nuestro presupuesto. Hubiéramos querido obtener hasta un boletín
diario de su salud. Pero sólo teníamos derecho a las noticias desalentadoras[129]
del tío de nuestro Oficial Segundo. El Jefe de Contaduría seguía peor. Vivimos
una tristeza tan larga por la enfermedad de ese funcionario, que el día de su
muerte sentimos, como los deudos[130] de un asmático[131] grave, una especie de
alivio al no tener que preocuparnos más de él. En realidad, nos pusimos egoís-
tamente alegres, porque esto significaba la posibilidad de que llenaran la vacante y nombraran otro jefe que estudiara al fin nuestro presupuesto.

A los cuatro meses de la muerte de don Eugenio nombraron otro jefe de
Contaduría. Esa tarde suspendimos la partida de ajedrez, el mate y el trámite
administrativo. El Jefe se puso a tararear un aria de «Aída» y nosotros nos
quedamos—por esto y por todo—tan nerviosos, que tuvimos que salir un
rato a mirar las vidrieras.[132] A la vuelta nos esperaba una emoción. El tío
había informado que nuestro presupuesto no había estado nunca a estudio de
la Contaduría. Había sido un error. En realidad, no había salido de la Secretaría. Esto significaba un considerable oscurecimiento de nuestro panorama.
Si el presupuesto a estudio hubiera estado en Contaduría, no nos habríamos
alarmado. Después de todo, nosotros sabíamos que hasta el momento no se
había estudiado debido a la enfermedad del Jefe. Pero si había estado realmente en Secretaría, en la que el Secretario—su jefe supremo—gozaba de
perfecta salud, la demora no se debía a nada y podía convertirse en demora
sin fin. [. . .]

Una vez supimos que el Ministro había preguntado por el presupuesto. A
la semana, informó Secretaría. Nosotros queríamos saber qué decía el informe, pero el tío no pudo averiguarlo porque era «estrictamente confidencial». Pensamos que eso era sencillamente una estupidez, porque nosotros, a
todos aquellos expedientes que traían una tarjeta en el ángulo superior con
leyendas tales como «muy urgente», «trámite preferencial» o «estrictamente
reservado», los tratábamos en igualdad de condiciones que a los otros. Pero
por lo visto en el Ministerio no eran del mismo parecer.[133]

129. Negativas, que eliminan la esperanza.
130. Parientes, familiares cercanos.
131. Persona que sufre de asma.
132. Las vitrinas o ventanas donde las tiendas muestran su mercancía.
133. Forma de pensar.

Otra vez supimos que el Ministro había hablado del presupuesto con el Secretario. Como a las conversaciones no se les ponía ninguna tarjeta especial, el tío pudo enterarse[134] y enterarnos de que el Ministro estaba de acuerdo. ¿Con qué y con quién estaba de acuerdo? Cuando el tío quiso averiguar esto último, el Ministro ya no estaba de acuerdo. Entonces, sin otra explicación comprendimos que antes había estado de acuerdo con nosotros.

Otra vez supimos que el presupuesto había sido reformado. Lo iban a tratar[135] en la sesión del próximo viernes, pero a los catorce viernes que siguieron a ese próximo, el presupuesto no había sido tratado. Entonces empezamos a vigilar las fechas de las próximas sesiones y cada sábado nos decíamos: «Bueno, ahora será hasta el viernes. Veremos qué pasa entonces.» Llegaba el viernes y no pasaba nada. Y el sábado nos decíamos: «Bueno, será hasta el viernes. Veremos qué pasa entonces.» Y no pasaba nada. Y no pasaba nunca nada de nada. [...]

Durante varias tardes estuvimos ensayando la entrevista. El Oficial Primero hacía de Ministro, y el Jefe, que había sido designado por aclamación para hablar en nombre de todos, le presentaba nuestro reclamo. Cuando estuvimos conformes con el ensayo, pedimos audiencia en el Ministerio y nos la concedieron para el jueves. El jueves dejamos, pues, en la Oficina a una de las dactilógrafas y al portero, y los demás nos fuimos a conversar con el Ministro. Conversar con el Ministro no es lo mismo que conversar con otra persona. Para conversar con el Ministro hay que esperar dos horas y media y a veces ocurre, como nos pasó precisamente a nosotros, que ni al cabo de esas dos horas y media se puede conversar con el Ministro. Sólo llegamos a presencia del Secretario, quien tomó nota de las palabras del Jefe—muy inferiores al peor de los ensayos, en los que nadie tartamudeaba[136]—y volvió con la respuesta del Ministro de que se trataría nuestro presupuesto en la sesión del día siguiente.

Cuando—relativamente satisfechos—salíamos del Ministerio, vimos que un auto se detenía en la puerta y que de él bajaba el Ministro.

Nos pareció un poco extraño que el Secretario nos hubiera traído la respuesta personal del Ministro sin que éste estuviese presente. Pero en realidad

134. Informarse.
135. Discutir.
136. Hablaba con dificultad, repitiendo las sílabas.

nos convenía más confiar[137] un poco y todos asentimos[138] con satisfacción y desahogo[139] cuando el jefe opinó que el Secretario seguramente había consultado al Ministro por teléfono.

Al otro día, a las cinco de la tarde estábamos bastante nerviosos. Las cinco de la tarde era la hora que nos habían dado para preguntar. Habíamos trabajado muy poco; estábamos demasiado inquietos como para que las cosas nos salieran bien. Nadie decía nada. El Jefe ni siquiera tarareaba su aria. Dejamos pasar seis minutos de estricta prudencia. Luego el Jefe discó el número que todos sabíamos de memoria, y pidió con el Secretario. La conversación duró muy poco. Entre los varios «Sí»,—«Ah, sí», «Ah, bueno» del Jefe, se escuchaba el ronquido[140] indistinto del otro. Cuando el Jefe colgó el tubo, todos sabíamos la respuesta. Sólo para confirmarla pusimos atención: «Parece que hoy no tuvieron tiempo. Pero dice el Ministro que el presupuesto será tratado sin falta en la sesión del próximo viernes.»

Cuestionario

1. ¿Dónde tiene lugar la historia?
2. ¿A qué clase social pertenecen los empleados?
3. Describa el ambiente de trabajo de la oficina.
4. ¿Cuál es la actitud de los empleados hacia los "clientes"?
5. ¿En qué forma se vio alterada la tranquilidad de la oficina?
6. Describa el proceso necesario para poder cambiar el presupuesto.
7. ¿Quién está a cargo de aprobar el nuevo presupuesto?
8. ¿Qué frase se pronuncia constantemente y qué significa?
9. Describa las ventajas y desventajas de trabajar en el sector público.
10. ¿Qué paralelos ve Ud. entre lo que sucede en este cuento y en "Vuelva Ud. mañana," de Larra?

Temas de discusión

Desarrolle, en forma individual o en grupo, los siguientes temas y haga un resumen para compartir con la clase:

137. Tener fé o creer en algo o alguien.
138. Admitimos.
139. Alivio o tranquilidad.
140. En este contexto, ruido.

1. La ineficiencia del sector público: Causas y soluciones.
2. Los salarios del sector público comparados con los del sector privado.
3. La burocracia estatal en EEUU y en Latinoamérica: Diferencias y semejanzas.
4. Importancia del sector público en la economía.
5. Los empleados del sector y los derechos laborales (representación sindical; huelga; aumento de salarios).

Ejercicios

Complete las siguientes oraciones con las palabras adecuadas:

1. El presupuesto no había estado en la _____ sino en la _____ donde el _____ tenía que aprobarlo.
2. Dentro de una oficina de gobierno todos los _____ tienen la misma importancia.
3. La _____ y el _____ eran dos de los empleados de la oficina que no fueron a hablar con el Ministro.
4. Los empleados no tenían temor de ser _____ pero tampoco estaban seguros de recibir un _____.
5. Cuando el jefe de Contaduría murió los empleados estaban tan tristes como los _____ del jefe. Sin embargo, la _____ _____ había sido muy larga y querían que la _____ _____ se ocupara pronto.

8

Actitud ante la presencia económica extranjera

En América Latina la presencia de intereses extranjeros ha sido un hecho constante a lo largo de la historia. El periodo colonial en sí fue de más de trescientos años durante los cuales los intereses de los países americanos se vieron subordinados a las exigencias económicas y políticas de la corona española. Hasta cierto punto, los efectos nocivos de aquel periodo siguen vigentes en el atraso material e industrial que caracteriza a los países iberoamericanos, y en la marginación económica, social y cultural de gran parte de la población.

La penetración de capital extranjero no acabó después de la independencia de España. A finales del siglo XIX, la industrialización de ciertos países europeos y de los Estados Unidos creó una elevada demanda de materias primas que no se encontraban en los centros de producción. Los recursos naturales del continente americano sirvieron para suplir las necesidades de los países avanzados, y con ayuda de fondos y personal técnico extranjero aumentó la explotación petrolera y minera y comenzaron otras industrias extractivas.

Después de la Segunda Guerra Mundial, América Latina pasó a convertirse en esfera de influencia y abastecimiento del coloso norteamericano, el gran vencedor del conflicto. Son los años de la United Fuit Company y del predominio absoluto de las compañías multinacionales, de las huelgas de

trabajadores para obtener mejores condiciones y salarios, y de las dictaduras—prácticamente de Guatemala a Argentina, con pocas excepciones—para proteger la propiedad e inversiones norteamericanas.

En el ámbito oficial, los gobiernos hispanoamericanos se encontraban en
una situación bastante difícil. El capital extranjero se necesitaba para llevar
a cabo los proyectos de desarrollo nacional, pero, por otro lado, el orgullo
nacionalista resultó en que industrias como el petróleo y la electricidad
fueran administradas exclusivamente por el estado. En este caso, México
representa el modelo de un gobierno ansioso de proteger sus recursos
económicos. Con la nacionalización del petróleo, llevada a cabo en 1939,
el gobierno de Lázaro Cárdenas selló la exclusión de intereses extranjeros
en esta importante industria. Como parte de su programa nacionalista, el
PRI, para garantizar que el control quedara en manos nacionales, limitó la
participación de capital extranjero en empresas mexicanas a menos de 50
por ciento.

En el ámbito popular, las inversiones extranjeras, en particular las norteamericanas, siempre se consideraron como una invasión comercial, como
fuente de explotación y opresión del trabajador nacional, y también como
una excusa de los Estados Unidos para intervenir en los asuntos internos
del país y de tal manera eliminar cualquier posibilidad de independencia
económica y desarrollo político y social. La campaña contra el gobierno
populista de Juan Jacobo Arbenz en Guatemala, por ejemplo, se consideró
como una de las muchas intervenciones de los Estados Unidos para proteger los intereses de la United Fruit y otras compañías norteamericanas en la
región.

Hoy en día, en un mundo interconectado por la globalización, se ha llegado a comprender que el libre mercado de capitales es indispensable para
el desarrollo. El capital nacional generado por economías pequeñas, y mal
administradas, es insuficiente para crear las condiciones que permitan
mejorar el nivel de vida de la mayor parte de la población, que hasta ahora

se ha visto marginada y no ha devengado[1] los beneficios del progreso. De México a Argentina, las naciones hispanas han procurado atraer inversiones extranjeras, garantizando libertad total en cuanto a movimiento de capital y repatriación de ganancias, y tasas impositivas bastante favorables. Hasta Cuba, uno de los últimos bastiones del socialismo, se ha visto obligada a incluir capital extranjero en sus programas de desarrollo. Todos estos cambios son un paso importante para la integración de los países de habla hispana a la economía mundial.

Repasemos

1. ¿Cuándo y cómo comenzó la presencia de intereses extranjeros en territorio americano?
2. Explique el concepto de nacionalismo económico. ¿Qué ventajas y desventajas presenta?
3. ¿Qué actitud existía en América Latina y en varias partes del mundo hacia las inversiones procedentes de otros países? En su opinión, ¿se justifica o no esta actitud?
4. ¿Cómo explica Ud. el hecho de que hoy en día los países hispanos estén interesados en abrir su economía a compañías extranjeras? ¿Piensa Ud. que sea un paso necesario? Explique.
5. ¿En qué situación contradictoria se encontraban los gobiernos latinoamericanos con respecto a las inversiones extranjeras?
6. Basándose en otras lecturas y en conocimiento personal, explique qué tipo de compañías están invirtiendo hoy en día en América Latina y de qué países son.

Temas de discusión

Desarrolle, en forma individual o en grupo, los siguientes temas y haga un resumen para compartir con la clase:

1. En este contexto, recibido.

1. Consecuencias económicas de campañas publicitarias como "Buy American."
2. Inversión extranjera contra soberanía nacional: Límites a la penetración de compañías de otros países.
3. Los beneficios de la apertura económica: ¿Quién los devenga?
4. Diferencias en la política exterior de EEUU: Inversiones en China y el embargo económico a Cuba.
5. Inversión extranjera directa en América Latina: ¿Qué países reciben la mayor parte? ¿Por qué?

La *rebelión de las ratas* de Fernando Soto Aparicio y su contexto[2]

Como en la mayoría de los países latinoamericanos, en Colombia la economía creció de forma muy modesta a lo largo del siglo XIX. Las dificultades presentadas por un terreno muy montañoso (tres cordilleras que dividen el país de sur a norte) y la falta de infraestructura adecuada contribuyeron a crear una economía ante todo regional—no nacional—basada en la agricultura y orientada principalmente hacia el consumo interno.

Al final de la Guerra Civil (1899–1902) comenzó un periodo de cambio. La economía colombiana creció de forma acelerada, impulsada por la exportación de café, que para los años veinte ya representaba 70 por ciento de las ventas en el exterior.

Las oportunidades presentadas por el desarrollo del país atrajeron inversiones extranjeras a varios sectores de la economía: Proyectos de infraestructura como carreteras y caminos; agricultura (United Fruit adquirió plantaciones de banano en la región de la costa atlántica); transporte (Avianca, la primera empresa de aviación suramericana comenzó con capital alemán); minería; y petróleos (Cities Service, Shell, Continental y otras compañías petroleras recibieron concesiones[3] del gobierno para exploración y producción del hidrocarburo). Para mediados de siglo, el capital extranjero ya tenía una presencia significativa en Colombia.

En ciertos sectores del país, incluyendo intelectuales, grupos de izquierda, y organizaciones sindicales, la inversión extranjera, principalmente en industrias claves como el petróleo, se llegó a considerar como símbolo del imperialismo que amenazaba con apoderarse de la riqueza nacional y explotar a la clase obrera. Hoy en día son frecuentes los ataques contra empresas internacionales con operaciones en Colombia, y técnicos y ejecutivos han

---

2. Para información biográfica sobre Soto Aparicio, véase el capítulo 6, p. 140.

3. Derechos otorgados por el gobierno para llevar a cabo cierta actividad.

sido víctimas de asesinatos y secuestros.[4] El gobierno, sin embargo, reconoce la importancia del capital internacional para el futuro económico de la nación. El programa de liberalización que ha tenido lugar desde principios de los noventa se basa en la apertura de mercados e industrias nacionales a capital internacional, y la venta de empresas estatales en industrias como teléfonos, energía y comunicaciones ha atraído inversionistas de varios países europeos y americanos.

Repasemos

1. ¿Qué factores contribuyeron a retardar el progreso económico de Colombia en el siglo XIX?
2. ¿Cómo explica Ud. el interés de inversionistas extranjeros en industrias como el transporte y desarrollo de la infraestructura?
3. ¿Qué piensa Ud. de la actitud de ciertos intelectuales y partidos políticos hacia la inversión extranjera? ¿Se justifica esta actitud hoy en día?
4. ¿Qué riesgos presenta para el trabajador expatriado la situación política en Colombia?
5. Si Ud. fuera gerente de una empresa internacional, ¿invertiría Ud. en Colombia?
6. ¿Qué factores tendría Ud. en cuenta para llegar a una decisión?

Vocabulario para antes de leer

Azadón, piqueta: Instrumentos para excavar la tierra.
Capataz: Supervisor en una fábrica, mina o finca.
Cédula: Tarjeta de identificación nacional.
Cuadrilla: Grupo de trabajo.
Firmar el contrato: Autentificar el contrato con el nombre propio.

La rebelión de las ratas (fragmento)

Rudecindo miró con curiosidad por la ventana que dejaba penetrar la luz a la oficina de personal. Era amplia, con sillones de cuero negro. Una muchacha

---

4. Cuando una persona es detenida de forma ilegal y se exige dinero por su libertad.

estaba colocada[5] delante de una máquina, y su ruido se escuchaba uniforme, igual. Sentado ante un escritorio reluciente un señor rubio, colorado, con anteojos de aros de carey, parecía conversar con el amigo aquel que lo precediera en su entrevista. Gesticulaban uno y otro. El rubio llamó a la muchacha que en la esquina del cuarto trabajaba, y ella habló con el corpulento conocido de Rudecindo. Éste salió cerrando la puerta con tal fuerza que hizo temblar los cristales.

Rudecindo dio, en la madera, dos golpecitos que apenas si pudo escuchar, tan débiles habían sido y tan fuertes eran los latidos de su corazón.

—*Come in!*

Oyó la voz gruesa, ruda, detrás de la puerta. ¿Qué quería decir aquello? ¿Lo rechazaban?

Golpeó de nuevo, con más fuerza.

—Siga.

Esta vez hablaba la muchacha.

Abrió la puerta y entró. Creyó que había muerto hacía centenares de años, y que llegaba el momento del juicio final. Los asientos adquirieron apariencia de rocas, de pedazos enormes de carbón. El extranjero se redujo a un ser alado[6] con larga cola, con dos cachos[7] erguidos sobre la cabeza. La muchacha fue remplazada por un ángel. Oyó las trompetas bíblicas sonando por todo el valle de Josafat . . .

—*Speak, speak quickly!*

Trató de calmarse. Pasó su mano por la frente sudorosa. La camisa se le había pegado a la piel, causándole una horrible picazón.[8] Sus ojos estupidizados fueron del jefe a la muchacha, alta, delgada, muy morena, que continuaba escribiendo ante la maquina sin haber reparado[9] siquiera en él.

— *What are you doing here? What do you want?*

La muchacha dejó de trabajar y se encaró[10] con Rudecindo. Hubiera preferido verse en un lago lleno de caimanes y de serpientes. Temía desde pequeño a las mujeres bonitas, perfumadas y bien vestidas.

5. En este contexto, sentada o situada.

6. Con alas.

7. Cuernos. Protuberancias en la cabeza de ciertos animals, como el toro.

8. Sensación incómoda en la piel.

9. *Sin* . . . Sin haberlo visto, notado.

10. Miró directamente a la cara.

—¿Qué quiere usted?—

Yo . . . yo . . . sumercé,[11] vengo a que me den trabajo.—

¿Trabajo? *Work? What are you able to do?*—¿Qué sabe hacer?

—Pues, señorita, darle al azadón, a la piqueta . . .

—*What?*—bramó[12] el rubio jefe de personal.

La muchacha le informó de lo dicho por Rudecindo, en pocas palabras. El hombre lo miró con desconfianza, como valorando[13] las fuerzas de su magro[14] cuerpo. Luego habló aparte con ella, pero [Rudecindo] Cristancho no entendió lo que decían.

—¿Quiere trabajar en «La Pintada»? Es una mina que sufrió hace poco un derrumbe.[15] Una cuadrilla de diez obreros se encargará de levantar las rocas y reconstruir el túnel, hasta dejarlo nuevamente en servicio.—

Si, sumercé. En lo que sea.—

¿Y cuanto quiere ganar?

—Tengo mi esposa y dos hijos . . . Y mi mujer espera . . .

Tragó saliva. Penso que había estado a punto de «meter la pata».[16]

—Se pagan cuatro pesos con cincuenta centavos al día.

—Ah, bueno, muy bien, muy bien.

—Empezará a trabajar desde mañana. A las siete en punto tiene que estar en la mina. El capataz le dará ordenes y debe obedecerle.

—Sí, señorita. Entonces me voy . . .

—Espere. Tiene que firmar el contrato.

—Pero . . .

—No hay objeción alguna.—

Keep silent!—gritó el jefe de personal, dando un formidable puñetazo[17] sobre la mesa.

Rudecindo no comprendió aquello. Pero viendo los ojos fijos y coléricos

11. Arcaísmo: Su merced. Forma en que el campesino se dirige a personas de más alto rango social.
12. Gritó.
13. En este contexto, evaluando, midiendo.
14. Flaco.
15. En este contexto, caída de rocas y tierra que obstruye el túnel de la mina.
16. Cometer un error.
17. *Dando* . . . Golpeando con la mano cerrada.

del otro, se calló. La muchacha, delante de la máquina, escribió velozmente al tiempo que le preguntaba su nombre, su edad y otras cosas por el estilo.

Luego le presentó una hoja blanca, con extraños signos, y le dijo:

—Firme aquí.—Pero sumercé, si yo no sé firmar . . .

—¡Caray! Bueno, ponga una cruz.[18] ¿Tiene cédula?

—No . . . Mi esposa quería que la sacara, pero eso para qué. Yo creo . . .

—Ponga una cruz. Tome—le dio un bolígrafo que él tomó con respeto. Trazó una enorme cruz. Luego se acercó a la mesa del jefe.—Dios se lo pague, sumercé . . .

—*Go out, please, go out. Son of a bitch!*

—Que se vaya, hombre. Tiene que reclamar en la portería[19] una ficha.[20] Lleve esta tarjeta para que se la den.

—Gracias, señorita.

Salió. Miró el papelito que le entregara ella. Nada dijo a sus ojos ignorantes. La portería . . .

—Perdone, patrón: ¿dónde queda la portería?

—Allá, al final del corredor.

A pasos rápidos se encamino a la oficina. Estaba una muchacha sola, leyendo una revista.—

Buenos días, sumercé.

Alzó los ojos. Negros, grandes, como lagos de sombra luminosa. Rudecindo sintió miedo y la voz se le enredó en la garganta hasta la agonía.—¿viene por la ficha?

—Sí, señora.

Le quitó la tarjeta, que temblaba entre los gruesos dedos del campesino. La examinó.

—El 22048. Ése es usted.—¿Yo?

—Sí. Rudecindo Cristancho no será su nombre aquí en la Empresa. Se distinguirá con ese número 22048.—

¿Me cambian mi nombre, sumercé?

—No, no sea estúpido. Aquí tiene la ficha. Y ahora váyase.

18. En el caso de una persona analfabeta, la cruz se usa para remplazar la firma.
19. La entrada del edificio.
20. Pieza pequeña de madera, metal, papel u otro material. En este contexto, una pieza de metal con un número de identificación.

La recibió. Una planchita metálica, con número.

Todos los conocía: 2–2–0–4–8. Se llamaba así: el veintidós cero cuarenta y ocho. ¿Qué diría su mujer cuando supiera que le habían cambiado el nombre?

Cuestionario

1. ¿De dónde son los jefes de la empresa? ¿Y los empleados?
2. El supervisor no habla español. ¿Qué indica esto de la empresa?
3. ¿Qué consecuencias tiene la barrera lingüística para las relaciones laborales?
4. ¿Qué indica el tono de voz que el supervisor usa para hablar con Rudecindo?
5. ¿Qué condiciones de trabajo cree Ud. que existan en la empresa? Explique su respuesta con ejemplos del texto.
6. Explique la reacción de Rudecindo al saber que "le habían cambiado el nombre." ¿Por qué le preocupa a él este hecho?
7. ¿Podría una empresa en tales condiciones tener éxito a largo plazo?
8. ¿Cuál es la actitud del autor hacia las inversiones extranjeras? ¿Podría Ud. explicar a qué se debe tal actitud?
9. Si Ud. fuera parte del alto mando de esta empresa, ¿qué cambios llevaría a cabo para garantizar mejores condiciones de trabajo y por lo tanto un mejor desempeño?
10. Explique el título de la novela, *La rebelión de las ratas.*

Temas de discusión

Desarrolle, en forma individual o en grupo, los siguientes temas y haga un resumen para compartir con la clase:

1. Relaciones laborales a nivel internacional.
2. Capacitación de gerentes y supervisores en una compañía multinacional.
3. Importancia del factor cultural y del idioma, en un contexto internacional.
4. La imagen de la empresa en el extranjero.
5. Condiciones de trabajo en compañías internacionales.
6. El analfabetismo y su impacto en la economía.

Ejercicios

Complete las siguientes oraciones con las palabras adecuadas:

1. A Rudecindo no le gusta que para la empresa no sea sino _____
_____.
2. La mina tuvo _____ en uno de los túneles.
3. Rudecindo, un campesino pobre, no sabe _____ ni—
_____, y por lo tanto no puede _____
_____ el contrato.
4. El supervisor no puede hablar _____, y esto puede
crear _____ con los empleados.
5. El salario de Rudecindo es _____ diarios.

Pablo Neruda, su contexto y "La United Fruit Company"

En Pablo Neruda (seudónimo de Neftalí Reyes Basoalto) la literatura latino-americana encuentra una de sus más destacadas y conocidas figuras del siglo XX. Neruda nació en el pequeño pueblo de Parral, Chile, en 1904 y murió en Santiago en 1973. Pasó gran parte de su infancia en el campo en el sur de Chile, hecho que le llevó desde temprana edad a valorar elementos de la naturaleza como las plantas, los animales, la tierra y el mar. La obra poética de Neruda se caracteriza por la gran diversidad de temas y estilos que abarca: De la influencia modernista de sus primeros versos en *Crepusculario* (1923) y *Veinte poemas de amor y una canción desesperada* (1924); a la angustia existencial y crisis espiritual de *Residencia en la tierra I* (1933) y *Residencia en la tierra II* (1935), escritos durante su periodo como diplomático en Asia; al compromiso social en contra del fascismo y de la guerra civil que se cernía sobre España de *España en el corazón* (1937); a la alabanza de la cotidianeidad de *Odas elementales* (1954); a la intimidad de *Estravagario* (1958), que cubre la última etapa de su obra literaria. Pablo Neruda ganó el Premio Nobel de Literatura en 1971.

Neruda es chileno, pero su compromiso con la lucha por la justicia social lo lleva a solidarizarse con las naciones de todo el continente americano, que a mediados del siglo XX empezaban a sentir el peso del poderío económico de los Estados Unidos. Aunque Washington había comprendido, desde muy temprano, la importancia económica y estratégica del resto del continente—prueba de ello es la Doctrina Monroe—es a partir de la guerra contra España de 1898 y la adquisición de Cuba y Puerto Rico como protectorados, que los Estados Unidos consolidan[21] su presencia como potencia regional: Latinoamérica es parte de la esfera de influencia de los Estados Unidos, y sus economías deben operar en función de los intereses del centro.

21. Aseguran, afirman.

De particular importancia son Centroamérica y la cuenca del Caribe: La intervención en Panamá con el objeto de construir el canal que conectara los océanos Atlántico y Pacífico y la ocupación, más tarde, de Nicaragua, Honduras y la República Dominicana anuncian una larga serie de operaciones militares destinadas a proteger sus intereses económicos en la zona, que para mediados de siglo ya eran considerables. La United Fruit Company se convierte en el símbolo de la inversión norteamericana en el resto del continente: Con más de 800.000 hectáreas de tierra destinadas al cultivo del banano— además de miles de hectáreas de caña de azúcar, cacao y aceite de palma— 2.500 kilómetros de ferrocarril y una flota de 60 barcos para el transporte de mercancías, puertos, muelles y bodegas para almacenamiento y hasta una red de comunicaciones con su propio sistema de telégrafo, para la década de los cincuenta la compañía bananera era ya un verdadero imperio cuya influencia se extendía a seis países, de Guatemala a Ecuador. En su apogeo, llegó a controlar entre 30 y 40 por ciento del mercado mundial de banano, y hasta 60 por ciento de la exportación de banano de los países en los cuales tenía operaciones comerciales.[22] Su influencia, por lo tanto, no se limitaba al sector económico, puesto que la defensa de sus extensas propiedades requería la colaboración y complicidad de políticos y funcionarios locales, cuya obligación, a cambio de sobornos[23] y favores especiales, era subordinar el bienestar y derechos de la población indígena a los intereses de los inversionistas extranjeros. Es, pues, el impacto de este tipo de inversión lo que lamenta el gran poeta chileno.

Repasemos

1. Explique el significado de "compromiso con la lucha por la justicia social."
2. En su opinión, ¿cómo afecta la Doctrina Monroe la relación entre EEUU y las naciones latinoamericanas?
3. Explique el significado de la siguiente frase: "Sus economías deben operar en función de los intereses del centro."
4. Dé ejemplos de casos o circunstancias en que los intereses del "centro" se oponen a los intereses del resto del continente.
5. ¿Se justificaba el temor, en ciertos círculos en Latinoamérica, ante la presencia de compañías como la United Fruit Company? ¿Hoy en día?

22. John Gerassi. *The Great Fear in Latin America*. New York: Collier Books, 1963.
23. Dinero que sa paga a cambio de favores especiales.

Vocabulario para antes de leer

Anaconda: Compañía minera con extensas posesiones en América Latina, particularmente en Chile.

Carías: Tiburcio Carías Andino, dictador de Honduras de 1933 a 1949.

Martínez: Maximiliano Hernandez Martínez, dictador de El Salvador de 1931 a 1944.

Tacho: Sobrenombre de Anastasio Somoza, perteneciente a una familia de dictadores que controló a Nicaragua por varias generaciones de 1929 a 1979.

Trujillo: Rafael Trujillo, dictador dominicano de 1930 a 1961.

Ubico: Jorge Ubico Castañeda, dictador de Guatemala de 1931 a 1944.

"La United Fruit Company"

Cuando sonó la trompeta, estuvo
todo preparado en la tierra
y Jehová repartió el mundo
a Coca-Cola Inc., Anaconda,
Ford Motors, y otras entidades:
la Compañía Frutera Inc.
se reservó lo más jugoso,
la costa central de mi tierra
la dulce cintura de América.
Bautizó de nuevo sus tierras
como «Repúblicas Bananas»
y sobre los muertos dormidos,
sobre los héroes inquietos
que conquistaron la grandeza,
la libertad y las banderas
estableció la ópera bufa:[24]
enajenó los albedríos[25]
regaló coronas de César,
desenvainó[26] la envidia, atrajo

24. Una farsa.
25. *Enajenó* . . . Suprimió la libertad.
26. En este contexto, dio libertad a.

la dictadura de las moscas,
moscas Trujillo, moscas Tachos,
moscas Carías, moscas Martínez,
moscas Ubico, moscas húmedas
de sangre humilde y mermelada,
moscas borrachas que zumban[27]
sobre las tumbas populares,
moscas de circo, sabias moscas
entendidas en tiranía.
Entre las moscas sanguinarias
la Frutera desembarca
arrasando el café y las frutas
en sus barcos que deslizaron[28]
como bandejas el tesoro
de nuestras tierras sumergidas.[29]
Mientras tanto, por los abismos[30]
azucarados de los puertos,
caían indios sepultados
en el vapor de la mañana:
un cuerpo rueda, una cosa
sin nombre, un número caído,
un racimo de fruta muerta
derramada en el pudridero.[31]

Cuestionario

1. ¿Por qué dice el poeta que fue Jehová quien repartió el mundo?
2. ¿Por qué menciona únicamente compañías como Coca-Cola, Anaconda y Ford Motor Co.?
3. ¿A qué se refiere el autor al decir "la dulce cintura de América"?
4. ¿Quiénes son "los muertos dormidos" y "los héroes inquietos"? Explique el significado de la idea que aparece en estos versos.

27. Vuelan, haciendo un ruido monótono.
28. En este contexto, se llevaron.
29. Bajo agua.
30. Precipicios.
31. Lugar en donde se descomponen o se pudren los cuerpos.

5. Explique el significado de "desenvainó la envidia." ¿Como se relaciona esta idea con la presencia de la compañía?

6. ¿Por qué se compara a los dictadores con moscas?

7. ¿Qué opinión tiene Neruda de las actividades económicas de la United Fruit Co.?

8. ¿Qué consecuencias sociales / políticas / económicas tuvo para Latinoamérica la presencia de este tipo de compañía?

Temas de discusión

Desarrolle, en forma individual o en grupo, los siguientes temas y haga un resumen para compartir con la clase:

1. El concepto de "repartición" del mundo en esferas de influencia.

2. Las dictaduras latinoamericanas: Aliados de Washington.

3. Intereses económicos de la población indígena contra Intereses económicos de las compañías extranjeras.

4. La evolución de las relaciones comerciales entre países desarrollados y países en vía de desarrollo: Nuevas perspectivas ante la inversión extranjera.

Ejercicios

Complete las siguientes oraciones con las palabras adecuadas:

1. _____ , a nombre de los EEUU, dividió las riquezas de la Tierra y así favoreció a organizaciones _____.

2. El nuevo nombre de la región es _____.

3. La _____ controla ahora los destinos de los habitantes de la región.

4. La función de _____ es proteger las inversiones de los extranjeros.

5. La compañía usa _____ para transportar el producto de la tierra.

6. Los _____ son las principales víctimas de la explotación económica.

Miguel Angel Asturias, su contexto
y *El papa verde*

Miguel Angel Asturias (1899–1974) nació en la Ciudad de Guatemala, pero por razones de seguridad política su familia se vio obligada a trasladarse a Salam, pequeña ciudad distante de la capital. Los años de infancia transcurridos en la provincia lo pusieron en contacto con la riqueza de la mitología y creencias mayas, presentes en la cultura de las poblaciones indígenas del país. Tal experiencia habría de repercutir[32] de forma significativa, tanto en su obra literaria como en su compromiso con la justicia social en su país.

Después de recibirse[33] en derecho—su tesis trató la situación social del indio—Asturias emprendió un largo viaje por México y por Europa. En la Escuela de Altos Estudios de París, bajo la dirección del antropólogo Georges Raynaud, Asturias inició un riguroso estudio de la civilización maya, hecho que para el joven escritor guatemalteco sería en realidad un reencuentro con su pasado, con su propio patrimonio cultural. Más tarde, en su obra literaria, Asturias rescata las tradiciones y leyendas indígenas, incorporándolas como trasfondo[34] cultural a su ficción. Como muchos escritores latinoamericanos de su generación, Asturias integra realidad y fantasía para de tal modo recrear el universo del indígena, en el cual coexisten presente y pasado, Nuevo y Viejo Mundos, la pobreza y marginación del campesino guatemalteco actual y el recuerdo, siempre presente en los descendientes de los Mayas, de una de las grandes civilizaciones del continente americano. Sus obras principales incluyen *Leyendas de Guatemala* (1930), *El señor presidente* (1946), *Hombres de maíz* (1949), *Mulata de tal* (1963), *El espejo de Lida Sal* (1967) y *Maladrón* (1969). Asturias recibió el Premio Nobel de literatura en 1967.

El papa verde (1954) junto con *Viento fuerte* (1949) y *Los ojos enterrados*

32. Causar efecto.
33. Seguir estudios y conseguir el título.
34. En este caso, contexto.

(1960) hace parte de la llamada "trilogía bananera." En estas novelas Asturias enjuicia[35] la presencia y actuación de las compañías bananeras norteamericanas en Centroamérica y particularmente en Guatemala, nación en la cual la mayor parte de la población indígena ha estado, desde la época de la conquista española, marginada de la vida nacional. Prácticamente desde su independencia, Guatemala, como muchos otros países en Latinoamérica, ha sido gobernada por regímenes dictatoriales cuyo fin político era defender los privilegios sociales y económicos de la minoría dirigente y de los intereses económicos extranjeros, especialmente de la United Fruit Company, que desde comienzos del siglo XX había adquirido inmensas extensiones de terreno y empezaba así a establecer su monopolio en el mercado internacional del banano.

Cuando a mediados de siglo los gobiernos reformistas de Juan José Arévalo (1945–50) y Jacobo Arbenz (1950–54) intentaron mejorar las condiciones de vida de obreros y campesinos, su "Revolución Social" fue acusada por el Departamento de Estado de Estados Unidos y sus aliados en Guatemala de estar al servicio del comunismo internacional. La tensión con el gobierno norteamericano se agravó en 1952 cuando Arbenz inició un proyecto de reforma agraria que exigía la expropiación y distribución a familias campesinas de tierras que no fueran cultivadas: gran parte de la tierra afectada por el Decreto 900 pertenecía a United Fruit Company.

Para defender sus intereses, los Estados Unidos inició una fuerte campaña contra el gobierno de Guatemala y en 1955 apoyó un golpe militar contra Arbenz. Con la dictadura de Carlos Castillo Armas, uno de los militares más sangrientos de la historia de la nación centroamericana, acabaron los proyectos reformistas del gobierno anterior, y la United Fruit continuó ejerciendo su poderoso control sobre la economía de Guatemala y el mercado mundial de banano. Es preciso anotar que la tensión social en Guatemala se agravó a causa de la marginación y explotación de los indios. La lucha por la tierra dio lugar a un conflicto armado que afectó a varias zonas indígenas en las décadas de los setenta y ochenta. A raíz del retorno a gobiernos constitucionales, se firmó un acuerdo de paz en 1996 basado en la necesidad de reconocer los derechos sociales de los grupos indígenas.

35. Cuestiona, juzga.

Repasemos

1. ¿Por qué escribió Asturias tres novelas (además de un libro de cuentos) sobre las compañías bananeras?
2. En el caso de compañías multinacionales, ¿se justifican controles o regulaciones del gobierno?
3. ¿Qué opina Ud. de la intervención del gobierno de EEUU en los asuntos internos de otro país?
4. ¿Se justifica el apoyo del gobierno norteamericano a militares como Castillo Armas? ¿Conoce Ud. otros casos similares?
5. En sus propias palabras explique las condiciones en que vive el indio en Guatemala.

Vocabulario para antes de leer

"Altruismo agresivo": Acción de ayudar a alguien a la fuerza, aunque no quiera o necesite ayuda.

Diputados: Miembros del congreso.

Dirigentes: Altos funcionarios del gobierno o de una empresa.

Emporio: Lugar comercial donde se vende todo tipo de productos.

Jornales: Salarios.

Letrados: Personas que saben leer y escribir, con educación formal.

Muelle: Lugar en un puerto para embarcar o desembarcar mercancía.

Política del "big stick": Política extranjera de EEUU asociada con el gobierno de Theodore Roosevelt, que utilizaba el poderío militar de EEUU para lograr sus objetivos.

Vapores: Barcos de vapor utilizados para el transporte de mercancía o pasajeros.

El papa verde (fragmento)

[Maker Thompson y el Sr. Kind, expatriados norteamericanos que viven en una nación latinoamericana, hacen planes para invertir dinero en un proyecto financiero.]

Y mientras les servían el café, al sentarse en la mesa nuevamente, Kind se le acercó:

—A que jamás había visto a un gato manco[36] jugar con un ratón uniformado

—Jugar hasta donde el gato manco no cree también en el progreso . . .

—No voy a negar que creo en el progreso. ¿Fuma usted?

—Prefiero uno de los míos, gracias.

—Creo que estos países pueden llegar a ser verdaderos emporios. El emporio del banano . . . No el «imperio», como quieren algunos.

La amplísima frente del joven gigante se iluminó con las centellas que fulgían en sus ojos castaños al coronar de risa lo que decía:

—Emporiolistas, en lugar de imperialistas!

—Las dos cosas. Emporiolistas con los que nos secunden[37] en nuestro papel de civilizadores, y con los que no muerdan el anzuelo[38] dorado, sencillamente imperialistas.

—De regreso a la teoría de la fuerza, señor Kind.

—Hasta el «altruismo agresivo».

—Con lealtad debo decirle que aprendí muchas cosas al oírle hablar del emporio, muchas cosas . . .

—Sin burlas, ¿eh?

—Entreví[39] una posible táctica a seguir. A los dirigentes, por malo que sea un hombre siempre aspira a lo mejor para su país, hay que hacerles creer que los contratos que suscriban con nosotros traerán como consecuencia un inmediato cambio en favor de las condiciones de vida de estos pueblos . . . El emporio . . .

—¡Es que lo traerán, Maker Thompson, lo traerán!

—Eso es lo que no creo y donde usted se engaña,[40] señor Kind, no sé si a sabiendas.[41] ¿Cree usted que nosotros nos proponemos el mejoramiento de estos pobres diablos? ¿Se le ha pasado por la cabeza siquiera que vamos a tender ferrocarriles para que ellos viajen y transporten sus porquerías? ¿Muelles

36. Sin uno de los brazos.

37. Ayuden.

38. Pieza de metal que sirve para pescar. En este contexto, una propuesta que sirve para atraer a alguien.

39. En este contexto, identifiqué, encontré.

40. Equivoca.

41. Con conocimiento; a consciencia.

para que ellos embarquen sus productos? ¿Vapores para llevar a los mercados artículos que nos hagan competencia? ¿Cree usted que vamos a sanear[42] estas zonas para que no se mueran? ¡Que se mueran! Lo más que podemos hacer es curarlos para se mueran pronto y trabajen para nosotros.

—Lo que no entiendo es por qué no se pueden dar en el mismo árbol la riqueza para nosotros y el bienestar para ellos.

—Porque en Chicago se piensa simple y llanamente en la extracción de la riqueza y nada más, haciéndoles ver, desde luego, que ferrocarriles, muelles, instalaciones agrícolas, hospitales, comisariatos,[43] altos jornales, se destinan a que algún día ellos lleguen a ser como nosotros. Eso no sucederá nunca, pero habrá que hacerlo creer a los dirigentes que no caigan en la tentación del poder o del dinero. Reelecciones para los presidentes, cheques para los diputados y para los patriotas, el humito[44] del progreso, divinidad que en lugar de manos tiene yunques,[45] en lugar de ojos faros gigantescos, en lugar de pelo humo de chimeneas y músculos de acero, y nervios eléctricos, y barcos que circulan por los mares como glóbulos[46] por la sangre . . .

—Sí, el progreso—dijo Kind—; el progreso como elixir para adormecer la sensibilidad patriótica de los idealistas, de los soñadores . . .

—Y aún para los que, siendo prácticos, quieran encubrir su complicidad con nuestros planes llamando progreso a lo que ellos saben que, si existe, no es para pueblos inferiores, pueblos a los que sólo corresponde el papel de trabajar para nosotros. Y venga esa mano, señor Kind; ya entendí muchas cosas.

—No, ésta no . . . excusó Kind su mano de caucho.

—¡Ésta, ésta, la postiza, la mano del progreso falso, del progreso que le vamos a dar a ellos, porque la verdadera mano derecha la guardaremos para la llave de la caja[47] y el gatillo[48] de la pistola!

Todo el cuerpo de Kind, en el momento en que aquél le apretaba la mano

42. Eliminar enfermedades; mejorar las condiciones de vida.
43. Almacenes.
44. Diminutivo de humo; vapor que resulta de la combustión. En este contexto, apariencia.
45. Instrumento para trabajar los metales.
46. Células de la sangre.
47. En un almacén, lugar para guardar el dinero.
48. Mecanismo en un arma de fuego que sirve para disparar.

de caucho, se le quedó como paralizado, y Maker Thompson tuvo la idea de que si le daba un puntapié[49] y lo echaba al mar, la supresión del soñador apenas sería el naufragio[50] de un muñeco [. . .]

Los negros no tienen el esqueleto negro. Al negro chombo que ayudó a quemar casas le tocó[51] su onza de plomo.[52] Escuchó el ¡*Chos, chos, mayón, con!* y se vino al suelo gimiendo,[53] con gemido de mono corpulento. Del agujero profundo le manaba[54] el borbotón de sangre remolacha.[55] ¡Cómo habría gozado de verse el esqueleto de marfil, luna y harina, o un poco del color sucio del humo que se alzaba de los caseríos[56] quemados por su brazo, como medida sanitaria, para arrancar de la tierra al hijo del país,[57] borrar[58] sus ranchos, borrar sus cerros, borrar sus siembras!

Y ya pitaba el tren por allí. El progreso. La «colamotora», como llamaban a las locomotoras, por ser toras[59] que arrastraban colas de vagones[60] de fruta por los ramales[61] desviados hacia donde se descuajaba[62] el bosque y surgía la plantación.

Colamotoras, incendios, teodolitos[63] y los mestizos ya sólo con las ropas que llevaban puestas. Hubo que vender las chaquetas—de buen género[64] las chaquetas—para pagar el gasto del último escrito[65] en que se hacía ver que pueblos con cuarenta y cinco años de vida (Barra del Motagua, Cinchado, Tendores, Cayugas, Morales, La Libertad y Los Amates), dos de ellos consti-

49. Golpe con un pie.
50. Pérdida de un barco en el mar o un río.
51. Recibió.
52. Proyectil para armas de fuego.
53. Del verbo *gemir:* llorando.
54. Salía.
55. Legumbre de color rojo oscuro.
56. Viviendas humildes.
57. *Al hijo . . .* Habitantes indígenas a la región.
58. En este contexto, destruir.
59. Estructuras construídas en forma de toro, que servían, en pueblos pequeños, para diversión popular.
60. *Colas . . .* En este contexto, numerosos vagones.
61. Línea de ferrocarril que se separa de la línea principal.
62. Acababa.
63. Instrumento para medir ángulos, utilizado por ingenieros.
64. Tela.
65. Documento.

tuidos en municipalidades que son las primeras de la jurisdicción, quedaban sin ningún elemento de vida, porque los agricultores nacionales, en su mayoría nacidos allí, eran expulsados por la Tropical Platanera, S. A.,[66] careciendo[67] ahora de derecho hasta para cortar un árbol o sembrar una planta . . .

Todos echaban los ojos sobre lo que el letrado[68] escribía, no porque entendieran, sino para dejar la fuerza de su mirada en aquellas letras y que del papel sellado[69] se alzara su exigencia en derecho, su tremenda angustia en quedarse en la calle, y su esperanza.

—¡Que ponga! . . . —decían—. ¡Que ponga! . . . ¡Que ponga . . . ¡Que ponga! . . . ¡Que ponga!—Sí, se va a poner eso . . . Eso ya está puesto . . . También eso se va a decir . . . Pero no hablen todos a la vez, no hablen todos juntos . . .

El resultado fue el de todos sus memoriales.[70] No los leían o no les hacían caso. Siempre estaban en trámite y de repente a la canasta[71] o al archivo.

«Leer y escribir para los pobres es inútil. No 'mandés'—a tu hijo a la escuela . . . —reflexionaban entre ellos—. ¿Para qué va a ir a la escuela? . . . ¿Que aprenda a escribir? . . . ¿Qué saca,[72] si nadie le hace caso? . . . Escribirá . . . , escribirá . . . Sabrá leer . . . , sabrá escribir . . . Escribirá . . . , sabrá leer . . . , sabrá escribir . . . , y todo inútil . . . »

De entre las copas de los árboles, pelados[73] como en peluquería por podadores y jardineros, asomaban[74] los techos de las edificaciones, coronadas por torres para depósitos de agua potable. Oficinas, casas de los jefes, subjefes, administradores, empleados, hospital, hotel para visitantes, mundo guardado entre vidrios y cedazos[75] que colaba el aire sin dejar pasar los insectos, que

66. Sociedad Anónima; corporación.
67. Del verbo *carecer*: no tener.
68. Persona que sabe escribir.
69. *Papel* . . . Papel utilizado en documentos oficiales.
70. Documentos en que se solicita un favor oficial.
71. Lugar donde se pone la basura.
72. *¿Qué . . . ?* ¿De qué sirve?
73. Sin ramas.
74. Se veían.
75. En este contexto, malla de metal muy fino que cubre puertas y ventanas para impedir la entrada de insectos.

como chingaste del trópico quedaban en las ventanas y puertas alambradas con aquel tamiz.[76]

Pero allí mismo, en coladores[77] más tupidos, también quedaba fuera, igual que borra el universo del maíz y el frijol, el pájaro y el mito, la selva y la leyenda, el hombre y sus costumbres, el hombre y sus creencias.

El fuego que en manos del español consumió las maderas pintadas de los indios, sus manuscritos en cortezas de amatle,[78] sus ídolos e insignias, devoraba ahora, cuatrocientos años más tarde, reduciéndolos a humazones y pavesas,[79] Cristos, Vírgenes Marías, San Antoninos, santas cruces, libros de preces y novenas, rosarios, reliquias y medallas. Fuera el rugido,[80] dentro el fonógrafo; fuera el paisaje, dentro la fotografía; fuera las esencias embriagantes, dentro las botellas de whisky. Otro dios llegaba: el dólar, y otra religión, la del *big stick*.

Cuestionario

1. ¿Qué tipo de negocio tiene el Sr. Maker Thompson?
2. ¿Qué tipo de trabajadores va a emplear el Sr. Thompson?
3. ¿En qué se diferencia la manera de pensar del Sr. Thompson de la del Sr. Kind? ¿Cuál es "idealista"? ¿Cuál es "práctico"?
4. ¿Qué planes tiene el Sr. Thompson para lograr condiciones favorables para su empresa?
5. ¿Qué consecuencias sociales / políticas para el país podrían tener las tácticas del Sr. Thompson?
6. Explique el significado de la siguiente frase: "la verdadera mano derecha la guardaremos para la llave de la caja y el gatillo de la pistola."
7. En el fragmento, ¿qué tipo de maquinaria simboliza el progreso? ¿Por qué?
8. Explique el significado de la siguiente frase: " . . . para arrancar de la tierra al hijo del país, borrar sus ranchos, borrar sus cerros, borrar sus siembras."

76. Tipo de cedazo con una malla más fina.
77. Cedazos.
78. Arbol de Centroamérica.
79. Cenizas; lo que queda cuando se quema un objeto.
80. En este contexto, un sonido natural.

9. ¿Cómo defienden los indígenas sus derechos? ¿Qué resultados tienen?
10. En el contexto del fragmento, explique el significado de la política del *big stick*.

Temas de discusión

Desarrolle, en forma individual o en grupo, los siguientes temas y haga un resumen para compartir con la clase:

1. La corrupción de funcionarios públicos.
2. Inversión extranjera: ¿Ayuda o explotación imperialista?
3. Costo / beneficio del desarrollo económico.
4. Conceptos de centro / periferia en las relaciones económicas entre países.
5. Responsabilidad social del inversionista extranjero.

Ejercicios

Complete las siguientes oraciones con las palabras adecuadas:

1. Para Maker Thompson, el _____ económico y social de los países marginados es una ilusión.
2. Ni los _____ ni los _____ que la compañía va a construir tienen por objeto el beneficio de la economía local.
3. La corrupción tiene por objeto lograr la colaboración de los _____ _____ de la región.
4. A nombre del _____ económico, los habitantes indígenas pierden el control de su _____.
5. La compañía _____ _____ es el inversionista más importante de la región.
6. Un sistema de _____ se usa para transportar el banano a los puertos.
7. Con la civilización y el mundo moderno, el _____ es el nuevo Ser Supremo.

Víctor Cáceres Lara, su contexto y "Paludismo"

Víctor Cáceres Lara nació en Gracias, Honduras, en 1915. Se ha desempeñado como profesor universitario, periodista y político. Sirvió como diputado en el Congreso Nacional y más adelante como embajador en Venezuela. Con la publicación en 1952 de *Humus* se da a conocer como uno de los escritores de mayor renombre en el país. En 1970 aparece otra colección de cuentos, *Tierra ardiente*. Su interés por la historia lo lleva a servir de director de la Sociedad de Geografía e Historia y a publicar *Gobernantes de Honduras en el siglo XIX* (1978).

Desde su independencia de España en 1821, la historia de Honduras se ha caracterizado por largos periodos de gobiernos autoritarios, inestabilidad política y la presencia de capital extranjero en una economía esencialmente agrícola y con una infraestructura poco desarrollada. Hacia finales del siglo XIX, la riqueza natural de la tierra y las generosas garantías del gobierno atrajeron a varias compañías fruteras norteamericanas—United Fruit y Standard Fruit entre otras—a la costa del Atlántico, en donde establecieron uno de los principales centros de producción de banano en la región. La pobreza y las graves circunstancias sociales y económicas en que vivía gran parte de la población contribuyeron a generar una larga serie de conflictos políticos, y el gobierno de los Estados Unidos se vio obligado a intervenir militarmente en repetidas ocasiones (1907–12) con el fin de restaurar el orden público y proteger los intereses de las compañías bananeras. La estabilidad política se logró finalmente con la dictadura de Tiburcio Carias Andino (1933–48), cuyo gobierno gozó con el respaldo[81] de Washington, de los inversionistas extranjeros y de las otras dictaduras de la región, en particular el régimen somocista de Nicaragua.

81. Apoyo, ayuda.

La caída de la dictadura de Carías Andino dio paso a un periodo de reforma social y económica. Las precarias condiciones de trabajo y la falta de representación sindical llevaron a los trabajadores de la zona bananera—que para mediados de los años cincuenta llegaban a más de 35.000—a una huelga general que paralizó casi por completo la zona norte del país. La huelga obligó al gobierno y a las compañías fruteras a tener en cuenta las demandas de la población y adoptar medidas para mejorar el nivel de vida de jornaleros y campesinos. Se promulgaron decretos como el Código de Trabajo (1957) y la Reforma Agraria (1962), que por cierto se limitó a distribuir terrenos marginales o baldíos,[82] sin afectar los intereses del capital extranjero. El periodo de reforma concluyó en 1963 con un golpe militar llevado a cabo por un grupo de oficiales conservadores.

La importancia del capital extranjero en la economía hondureña continúa hoy en día, en parte representado por las diferentes agencias internacionales que ayudan en la reconstrucción de las zonas devastadas en 1998 por el huracán Mitch. Por otro lado, la apertura económica en el resto del continente y la firma de tratados comerciales también han repercutido[83] en la pequeña nación centroamericana. El gobierno ha hecho un esfuerzo por atraer inversionistas extranjeros, en particular japoneses y coreanos, para invertir en maquiladoras en la industria de la confección.[84] Pero a pesar del deseo de diversificar la economía, el banano continúa siendo el principal producto de exportación. En los noventa, el gobierno decidió privatizar—es decir vender a compañías extranjeras—los terrenos del estado más aptos para el cultivo del banano.

Repasemos

1. ¿Qué semejanzas observa Ud. entre la situación social y económica de Honduras y la de otros países de la región?
2. ¿Qué beneficios para los inversionistas extranjeros presentaba el gobierno de Carías Andino?
3. ¿Cuáles fueron las causas de la huelga laboral de 1954? ¿Qué exigían los trabajadores?

82. Sin cultivar.
83. Tenido gran impacto.
84. En este contexto, ropa, prendas de vestir.

4. ¿Qué medidas debería tomar le gerencia de una compañía extranjera para evitar que la situación llegue a tales extremos?

5. Hoy en día, ¿cómo ha cambiado la actitud hacia la inversión extranjera?

Vocabulario para antes de leer

Aguardiente: Bebida alcohólica hecha de caña de azúcar.

Burdel: Casa de prostitución.

Contrata: Contrato para hacer un trabajo independiente.

Cuartería: Cuartos, vivienda para gente muy pobre.

Jornada: Día de trabajo.

Paludismo: Malaria, fiebre tropical.

Tareas de chapia, cortero, juntero: Diferentes labores en una plantación de fruta.

"Paludismo"

La noche iba poniendo oscuros toques de angustia en los ángulos de la habitación destartalada[85] donde el aire penetraba sometido a racionamiento riguroso y donde la luz, aún en la hora más soleada del día, no alcanzaba a iluminar plenamente. Afuera, sonaba como temeroso de ser oído el chorro[86] imperceptible de una llave de agua mal cerrada. La única llave para la sed de infinidad de personas que habitaban la misma cuartería. Un niño imploraba pan a voz en cuello[87] y la madre—posiblemente por la desesperación—le contestaba su pedido con palabras groseras:

—¡Cállate, jodido . . . nadie ha comido aquí!

Ella, la enferma del cuarto destartalado, veía cómo la poca luz iba terminándose; no disponía de alumbrado eléctrico y el aceite de la humilde lámpara estaba casi agotado. Ella no sentía ni un hilo de fuerza en sus músculos, ni una emanación tibia[88] dentro de sus venas vacías.

Un frío torturante iba subiéndole por las carnes enflaquecidas; ascendía

85. En malas condiciones.
86. Agua o líquido que sale con fuerza de un tubo.
87. *A voz . . .* A gritos; con fuerza.
88. De temperatura mediana.

por su cintura otrora[89] flexible y delicada como los miembros silvestres y se apoderaba de su corazón que entonces parecía enroscarse[90] de tristeza, estallando en una plegaria[91] muda, temblorosa de emoción reconcentrada.

La luz del día terminaba lentamente. En la calle se oían pisadas[92] de gentes que iban, en derroche de vida,[93] camino de la diversión barata: del estanco[94] consumidor de energías y centavos, del burdel lleno de carne pútrida vendida a alto precio; en fin, de toda esa sarta de distracciones que el pobre puede proporcionarse en nuestro medio y que, a la larga, lejos de ocasionar gozo o contento, acarrea[95] desgaste, enfermedad, miseria, desamparo, muerte . . .

Ella, ahora, en la tarde que afuera tenía gorjeos[96] alegres, se sentía morir. Sentía que la "pálida"[97] se enroscaba[98] en su vida e iba asfixiándola lenta, implacable, seguramente, mientras un frío terrible le destrozaba los huesos y le hacía tamborilear[99] enloquecidamente las sienes.[100]

Abandono total en torno de ella. Nadie llegaba con una palabra, con un mendrugo[101] de cariño, con un vaso de leche. Ella misma tenía que salir, entre uno y otro de los fríos de la fiebre, a buscarse el pedazo de tortilla dura que comía, vacío en la imposibilidad de comprarse un poco de con qué. En sus salidas pedía limosnas[102] y las había estado obteniendo de centavo en centavo, tras de sufrir horribles humillaciones.

Y ella no podía explicarse el porqué del abandono que sufría . . . Fue ella

89. En otros tiempos.
90. En este contexto, llenarse.
91. Oración o súplica para pedir una cosa o un favor.
92. Ruido que se hace al andar.
93. *En derroche* . . . Llenas de vida.
94. Tienda donde se vende artículos no perecederos, como tabaco, alcohol, sellos, etc.
95. Causa.
96. Voces, ruidos.
97. La enfermedad.
98. En este contexto, se metía.
99. Hacer, con los dedos, ruido similar al de un tambor.
100. En la cabeza, parte de la frente.
101. Un poco; una porción pequeña.
102 . Dinero que se da de caridad a los pobres.

siempre buena con el prójimo. Fue siempre caritativa y dadivosa.[103] Por sus
vecinas hizo siempre lo que pudo: a los niños los adoró siempre, porque no
pudo tenerlos. Pero era posible que la vieran muy delgada, muy amarilla.
Quizá la oían toser y pensaban que estaba tísica.[104] Ella sabía que la mataba
el paludismo. Pero, ¿cómo hacer para que los demás no creyeran otra cosa?
Mientras tanto había que sufrir, que esperar el momento definitivo en que ce-
saran sus negras penas, sus infructuosas[105] peregrinaciones, su terrible san-
grar de plantas[106] recorriendo los pedregales[107] del mundo . . .

En el techo empezaban a bailotear sombras extrañas; las sienes la marti-
llaban más recio[108] y su vista se le iba hacia lejanías[109] remotas, una lejanía
casi imprecisa ya, casi sin contornos, pero que al evocarlas en lánguida remi-
niscencia, la hacía sentir una voz de consuelo y resignación abriendo
trocha[110] de luz en lo más puro y en lo más íntimo de su vida.

Vivía entonces sus días de infancia en la aldea[111] remota que ate-
soraba[112] fragancia tonificante de pinos; música de zorzales[113] enamorados;
olor de terneritos[114] retozones; cadencia de torrentes[115] despeñados; frescura
de sabanetas[116] empapadas de rocío; pureza de sencilleces campesinas im-
pregnadas de salves y rosarios[117] devotísimos.

En la aldea lozana y cándida vio cómo se levantaban sus senos[118] robus-
tos y cómo le vibraban las carnes a los impulsos primeros del amor, del amor

103. Generosa.
104. Enferma de tuberculosis.
105. Sin resultado.
106. Parte inferior del pie.
107. Lugar cubierto de piedras; sitio árido, inhóspito.
108. En este contexto, le dolían con mayor fuerza.
109. Lugares apartados.
110. Camino.
111. Pueblo pequeño.
112. Reunía, guardaba.
113. Tipo de pájaro.
114. Vacas recién nacidas.
115. Corriente fuerte de agua.
116. Extensiones de tierra planas, sin árboles.
117. Oraciones de la iglesia católica.
118. Pechos.

sencillo, sin complicaciones civilizadas, pero con las dulzuras agrestes[119] de los idilios de Longo. Después, sus anhelos por venirse hacia la Costa soñada, insinuación de dichas y perspectiva en brazos de promesa[120] cuando desde la lejanía se sueña.

Las ilusiones prendían grandes fogatas[121] en su mente sencilla y buena y los llamados del instinto empezaban a quemar sus carnes morenas, turgentes, con un fuego distinto al del generoso sol de los trópicos. Empezó a deleitarse en la propia contemplación[122] cuando, libre de la prisión del vestido, surgía a la luz la soberbia[123] retadora de su cuerpo y cuando crespos[124] por la cosquilla de la brisa, como dos conos de fuego, se le escapaban los pechos de la prisión delicada de la blusa.

Entonces conoció al hombre que avivó su fuego interior y la predispuso a la aventura en tentativa de dominar horizontes. Oyó la invitación de venirse a la Costa como pudo haber oído la de irse para el cielo. El hombre le gustaba por fuerte, por guapo, por chucano.[125] Porque le ofrecía aquello que ella quería conocer: el amor y, además del amor, la Costa Norte.

—Allá—le decía él—los bananos crecen frondosos, se ganan grandes salarios y pronto haremos dinero. Tú me ayudarás en lo que puedas y saldremos adelante.[126]

—¿Y si alguna mujer te conquista y me das viaje?[127]

—¡De ninguna manera, mi negra, yo te quiero sólo a ti y juntos andaremos siempre!...

Andaremos en tren... En automóvil... Iremos al cine, a las verbenas,[128] en fin a todas partes...

—¿Y son bonitos los trenes?

119. Rústicas, campesinas.
120. *Insinuación de* ... En este contexto, posibilidades de dicha y felicidad.
121. Fuegos.
122. *Empezó a* ... Le causaba placer mirarse en el espejo.
123. Magnificencia.
124. Estimulados.
125. Cómico; con tendencia a hacer bromas.
126. *Saldremos* ... Tendremos éxito.
127. *Me das* ... Nos peleamos; acabamos la relación.
128. Fiestas para el pueblo.

—¡Como gusanones[129] negros que echaran humo por cabeza, sabes! Allí va un gentío, de campo en campo, de La Lima al Puerto. Un hombre va diciendo los nombres de las estaciones:

"¡Intiana! . . . ¡Mopala! . . . Tibombo! . . . ¡Kele-Kele! . . . " ¡Es arrechito! ¡Lo vas a ver!

Ella deliraba con salir del viejo pueblo de sus mayores. Amar y correr mundo. Para ella su pueblo estaba aletargado en una noche sin amanecer[130] y de nada servía su belleza, acodada[131] junto al riachuelo[132] murmurante de encrespado lecho de riscos y de guijas.[133] Quería dejar el pueblito risueño donde pasó sus años de infancia y donde el campo virgen y la tierra olorosa pusieron en su cuerpo fragancias y urgencias vitales. Así fue como emprendió el camino, cerca de su hombre, bajando estribaciones,[134] cruzando bulliciosos torrentes, pasando valles calcinados por un sol de fuego entre el concierto monótono de los chiquirines[135] que introducía menudas astillitas en la monorritmia desesperante de los días.

¡Y qué hombre era su hombre! Por las noches de jornada, durmiendo bajo las estrellas, sabía recompensarle[136] todas sus esperanzas, todos sus sueños y todos sus deseos. A la hora en que las tinieblas empezaban a descender sobre los campos, cuando la noche era más prieta[137] y más espesa, cuando la aurora[138] empezaba a regar sus arreboles[139] por la lámina lejana del Oriente . . . Ella sentía la impetuosidad, el fuego, la valentía, el coraje indomeñable[140] de su hombre y sentía que su entraña[141] se le encrespaba en divinos pálpitos de esperanza y de orgullo.

129. Gusanos grandes; animales invertebrados que se arrastran por el suelo.
130. *Aletargado* . . . En una situación sin salida, sin esperanza de salir adelante.
131. Situada.
132. Río pequeño.
133. *Murmurante de* . . . El agua hace ruido al golpear contra las piedras.
134. Lado de una montaña.
135. Insecto de Centroamérica.
136. Realizar.
137. Oscura.
138. Madrugada, primeros rayos de luz del día.
139. Color rojo que el cielo tiene al amanecer.
140. Arcaísmo: Que no se puede dominar.
141. Lo más esencial de su ser.

Llegaron, por fin, a La Lima y empezó la búsqueda de trabajo. Demetrio lo obtenía siempre porque por sus chucanadas[142] era amigo de capitanes, taimkípers[143] y mandadores, pero lo perdía luego porque en el fondo tenía mal carácter y por su propensión marcada a los vicios.

Montevista, Omonita, Mopala, Indiana, Tibombo, los campos del otro lado . . . en fin, cuanto sitio tiene abierto la Frutera conoció la peregrinación[144] de ellos en la búsqueda de la vida. Unas veces era en las tareas de chapia, otras como cortero o juntero de bananos; después como irrigador de veneno[145] cubierto de verde desde la cabeza hasta los pies. Siempre de sol a sol, asándose bajo el calor desesperante que a la hora del mediodía hacía rechinar[146] de fatiga las hojas de las matas de banano. Por las noches el hombre regresaba cansado, agobiado, mudo[147] de la fatiga que mordía los músculos otrora[148] elásticos como de fiera en las selvas.

En varias oportunidades enfermó él de paludismo, y, para curarse, acudía con más frecuencia al aguardiente. Todo en vano: la enfermedad seguía, y suspender el trabajo era morirse de hambre. Trabajaban por ese tiempo en Kele-Kele. Ella vendía de comer y él tenía una pequeña contrata. Una noche de octubre los hombres levantaban el bordo[149] poniéndole montañas de sacos de arena. Las embestidas del Ulúa[150] eran salvajes. Las aguas sobrepasaban el nivel del dique y Demetrio desapareció entre las tumultuosas aguas que minuto a minuto aumentaba el temporal.[151]

Quedó sola y enferma. Enferma también de paludismo. Con un nudo en el alma dejó los campos y se fue al puerto. Anduvo buscando qué hacer y sólo en Los Marinos pudo colocarse en trabajos que en nada la enorgullecían[152]

142. Bromas.
143. Deformación del inglés: Timekeepers.
144. Viaje.
145. Sustancia que al entrar en el organismo puede causar la muerte.
146. Hacer un sonido de molestia, pesar.
147. Sin poder hablar.
148. Antes; anteriormente.
149. El nivel del agua en la orilla del río.
150. *Las embestidas . . .* La fuerza de la corriente del agua del río Ulúa.
151. Lluvia muy fuerte.
152. *Que en . . .* Por los cuales no sentía orgullo.

sino que ahora, al evocarlos[153] le hacían venir a la cara los colores de la vergüenza. Miles de hombres de diferente catadura se refocilaban[154] en su cuerpo. Enferma y extenuada, con el alma envenenada para siempre, dejó el garito[155] y vino a caer a San Pedro Sula. El paludismo no la soltaba, cada día las fiebres fueron más intensas y ahora se encontraba postrada en aquel pobre catre[156] abandonada de todos, mientras la luz se iba y sombras atemorizadas le hacían extrañas piruetas cabalgando[157] en las vigas del techo.

Sus ojos que supieron amar, son ahora dos lagos resecos donde sólo perdura el sufrimiento; sus manos descarnadas, no son promesa de caricia ni de tibieza embrujadora;[158] sus senos flácidos casi ni se insinúan bajo la zaraza[159] humilde de la blusa; pasó sobre ella el vendaval[160] de la miseria, y se insinúa, como seguridad única, la certeza escalofriante de la muerte. En la calle, varios chiquillos juegan enloquecidos de júbilo.[161] Una pareja conversa acerca del antiguo y nuevo tema del amor. Un carro hiere el silencio con la arrogancia asesina de su claxon. A la distancia, el mixto[162] deja oir la estridencia de su pito, y la vida sigue porque tiene que seguir . . .

Cuestionario

1. Según el texto, ¿cuáles son las condiciones de vida de la población de las zonas bananeras?
2. ¿Qué problemas de salud pueden presentarse en tales condiciones?
3. ¿Por qué decide el protagonista mudarse de la aldea a la Costa Norte? ¿Qué le atrae de la ciudad?
4. ¿Para qué empresa trabaja Demetrio? ¿Qué tipo de trabajo tiene?
5. Describa las condiciones en las cuales trabaja.

153. Recordarlos, pensar en ellos.
154. Se divertían.
155. Casino; lugar de juego.
156. Cama.
157. En este contexto, moviéndose.
158. *No son* . . . Han perdido su sensualidad.
159. Tela de algodón.
160. Tempestad.
161. Alegría.
162. Tren con vagones para transporte de pasajeros y mercancía.

6. ¿Cuáles son los efectos para la fuerza laboral de trabajar en tales condiciones?

7. Al final del cuento, ¿qué tipo de trabajo tiene la protagonista?

8. ¿El fracaso y sufrimiento de los protagonistas se debe a factores personales o a factores sociales? Explique su respuesta.

9. Compare la vida en la aldea con la vida en el pueblo de la compañía.

10. Explique el simbolismo del título del cuento. ¿Qué relación ve Ud. entre el título y la compañía frutera?

Temas de discusión

Desarrolle, en forma individual o en grupo, los siguientes temas y haga un resumen para compartir con la clase:

1. Condiciones de vida en el trópico.
2. Problemas de salud de la población campesina en Latinoamérica.
3. La situación de la mujer en el campo.
4. La explotación del trabajador campesino.

Ejercicios

Complete las siguientes oraciones con las palabras adecuadas:

1. La protagonista se ve obligada a _____ para ganar dinero para vivir.

2. La mujer y Demetrio deciden ir a _____ para _____ _____.

3. En la zona bananera, Demetrio trabaja para _____ y ella _____.

4. Para olvidar sus preocupaciones, Demetrio _____ _____.

5. Demetrio muere en _____ en el río _____ _____.

6. Al final del cuento, la mujer vive en _____ y se dedica a _____.

9

Hispanos en los Estados Unidos

Sería imposible llevar a cabo un estudio del mundo hispano sin tener en cuenta la presencia de hispanos en los Estados Unidos, que es el destino principal de los inmigrantes de nuestros países, especialmente de México, América Central y el Caribe.

La comunidad hispana en los Estados Unidos es heterogénea y las razones por la cuales decidieron radicarse en este país son tan diversas como sus características étnicas y culturales. En ciertos grupos, por ejemplo, mexicanos, centroamericanos y colombianos, predominan las razones económicas: La emigración era la única forma de superar las dificultades del país de origen. Para otros, cubanos, nicaragüenses, y argentinos, chilenos y españoles en menores cantidades, la venida a los Estados Unidos fue motivada por la necesidad de escapar a regímenes autoritarios y represivos. Tanto puertorriqueños como chicanos son ciudadanos norteamericanos y por lo tanto no pueden ser considerados inmigrantes, aunque comparten con los demás muchas de las características de la cultura latina.

La experiencia en este país ha sido igualmente variada. Los cubanos, por ejemplo, han llegado a compartir el "sueño americano" y el éxito que han tenido en Norteamérica se manifiesta en su plena participación en las instituciones políticas y económicas de su comunidad: Miami es una ciudad con un sabor indiscutiblemente latino—el enlace entre Estados Unidos y el Caribe—en donde los refugiados cubanos han podido demostrar su espíritu emprendedor. En otros casos la experiencia ha sido considerablemente más difícil, y el inmigrante se ha visto obligado a desempeñar las labores más desagradables de la sociedad, muchas veces en un contexto hostil. Aún hoy en día son frecuentes los casos de explotación económica y discriminación. Lo que es indiscutible es que la comunidad hispana—sea cual fuere su experiencia y sus razones para haberse radicado en los Estados Unidos—ha contribuido a enriquecer la economía y la cultura del país que los ha recibido.

El número de hispanos en Norteamérica ha crecido rápidamente en los últimos diez años, y su importancia se puede captar al hacer ciertas comparaciones. La población latina en los Estados Unidos es más grande que la de la mayoría de los países hispanohablantes, con excepción de México, España, Colombia y Argentina. Más puertorriqueños viven en Nueva York que en la isla, más dominicanos que en Santo Domingo, y la colonia colombiana en Nueva York y Miami sería la tercera ciudad más grande de Colombia. Según las cifras aportadas por el censo del 2000, en pocos años los hispanos se convertirán en la minoría más numerosa de los Estados Unidos, superando a los afro-americanos. En estados como Florida, Texas y California, esto ya es prácticamente una realidad. En el sureste del país la población latina ya es bastante numerosa, y su crecimiento se ha visto acompañado de toda una serie de negocios y servicios dirigidos específicamente a la comunidad. Atlanta, como ejemplo más reciente, cuenta con la Cámara de Comercio Hispana, Páginas Amarillas Hispanas y varias organizaciones de profesionales, y el sistema educativo del área metropolitana se ha visto obligado a ofrecer programas bilingües para los hijos de los inmigrantes, que ya son un porcentaje significativo de la población escolar.

A pesar del acelerado crecimiento, la comunidad hispana en los Estados Unidos todavía no logra transformar su tamaño en poderío político. Aunque Florida, California, Texas y Nueva York han elegido hispanos a la Cámara de Representantes del gobierno federal, aún no se llega a un nivel de participación que refleje adecuadamente el potencial electoral. Con más visibilidad política y peso en las instituciones gubernamentales, la comunidad latina, como muchos otros grupos de inmigrantes, tendrá mayor oportunidad de participar plenamente en la vida nacional.

Repasemos

1. Explique las diferencias en cuanto a la "experiencia norteamericana" de los diferentes grupos que conforman la comunidad latina en EEUU. ¿Qué grupo o nacionalidad ha tenido más éxito? ¿Por qué?
2. Explique las diferentes razones que han llevado a los hispanos a emigrar a los EEUU. ¿Cómo contrastan con las de otros inmigrantes, como italianos o irlandeses?
3. ¿Cómo explica Ud. la emigración a estados del sureste, en donde hasta no hace mucho tiempo la población hispana era mínima?
4. En su opinión, ¿qué factores tienden a limitar la participación hispana en el proceso electoral? ¿Qué consecuencias para la comunidad podría tener esto?
5. En su opinión, ¿cómo han contribuido los hispanos a enriquecer la cultura norteamericana?

Temas de discusión

Desarrolle, en forma individual o en grupo, los siguientes temas y haga un resumen para compartir con la clase:

1. Diversas formas de discriminación contra los inmigrantes: Casos, causas, soluciones.
2. Inglés como lengua oficial de EEUU contra diversidad cultural y lingüística.
3. Programas como la "acción afirmativa": ¿Una necesidad o un remedio cuyo momento ya ha pasado?
4. Semejanzas y diferencias en la "experiencia norteamericana" para los latinos y otros grupos de inmigrantes recientes.

José Hierro, su contexto y "Réquiem"

José Hierro nació en Madrid en 1922. Pasó sus años de infancia y adolescencia en Santander, en el norte del país. Durante la guerra civil ingresa a la Unión de Escritores y Artistas Revolucionarios. En 1939 es detenido por la policía del régimen franquista a raíz de sus actividades clandestinas de ayuda a presos políticos y estuvo preso hasta 1944. Su labor poética ha sido reconocida en numerosas ocasiones, con el Premio Nacional de Literatura en 1953, el Premio de la Crítica en 1958, el Premio Príncipe de Asturias de Literatura en 1981, y más recientemente el Premio Reina Sofía de Poesía Española e Hispanoamericana en 1995. Entre sus obras se destacan las siguientes colecciones de poemas: *Alegría* (1947), *Quinta del 42* (1953), *Cuanto sé de mí* (1957) y *Libro de alucinaciones* (1964).

La poesía de Hierro es poesía de tono popular, testimonio directo y personal de las difíciles circunstancias que sucedieron al triunfo del bando nacionalista en la guerra civil en 1939. Los años de la posguerra fueron, para gran parte del pueblo español y especialmente para quienes habían apoyado al gobierno republicano, un largo período de dificultades económicas y políticas: La prosperidad que habría de traer consigo la victoria nacionalista no lograba materializarse. El estado de la economía, seriamente debilitada por la contienda civil, se agravó considerablemente por la Segunda Guerra Mundial en Europa y el aislamiento de que fue objeto el régimen tras la victoria de los aliados. El programa de autosuficiencia económica—autarquía—iniciado por el gobierno a comienzos de los años cuarenta, con el objeto de lograr cierto nivel de independencia respecto al mercado exterior, tuvo como resultado una vertiginosa caída del nivel de vida de la población a consecuencia de la escasez de productos de consumo y la correspondiente alza en precios. No sería sino hasta principios de los cincuenta que la economía española podría superar el nivel de rentas anterior a la guerra civil, que de por sí era bastante modesta en comparación con otros países europeos.

Las dificultades económicas se vieron acompañadas de una severa represión política, necesaria para implantar el régimen franquista en un país todavía dividido por las pasiones que llevaron a la guerra civil. Todo tipo de actividad sindical, política o intelectual que no concordara con los objetivos del régimen fue duramente castigada. Se calcula que en los primeros años de la posguerra España tenía más de 250.000 presos políticos, de los cuales más de 20.000 serían fusilados.

Para escapar a tales circunstancias, miles de españoles se vieron obligados a emigrar en busca de un mejor nivel de vida en otros lugares. Gran parte de los emigrantes se trasladaron al norte de Europa, a países como Francia y Alemania cuyas economías, para finales de los cincuenta, se habían ya recuperado del desastre de la guerra, impulsadas por el Plan Marshall iniciado por el gobierno de los Estados Unidos. Otros, como sus antepasados por casi cuatro siglos, decidieron venir al continente americano, ya no en busca de El Dorado y de fama y fortuna, sino de cualquier tipo de trabajo para poder mantenerse a sí mismos y a su familia. México, Venezuela, Chile, Argentina y Estados Unidos—con una economía en pleno período de expansión—acogieron a los refugiados del régimen de Franco. Estos, muy posiblemente, son los factores que llevaron a Manuel del Río a dejar España por los talleres y factorías de New Jersey.

Repasemos

1. Resuma el estado de la economía española durante el período de la posguerra.
2. Defina el concepto de autarquía y explique por qué, en el mundo moderno, podría tener consecuencias desastrosas.
3. Aunque España no participó en el Plan Marshall se benefició indirectamente. Explique por qué.
4. ¿Por qué se vio el gobierno franquista obligado a controlar todo tipo de actividad sindical y política?
5. ¿Qué consecuencias podría tener para un país el éxodo constante de trabajadores, profesionales e intelectuales?

Vocabulario para antes de leer

Caja: Recipiente de madera para enterrar a los muertos.

Grúa: Maquinaria utilizada en muelles o sitios industriales para levantar y
   mover objetos pesados.

Misa: Ceremonia de la iglesia católica.

"Réquiem"

Manuel del Río, natural
de España, ha fallecido el sábado
11 de mayo, a consecuencia
de un accidente. Su cadáver
está tendido en D'Agostino
Funeral Home. Haskell. New Jersey.
Se dirá una misa cantada
a las 9,30, en St. Francis.

Es una historia que comienza
con sol y piedra, y que termina
sobre una mesa, en D'Agostino,
con flores y cirios[1] eléctricos.
Es una historia que comienza
en una orilla del Atlántico.
Continúa en un camarote
de tercera,[2] sobre las olas
—sobre las nubes—de las tierras
sumergidas ante Platón.
Halla[3] en América su término
con una grúa y una clínica,

1. Vela grande usada en los funerales.
2. *Camarote* . . . En un barco, cuarto de tercera clase.
3. Encuentra.

con una esquela[4] y una misa
cantada, en la iglesia de St. Francis.

Al fin y al cabo, cualquier sitio
da[5] lo mismo para morir:
el que se aroma[6] de romero,
el tallado en piedra o en nieve,
el empapado de petróleo.
Da lo mismo que un cuerpo se haga
piedra, petróleo, nieve, aroma.
Lo doloroso no es morir
acá o allá . . .
                    Réquiem aeternam,
Manuel del Río. Sobre el mármol
en D'Agostino, pastan[7] toros
de España, Manuel, y las flores
(funeral de segunda,[8] caja
que huele a abetos del invierno),
cuarenta dólares. Y han puesto
unas flores artificiales
entre las otras que arrancaron
al jardín . . . Libérame Domine
de morte aeterna . . . Cuando mueran
James y Jacob verán las flores
que pagaron Giulio o Manuel . . .

Ahora descienden a tus cumbres[9]
garras[10] de águila. Dies irae.

4. Anuncio en el periódico del fallecimiento de una persona.
5. Del verbo *dar,* es lo mismo.
6. *Se* . . . Tiene aroma.
7. Del verbo *pastar.* Para el ganado, comer hierba.
8. De segunda clase.
9. Parte más alta de una montaña.
10. Talones.

Lo doloroso no es morir
Dies illa acá o allá;
sino sin gloria . . .
                              Tus abuelos
fecundaron la tierra toda,
la empapaban[11] de la aventura.
Cuando caía un español se mutilaba el universo.
Los velaban[12] no en D'Agostino
Funeral Home, sino entre hogueras,[13]
entre caballos y armas. Héroes
para siempre. Estatuas de rostro[14]
borrado. Vestidos aún
sus colores de papagayo,
de poder y de fantasía.

Él no ha caído así. No ha muerto
por ninguna locura hermosa.
(Hace mucho que el español
muere de anónimo y cordura,[15]
o en locuras desgarradoras
entre hermanos: cuando acuchilla[16]
pellejos de vino[17] derrama
sangre fraterna.) Vino un día
porque su tierra es pobre. El mundo
Libérame Domine es patria.
Y ha muerto. No fundó ciudades.
No dio su nombre a un mar. No hizo

11. Saturaban.
12. Del verbo *velar*. Acompañar a un difunto.
13. Fuegos.
14. Cara. Parte delantera de la cabeza.
15. Prudencia, madurez.
16. Del verbo *acuchillar*. Herir con cuchillo.
17. Pellejos . . . En este contexto, saco hecho de cuero de animal para contener el
    vino. Alusión a una de la aventuras de Don Quijote, el personaje de la novela
    de Cervantes.

más que morir por diecisiete
dólares (él los pensaría
en pesetas). Réquiem aeternam.
Y en D'Agostino lo visitan
los polacos, los irlandeses,
los españoles, los que mueren
en el week-end.

        Réquiem aeternam.
Definitivamente todo
ha terminado. Su cadáver
está tendido en D'Agostino
Funeral Home. Haskell. New Jersey.
Se dirá una misa cantada
por su alma.
        Me he limitado
a reflejar aquí una esquela
de un periódico de New York.
Objetivamente. Sin vuelo
en el verso.[18] Objetivamente.
Un español como millones
de españoles. No he dicho a nadie
que estuve a punto de llorar.

Cuestionario

1. ¿A qué clase social pertenece Manuel del Río?
2. Explique el siguiente verso: "Es una historia que comienza con sol y piedra."
3. ¿Qué importancia tiene el hecho de que el cadáver esté entre "cirios eléctricos" y "flores artificiales"?
4. ¿Qué dice el poeta de los antepasados simbólicos del muerto? ¿Quiénes eran tales antepasados?
5. ¿Por qué es que Manuel del Río muere sin gloria?

18. *Sin* . . . Embellecer las circunstancias.

6. ¿Qué nos dice la vida—y muerte—de Manuel del Río de la España contemporánea?

7. ¿Por qué se vio obligado a emigrar?

8. Explique los siguientes versos: "No hizo / más que morir por diecisiete / dólares (él los pensaría / en pesetas)."

9. ¿Es la experiencia de Manuel del Río algo único? ¿Hasta qué punto representa la situación de otras nacionalidades que se han instalado en los EEUU?

10. ¿Qué visión nos da el poeta de la vida del imigrante en los EEUU?

Temas de discusión

Desarrolle, en forma individual o en grupo, los siguientes temas y haga un resumen para compartir con la clase:

1. Problemas del imigrante en EEUU.
2. La situación de España después de la Guerra Civil.
3. Explotación económica del imigrante.
4. Cambios recientes en el tipo de inmigración a EEUU.
5. El mito del "crisol americano."

Ejercicios

Complete las siguientes oraciones con las palabras adecuadas:

1. Manuel del Río fue víctima de un _____.

2. Se vio obligado a emigrar a EEUU a causa de _____
____.

3. Cruzó el mar en un _____.

4. Aunque sus antepasados tuvieron un pasado _____,
la vida de Manuel del Río fue _____.

5. El cuerpo de Manuel está en la funeraria _____,
en _____.

6. El poeta encontró el anuncio de su muerte en _____
_____.

Pedro Juan Soto, su contexto
y "Campeones"

Pedro Juan Soto nació en el pequeño pueblo de Cataño, Puerto Rico, en 1928. Se trasladó a los Estados Unidos para hacer estudios de medicina, pero abandonó ese proyecto para dedicarse al periodismo y a escribir reportajes sobre la vida del puertorriqueño en Nueva York. Dificultades de varios tipos lo obligaron a volver a Puerto Rico en 1954, donde se dedicó a su labor literaria. Entre sus obras se destacan varias novelas: *Los perros anónimos* (1950, inédita), *Usmaíl* (1959) y *Ardiente suelo y fría estación* (1961); dos dramas: *El huésped* (1955) y *Las máscaras* (1958); y un tomo de cuentos, *Spiks* (1957). Con su última novela, *Un oscuro pueblo sonriente,* ganó el Premio Casa de Las Américas en 1982.

Soto pertenece a la llamada Generación del '40, una promoción de escritores cuya literatura enfoca los conflictos psicológicos y sociales causados por el choque de la cultura puertorriqueña con la anglosajona a raíz de la masiva ola de inmigración de la isla a la ciudad de Nueva York. En el siglo XX, la historia de Puerto Rico queda íntimamente ligada con la de Estados Unidos: Tras la derrota de España en 1898, Puerto Rico pasó a ser protectorado norteamericano, y en 1917 se le concedió el derecho a todo puertorriqueño a ser ciudadano de los Estados Unidos. Por esa época, a pesar de la presencia norteamericana y de las inversiones en ingenios azucareros, la isla se caracterizaba ante todo por la extrema miseria y el exceso de población. Después de la Segunda Guerra Mundial, bajo la dirección de Luis Muñoz Marín, primer gobernador elegido por voto popular en 1949, comenzó un rápido proceso de cambio, basado principalmente en una amplia reforma educativa y un programa de reducción de impuestos a toda compañía norteamericana que se instalara en la isla. Como resultado, el nivel de vida en Puerto Rico logró superar el de la mayoría de los países latinoamericanos.

El gobierno de Muñoz Marín coincidió con otro fenómeno de gran impacto para el puertorriqueño: la emigración a los Estados Unidos. La población puertorriqueña en Nueva York pasó de 70.000 en 1940 a más de 600.000 en 1960. De tal manera, en pocos años el puertorriqueño pasó a ocupar el segundo lugar en el número de inmigrantes de habla hispana.

El traslado a Nueva York, sin embargo, no mejoró de forma significativa el nivel de vida de los inmigrantes, en su mayoría campesinos que enfrentaron serias barreras culturales al llegar a su nuevo país. Para muchos fue difícil adaptarse al ritmo de vida urbano, en particular a las exigencias de una economía moderna basada en una mano de obra calificada y con alto nivel de educación. Otro problema surgió a raíz del papel de la mujer, quien según la tradición patriarcal de la isla, no debe trabajar fuera de casa pero que se vio obligada a hacerlo en Nueva York por razones económicas.

En pocos años las comunidades "boricuas"—sobrenombre derivado del nombre indígena de la isla—fueron quedando atrás con respecto a otros grupos hispanos y minoritarios. Para mediados de los años ochenta, la situación era crítica. De las familias puertorriqueñas radicadas en el noreste de los Estados Unidos, 50 por ciento vivía por debajo del nivel de pobreza; 44 por ciento tenía a una mujer como cabeza de la familia, y la tasa de mortalidad infantil era 50 por ciento más alta que en familias de inmigrantes mexicanos. Las comunidades puertorriqueñas también se vieron afectadas de forma desproporcionada por el desempleo, la falta de vivienda adecuada, abuso de drogas y alcohol, y un alto índice de criminalidad. El sentimiento de marginación es particularmente agudo entre los jóvenes, para quienes alcanzar "el sueño americano" es una posibilidad bastante remota.

Repasemos

1. Explique la relación actual entre Puerto Rico y EEUU.
2. ¿Qué diferencias hay entre el puertorriqueño y otros inmigrantes hispanos en EEUU?
3. Explique la labor reformista de Luis Muñoz Marín. ¿Cómo funciona la exención de impuestos como incentivo económico?
4. Explique el impacto de las diferencias culturales—en particular el papel de la mujer—en la familia puertorriqueña.
5. ¿Qué consecuencias—sociales, educativas—podría tener en los jóvenes los sentimientos de marginación y desafecto?

Vocabulario para antes de leer

Hacer trampa: Jugar de forma deshonesta.
Mesa: Mueble en que se juega "pool" o billar; juego o partido.
Picar: En "pool" o billar, golpear las bolas con el taco.

"Campeones"

El taco[19] hizo un último vaivén sobre el paño verde, picó al mingo[20] y lo restalló[21] contra la bola quince. Las manos rollizas,[22] cetrinas, permanecieron quietas hasta que la bola hizo "clop" en la tronera[23] y luego alzaron el taco hasta situarlo diagonalmente frente al rostro ácnido y fatuo: el ricito[24] envaselinado estaba ordenadamente caído sobre la frente, la oreja atrapillaba[25] el cigarrillo, la mirada era oblicua y burlona, y la pelusilla del bigote había sido acentuada a lápiz.

—¿Qui'ubo,[26] men?—dijo la voz aguda—. Ese sí fue un tiro de campión,[27] ¿eh?

Se echó a reír, entonces.

Su cuerpo chaparro,[28] grasiento, se volvió una mota alegremente tembluzca dentro de los ceñidos mahones[29] y la camiseta sudada.

Contemplaba a Gavilán—los ojos, demasiado vivos, no parecían tan vivos ya; la barba, de tres días, pretendía enmarañar[30] el malhumor del rostro y no lo lograba; el cigarrillo, cenizoso, mantenía cerrados los labios, detrás de los cuales nadaban las palabrotas—y disfrutaba de la hazaña perpetrada.

19. Vara de madera para jugar billar o "pool."
20. Bola blanca para jugar billar o "pool."
21. Lo hizo golpear.
22. Gordas.
23. En una mesa de "pool," los huecos en donde caen las bolas.
24. Cabello rizado.
25. Sostenía.
26. "¿Qué pasa?" Giro popular.
27. Campeón.
28. Pequeño.
29. Pantalones comunes entre los jóvenes; bluyins.
30. En este contexto, esconder, disimular.

Le había ganado dos mesas corridas.[31]

Cierto que Gavilán había estado seis meses en la cárcel, pero eso no importaba ahora. Lo que importaba era que había perdido dos mesas con él, a quien estas victorias colocaban en una posición privilegiada. Lo ponían sobre los demás, sobre los mejores jugadores del barrio y sobre los que le echaban en cara[32] la inferioridad de sus dieciséis años—su "nenura"—en aquel ambiente. Nadie podría ahora despojarle de su lugar en Harlem. Era el nuevo, el sucesor de Gavilán y los demás individuos respetables. Era igual . . . No. Superior, por su juventud: tenía más tiempo y oportunidades para sobrepasar todas las hazañas de ellos.

Tenía ganas de salir a la calle y gritar: "¡Le gané dos mesas corridas a Gavilán! ¡Digan ahora! ¡Anden y digan ahora!" No lo hizo. Tan sólo entizó[33] su taco y se dijo que no valía la pena. Hacía sol afuera, pero era sábado y los vecinos andarían por el mercado a esta hora de la mañana. No tendría más público que chiquillos mocosos y abuelas desinteresadas. Además, cierta humildad era buena característica de campeones.

Recogió la peseta[34] que Gavilán tiraba sobre el paño y cambió una sonrisa ufana[35] con el coime[36] y los tres espectadores.

—Cobra lo tuyo—dijo al coime, deseando que algún espectador se moviera hacia las otras mesas para regar[37] la noticia, para comentar cómo él, Puruco, aquel chiquillo demasiado gordo, el de la cara barrosa[38] y la voz cómica, había puesto en ridículo al gran Gavilán. Pero, al parecer, estos tres esperaban otra prueba.

Guardó sus quince centavos y dijo a Gavilán, que se secaba su demasiado sudor de la cara:

—¿Vamos pa'la otra?[39]

31. *Dos* . . . juegos seguidos.
32. *Le* . . . recordaban constantemente.
33. Cubrió de tiza especial.
34. Moneda, en este contexto de 25 centavos.
35. Arrogante.
36. Dependiente; sirviente.
37. Difundir; anunciar.
38. Con barros; acné.
39. *¿Vamos* . . . "¿Jugamos otra vez?"

—Vamoh[40]—dijo Gavilán, cogiendo de la taquera otro taco para entizarlo meticulosamente.

El coime desenganchó el triángulo e hizo la piña de la próxima tanda.[41]

Rompió Puruco, dedicándose enseguida a silbar y a pasearse alrededor de la mesa elásticamente, casi en la punta de los tenis.

Gavilán se acercó al mingo con su pesadez característica y lo centró, pero no picó todavía. Simplemente alzó la cabeza, peludísima, dejando el cuerpo inclinado sobre el taco y el paño, para decir:

—Oye, déjame el pitito.[42]

—Okey, men—dijo Puruco, y batuteó su taco hasta que oyó el tacazo de Gavilán y volvieron a correr y chasquear las bolas. Ninguna se entroneró.

—Ay, bendito—dijo Puruco—. Si lo tengo muerto a ehte hombre.

Picó hacia la uno, que se fue y dejó a la dos enfilada[43] hacia la tronera izquierda. También la dos se fue. Él no podía dejar de sonreír hacia uno y otro rincón del salón. Parecía invitar a las arañas, a las moscas, a los boliteros[44] dispersos entre la concurrencia de las demás mesas, a presenciar esto.

Estudió cuidadosamente la posición de cada bola. Quería ganar esta otra mesa también, aprovechar la reciente lectura del libro de Willie Hoppe y las prácticas de todos aquellos meses en que había recibido la burla de sus contrincantes.[45] El año pasado no era más que una chata; ahora comenzaba la verdadera vida, la de campeón. Derrotado Gavilán, derrotaría a Mamerto y al Bimbo . . . "¡Ábranle paso al Puruco!," dirían los conocedores. Y él impresionaría a los dueños de billares, se haría de buenas conexiones. Sería guardaespaldas de algunos y amigo íntimo de otros. Tendría cigarrillos y cerveza gratis. Y mujeres, no chiquillas estúpidas que andaban siempre con miedo y que no iban más allá de algún apretujón[46] en el cine. De ahí, a

40. Vamos. Pronunciación puertorriqueña, que tiende a eliminar el sonido de la "s" en ciertos casos.
41. *Desenganchó* . . . Ordenó las bolas de "pool" en forma de triángulo para el próximo juego.
42. El sonido del silbido.
43. En línea recta hacia algo.
44. En este contexto, otros jugadores de "pool."
45. Persona contra quien se compite en un deporte o juego.
46. En este contexto, abrazo fuerte.

la fama: el macho del barrio, el individuo indispensable para cualquier asunto—la bolita, el tráfico de narcóticos, la hembra de Riverside Drive de paseo por el barrio, la pelea de esta pandilla con la otra para resolver "cosas de hombres."

Con un pujido, pifió[47] la tres y maldijo. Gavilán estaba detrás de él cuando se dio vuelta.

—¡Cuidado con echarme fufú![48]—dijo, encrespándose.[49]

Y Gavilán:

—Ay, deja eso.

—No, no me vengah con eso, men. A cuenta que estah perdiendo.

Gavilán no respondió. Centró al mingo a través del humo que le arrugaba las facciones y lo disparó para entronerar dos bolas en bandas contrarias.

—¿Lo ve?—dijo Puruco, y cruzó los dedos para salvaguardarse.[50]

—¡Cállate la boca!

Gavilán tiró a banda, tratando de meter la cinco, pero falló. Puruco estudió la posición de su bola y se decidió por la tronera más lejana, pero más segura. Mientras centraba, se dio cuenta que tendría que descruzar los dedos. Miró a Gavilán con suspicacia y cruzó las dos piernas para picar. Falló el tiro.

Cuando alzó la vista, Gavilán sonreía y se chupaba la encía superior para escupir su piorrea. Ya no dudó que era víctima de un hechizo.

—No relajeh, men.[51] Juega limpio.

Gavilán lo miró extrañado, pisando el cigarrillo distraídamente.

—¿Qué te pasa a ti?

—No—dijo Puruco—¡que-no sigah con ese bilongo.[52]

—¡Adió!—dijo Gavilán—. Si éhte cree en brujoh.

Llevó el taco atrás de su cintura, amagó una vez y entroneró fácilmente. Volvió a entronerar en la próxima. Y en la otra. Puruco se puso nervioso. O Gavilán estaba recobrando su destreza, o aquel bilongo le empujaba el taco. Si no sacaba más ventaja, Gavilán ganaría esta mesa. Entizó su taco, tocó madera tres veces y aguardó turno. Gavilán falló su quinto tiro. Entonces Pu-

47. Falló.
48. Una maldición; acto de brujería.
49. En este contexto, enojándose.
50. Protegerse.
51. En este contexto, "No hagas bromas."
52. *Que . . .* En este contexto, "No sigas con este truco."

ruco midió distancia. Picó, metiendo la ocho. Hizo una combinación para entronerar la once con la nueve. La nueve se fue luego. Caramboleó la doce a la tronera y falló luego la diez. Gavilán también la falló. Por fin logró Puruco meterla, pero para la trece casi rasga el paño. Sumó mentalmente. No le faltaban más que ocho tantos,[53] de manera que podía calmarse.

Pasó el cigarrillo de la oreja a los labios. Cuando lo encendía, de espaldas a la mesa para que el abanico no apagara el fósforo, vio la sonrisa socarrona[54] del coime. Se volvió rápidamente y cogió a Gavilán *in fraganti:* Los pies levantados del piso, mientras el cuerpo se ladeaba sobre la banda[55] para hacer fácil el tiro. Antes de que pudiera hablar, Gavilán había entronerado la bola.

—¡Oye, men!

—¿Qué pasa?—dijo Gavilán tranquilamente, ojeando el otro tiro.

—¡No me vengah con eso, chico! Así no me ganah.

Gavilán arqueó una ceja para mirarlo, y aguzó el hocico mordiendo el interior de la boca.

—¿Qué te duele?—dijo.

—No, que así no—abrió los brazos Puruco, casi dándole al coime con el taco. Tiró el cigarrillo violentamente y dijo a los espectadores: Uhtedeh lo han vihto, ¿veldá?[56]

—¿Vihto qué?—dijo, inmutable, Gavilán.

—Na,[57] la puercá[58] esa—chillaba Puruco—. ¿Tú creh que yo soy bobo?

—Adioh, cará—rió Gavilán—. No me pregunteh a mí, porque a lo mejol te lo digo.

Puruco dio con el taco sobre una banda de la mesa.

—A mí me tieneh que jugar limpio. No te conformah con hacerme cábala primero, sino qué dehpueh te mateh hacer trampa.

—¿Quién hizo trampa?—dijo Gavilán. Dejó el taco sobre la mesa y se acercó sonriendo, a Puruco—. ¿Tú diceh que yo soy tramposo?

53. En este contexto, bolas.
54. Burlona.
55. El borde de la mesa de "pool."
56. Verdad. (Pronunciación puertorriqueña, que tiende a cambiar el sonido de "r" por "l" en ciertos casos).
57. Nada.
58. Puercada; jugada sucia.

—No—dijo Puruco, cambiando de tono, aniñando la voz,[59] vacilando sobre sus pies—. Pero eh qui así no se debe jugar, men. Si ti han vihto.

Gavilán se viró hacia los otros.

—¿Yo he hecho trampa?

Sólo el coime sacudió la cabeza. Los demás no dijeron nada, cambiaron de vista.

—Pero si ehtabah encaramao en la mesa, men—dijo Puruco.

Gavilán le empuñó la camiseta como sin querer, desnudándole la espalda fofa[60] cuando lo atrajo hacia él.

—A mí nadie me llama tramposo.

En todas las otras mesas se había detenido el juego. Los demás observaban desde lejos. No se oía más que el zumbido del abanico y de las moscas, y la gritería de los chiquillos en la calle.

—¿Tú te creeh qui un pilemielda[61] como tú me va a llamar a mí tramposo?—dijo Gavilán, forzando sobre el pecho de Puruco el puño que desgarraba la camiseta—. Te dejo ganar doh mesitah pa que tengas de qué echártelah, y ya te creeh rey. Echa p'allá, infelih—dijo entre dientes-. Cuando crehcas noh vemo.

El empujón lanzó a Puruco contra la pared de yeso, donde su espalda se estrelló de plano. El estampido llenó de huecos el silencio. Alguien rió, jijeando. Alguien dijo: "Fanfarrón que es."

—Y lárgate di aquí anteh que te meta tremenda patá—dijo Gavilán.

—Okey, men—tartajeó[62] Puruco, dejando caer el taco.

Salió sin atreverse a alzar la vista, oyendo de nuevo tacazos en las mesas, risitas. En la calle tuvo ganas de llorar, pero se resistió. Esto era de mujercitas. No le dolía el golpe recibido; más le dolía lo otro: aquel "cuanda crehcas noh vemo." Él era un hombre ya. Si le golpeaban, si lo mataban, que lo hicieran olvidándose de sus dieciseis años. Era un hombre ya. Podía hacer daño, mucho daño, y también podía sobrevivir a él.

Cruzó a la otra acera pateando furiosamente una lata de cerveza, las manos pellizcando, desde dentro en los bolsillos, su cuerpo clavado a la cruz de la adolescencia.

59. *Aniñando* . . . Con voz de niño.
60. Sin músculo.
61. Pila de mierda; basura.
62. Del verbo *tartajear:* Hablar con dificultad.

Le había dejado ganar dos mesas, decía Gavilán. Embuste.[63] Sabía que las perdería todas con él, ahora en adelante, con el nuevo campeón. Por eso la brujería, por eso la trampa, por eso el golpe. Ah, pero aquellos tres individuos regarían la noticia de la caída de Gavilán. Después Mamerto y el Bimbo. Nadie podía detenerle ahora. El barrio, el mundo entero, iba a ser suyo.

Cuando el aro del barril se le enredó entre las piernas, lo pateó a un lado. Le dio un manotazo al chiquillo que venía a recogerlo.

—Cuidao, men, que te parto un ojo—dijo, iracundo.

Y siguió andando, sin preocuparse de la madre que le maldecía y corría hacia el chiquillo lloroso. Con los labios apretados, respiraba hondo. A su paso, veía caer serpentinas y llover vítores[64] de las ventanas desiertas y cerradas.

Era un campeón. Iba alerta sólo al daño.

Cuestionario

1. ¿En dónde están los personajes del cuento? Qué están haciendo?
2. ¿Qué nota Ud. del lenguaje y modo de hablar de los personajes?
3. ¿Por qué es tan importante para Puruco derrotar al Gavilán?
4. ¿Cuáles son los privilegios de quien queda de "Campeón"?
5. El cuento menciona actividades ilegales. ¿Cuáles son?
6. ¿Al final, quién gana la partida?
7. ¿Cómo define el protagonista los conceptos de éxito y categoría social?
8. ¿Cómo se diferencia tal definición de los valores de la sociedad en general?
9. Trate de reconstruir el contexto / ambiente en el cual se lleva a cabo la acción.

Temas de discusión

Desarrolle, en forma individual o en grupo, los siguientes temas y haga un resumen para compartir con la clase:

1. La marginación del inmigrante hispano.
2. Condiciones de vida en los barrios de los inmigrantes.
3. El concepto de "ser hombre" entre inmigrantes hispanos.

63. Mentira.
64. Aplausos; aclamaciones.

4. Compare la vida de los personajes en el cuento con la vida/intereses de adolescentes de clase media.

Ejercicios

Complete las siguientes oraciones con las palabras adecuadas:

1. El cuento tiene lugar en _____ en un barrio de _____.

2. Puruco y Gavilán están en _____.

3. Puruco sueña con ganar para ser _____ y así tener _____ y _____.

4. Puruco teme que Gavilán esté haciendo _____ para ganar la partida.

5. El público está de parte de _____.

6. A pesar de su humillación Puruco no llora, porque llorar es cosa de _____.

La frontera de cristal de Carlos Fuentes y su contexto[65]

La inmigración, sea legal o ilegal, es un factor clave en la relación entre Estados Unidos y México. La frontera entre los dos países—la única en el mundo que separa dos economías tan diferentes, una desarrollada y la otra en vía de desarrollo—no ha podido impedir el paso de trabajadores mexicanos, atraídos por la demanda de mano de obra barata en granjas[66] y factorías del norte. Aunque la impresión que tiene el público norteamericano es que la inmigración desde México siempre ha sido un movimiento ilegal y en contra del bienestar de la economía de los Estados Unidos, la realidad es bastante más compleja.

Históricamente, el tráfico humano entre ambos lados ha sido un rasgo esencial de la vida en la región fronteriza. Como ya se ha visto, hasta el siglo XIX el territorio mexicano se extendía hasta lo que hoy día son los estados de Colorado y Nevada, y hasta cierto punto una línea divisoria tan arbitraria como la frontera no ha alterado la movilidad de los habitantes de la región. La emigración masiva por razones económicas se remonta a la fiebre del oro en California, que entre 1848 y 1856 atrajo a miles de mineros de la región de Sonora—se calcula que más de quinientos al día cruzaban la frontera—para trabajar en la extracción del metal precioso.

En México, dos factores internos contribuyeron a incrementar la emigración al norte. En primer lugar, la acumulación de inmensas extensiones de tierra en manos de unos pocos hacendados[67] obligó a gran parte de la población campesina a buscar trabajo en otros lugares. Muchos optaron por cruzar a California y Texas, en donde la industria agrícola, en particular el cultivo de la remolacha[68] necesitaba mano de obra barata y dispuesta a des-

65. Para información biográfica sobre Fuentes, véase el capítulo 1, p. 11.
66. Fincas, terrenos para el cultivo de productos agrícolas.
67. Dueños de haciendas.
68. Legumbre de color rojo que se usa para producir azúcar.

empeñar ciertas labores que los trabajadores locales rechazaban. Por otro lado, la incertidumbre[69] social y política ocasionada por la revolución mexicana llevó a miles de campesinos a refugiarse en Estados Unidos.

La emigración cobró tanta fuerza que en 1931 el congreso norteamericano intentó imponer límites, pero poco a poco las necesidades económicas del sector agrícola dictaron que se abrieran de nuevo las puertas a trabajadores mexicanos. Después de la Segunda Guerra Mundial se inauguró el programa de braceros, un convenio firmado por los gobiernos de ambos países para facilitar la contratación de campesinos mexicanos para trabajar en fincas y granjas en los Estados Unidos. Se calcula que más de 4 millones de trabajadores agrícolas participaron en este programa, tan conveniente para ambos lados por los bajos salarios que devengaba la mano de obra inmigrante como por el alivio al problema de desempleo en México. Sin embargo el programa generó fuerte oposición, ante todo de parte del sindicato de trabajadores agrícolas (United Farm Workers), que consideraba al inmigrante como una fuente de competencia y una amenaza a los derechos y nivel de vida del trabajador norteamericano. El programa acabó en 1964, y así terminó la colaboración entre las dos naciones para establecer un proceso de inmigración legal. Desde entonces, la gran mayoría de mexicanos que cruzan la frontera entran a los Estados Unidos sin documentos que les permitan vivir y trabajar legalmente en este país, hecho que ha complicado las relaciones entre los dos países vecinos.

Recientemente, el tono de la discusión sobre el tema de la inmigración se ha recrudecido[70] debido a ciertos malentendidos[71] que imperan entre el público estadounidense, en particular la creencia que los inmigrantes vienen a Estados Unidos para competir por puestos con los ciudadanos del país, y que muchos de los indocumentados abusan de los programas de asistencia social. En ciertos estados como California, la situación ha creado un fuerte sentimiento anti-inmigrante e incluso ha habido varias propuestas para limitar el acceso de personas indocumentadas a programas educativos y de salud.

En 1999, para resolver el problema de la inmigración ilegal, Vicente Fox, presidente electo de México, planteó dos propuestas: Por un lado, mantener

69. Duda; en este contexto, inestabilidad.
70. *Se . . .* Se ha vuelto más fuerte, más duro.
71. Equivocaciones en el entendimiento de una idea.

un alto nivel de inversiones en México, para así eliminar el incentivo para emigrar. Por otro lado, abrir la frontera y permitirle a la fuerza laboral la libertad de movimiento de que gozan, bajo el Tratado de Libre Comercio (TLC), tanto el capital como los bienes y productos de consumo. Los personajes del siguiente fragmento de la novela de Carlos Fuentes han sido contratados para trabajar temporalmente en los Estados Unidos.

Repasemos

1. ¿En qué sentido es la frontera "una línea arbitraria" entre México y EEUU?
2. Explique los objetivos del programa de braceros, y las razones por las cuales tanto a México como a EEUU les convenía firmar el acuerdo.
3. ¿Qué opina Ud. de las propuestas del presidente electo de México?
4. En EEUU, ¿qué tipo de industrias o comercios se benefician de la inmigración ilegal?
5. Brevemente, resuma los diferentes periodos o facetas de la inmigración de México a EEUU. ¿Qué cambios importantes nota Ud.?
6. ¿Qué haría Ud. si fuera pobre y existiera la oportunidad de conseguir trabajo entrando ilegalmente a EEUU?

Vocabulario para antes de leer

Lugareño: Habitante de un pueblo pequeño.
"Mano, cuate": En México, sinónimos de amigo, camarada. [Voces populares]
Patronazgo: Forma en que el patrón o jefe trata a sus empleados; paternalismo.
Pueblerino: Que tiene costumbres o características de provincia o pueblo pequeño.

La frontera de cristal (fragmento)

Les dieron sus mantas[72] que ellos usaron atávicamente como sarapes[73] y los subieron en autobuses. Bastó[74] sentir el frío entre la salida de la terminal y la

---

72. Cobijas. Pedazo de tela (lana o algodón) que sirve para protegerse del frío.
73. En México, especie de capa que se usa para protegerse del frío.
74. Fue suficiente.

subida al camión para agradecer la chamarra[75] previsora, la ocasional bufanda,[76] el calor de los demás cuerpos. Se buscaban e identificaban socialmente, era perceptible una pesquisa:[77] para ubicar[78] al compañero que pudiera parecerse a uno mismo, pensar igual, tener un territorio común. Con los campesinos, con los lugareños, siempre había un puente verbal, pero su condición era una especie de formalidad antiquísima, formas de cortesía que no lograban ocultar el patronazgo, aunque nunca faltaran los majaderos[79] que trataban como inferiores a los más humildes, tuteándolos, dándoles órdenes, regañándolos. Eso era imposible aquí, ahora. Todos estaban amolados y la joda iguala.[80]

Entre ellos, los que no tenían cara ni atuendo[81] pueblerinos, se imponía también, por ahora, una reserva angustiosa, una voluntad de no admitir que estaban allí, que las cosas andaban tan mal en México, en sus casas, que no les quedaba más remedio que rendirse ante[82] tres mil pesos mensuales por dos días de trabajo en Nueva York, una ciudad ajena, totalmente extraña, donde no era necesario intimar,[83] correr el riesgo de la confesión, la burla, la incomprensión en el trato con los paisanos de uno.

Por eso un silencio tan frío como el del aire corría de fila en fila dentro del autobús donde se acomodaban noventa y tres trabajadores mexicanos y Lisandro Chávez imaginó que todos, en realidad, aunque tuvieran cosas que contarse, estaban enmudecidos[84] por la nieve, por el silencio que la nieve impone, por esa lluvia silenciosa de estrellas blancas que caen sin hacer ruido, disolviéndose en lo que tocan, regresando al agua que no tiene color. ¿Cómo era la ciudad detrás de su largo velo[85] de nieve? Lisandro apenas pudo distinguir algunos perfiles urbanos, conocidos gracias al cine, fantasmas de la ciu-

75. Chaqueta corta, que llega hasta la cintura.
76. Pedazo de tela que se usa alrededor del cuello para protegerse del frío.
77. Forma de buscar información.
78. Encontrar.
79. Necio; persona que no sabe comportarse de acuerdo a las circunstancias.
80. *Todos* . . . Estaban en las mismas circunstancias.
81. Ropa; modo de vestir.
82. *No les* . . . No tenían más opción que aceptar.
83. Establecer una estrecha amistad.
84. Mudos; sin poder hablar.
85. Capa.

dad, rostros brumosos[86] y nevados de rascacielos y puentes, de almacenes y muelles[87] . . .

Entraron cansados, rápidos, al gimnasio lleno de catres,[88] echaron sus bultos[89] encima de los camastros del ejército americano comprados por Barroso en un almacén de la Army & Navy Supply Store, pasaron al buffet preparado en una esquina, los baños estaban allá atrás, algunos empezaron a intimar, a picarse los ombligos,[90] a llamarse mano y cuate, incluso dos o tres cantaron muy desentonados *La barca de oro,* los demás los callaron, querían dormir, el día empezaba a las cinco de la mañana, yo ya me voy al puerto donde se halla la barca de oro que ha de conducirme.

El sábado a las seis de la mañana, ahora sí era posible sentir, oler, tocar la ciudad, verla aún no, la bruma cargada de hielo la hacía invisible, pero el olor de Manhattan le entraba como un puñal de fierro[91] por las narices y la boca a Lisandro Chávez, era humo, humo agrio y ácido de alcantarillas[92] y trenes subterráneos, de enormes camiones de carga con doce ruedas, de escapes de gas y parrillas a ras[93] de pavimentos duros y brillantes como un piso de charol,[94] en cada calle las bocas de metal[95] se abrían para comerse las cajas y más cajas de frutas, verduras, latas, cervezas, gaseosas que le recordaron a su papá, súbitamente extranjero en su propia ciudad de México, como su hijo lo era en la ciudad de Nueva York, los dos preguntándose qué hacemos aquí, acaso nacimos para hacer esto, no era otro nuestro destino, ¿qué pasó . . . ?

—Gente decente, Lisandro. Que nadie te diga lo contrario. Siempre hemos sido gente decente. Todo lo hicimos correctamente. No violamos nin-

86. En este contexto, casi invisibles por el vapor de agua.
87. En un puerto, lugar que sirve para facilitar el embarque de personas y mercancía.
88. Pequeñas camas.
89. Maleta, caja que se usa para poner ropa, etc. durante un viaje.
90. *Empezaron a* . . . A hacerse preguntas sobre la vida personal. [Expresión coloquial]
91. Hierro; metal.
92. Acueducto subterráneo para recoger agua de lluvia o aguas sucias.
93. Al mismo nivel.
94. Cuero muy brillante.
95. *Bocas* . . . Puertas de metal de las bodegas de almacenamiento de almacenes y restaurantes.

guna regla. ¿Por eso nos fue tan mal? ¿Por ser gente decente? ¿Por vivir como clase media honorable? ¿Por qué siempre nos va mal? ¿Por qué nunca acaba bien esta historia, hijito?

Cuestionario

1. ¿En qué época del año llega el grupo de trabajadores a Nueva York?
2. ¿Qué impacto tiene en ellos el clima?
3. ¿A qué sector de la ciudad van a trabajar?
4. ¿Cuál es el estado de ánimo de los recién llegados?
5. ¿Por qué se encuentran en Nueva York?
6. Según el texto, ¿están contentos de estar en EEUU?
7. ¿Por qué, para algunos, es difícil "admitir que estaban allí"?
8. ¿En qué condiciones vive este grupo de trabajadores?
9. Posiblemente, ¿qué tipo de trabajo van a hacer?
10. Teniendo en cuenta las circunstancias que se presentan en el fragmento, ¿qué opina Ud. de la idea que los inmigrantes desplazan a los trabajadores norteamericanos?

Temas de discusión

Desarrolle, en forma individual o en grupo, los siguientes temas y haga un resumen para compartir con la clase:

1. Causas de la emigración de países hispanos a EEUU.
2. Las condiciones de vida del inmigrante.
3. Las condiciones de trabajo del inmigrante.
4. La presencia de trabajadores inmigrantes en EEUU: ¿Una ventaja o una carga para la economía norteamericana?

Ejercicios

Complete las siguientes oraciones con las palabras adecuadas:

1. Los trabajadores necesitaban _____ a causa de la baja temperatura en Nueva York.
2. Aunque algunos eran campesinos, otros eran de lugares _____ _____.

3. A pesar de estar en un país extranjero, _____ todavía
   regía[96] las relaciones personales.

4. Aunque algunos eran de familias campesinas muy pobres, había otros de
   _____ _____, tal vez hasta gente que
   había tenido una carrera profesional.

5. La primera noche la pasaron en un _____ durmiendo
   en _____.

6. Los trabajadores inmediatamente perciben la fuerza económica de la gran
   ciudad de Nueva York, con sus _____, _____
   _____ y _____.

96. Controlaba, determinaba.

10

La sociedad de consumo

Para las naciones avanzadas—con excepción de los Estados Unidos—los años posteriores a la Segunda Guerra Mundial fueron dedicados a la reconstrucción de economías y regiones devastadas por la barbarie e intensidad del conflicto mundial. El éxito de tal proyecto, impulsado por el Plan Marshall, se llegó a considerar un verdadero milagro pues permitió en pocos años recuperar niveles de actividad económica anteriores a la guerra. A partir de los años sesenta, una vez reconstruida la infraestructura industrial, parte de la economía se dedicó a elevar el estándar de vida de la población. Se inaugura así la era del consumismo, basada en la adquisición, por parte de las clases media y trabajadora, de todo tipo de productos que hasta entonces habían estado únicamente al alcance de los sectores más acomodados:[1] Teléfonos, refrigeradores, televisores, equipos estereofónicos, cámaras fotográficas, muebles y hasta automóviles dejan de ser artículos de lujo para convertirse en necesidades de la vida moderna.

La saturación de los mercados nacionales y la necesidad de mantener altos niveles de producción (para lograr economías de escala y crear fuentes de trabajo) obligó a las grandes compañías a buscar mercados en el extranjero para dar salida a sus productos. Los medios publicitarios, por su parte, se vieron en la necesidad de idear nuevas estrategias en sus campañas, nuevas formas de fomentar la venta de los productos de sus clientes. Esta publicidad, a través de la manipulación y la persuasión, empezó a crear este-

1. Ricos, pudientes.

reotipos y patrones de conducta alrededor del mundo, al mismo tiempo que comenzaba a definir la capacidad de compra y endeudamiento[2] de la gente: Comprar a crédito, que antes sólo se hacía en tiempos de escasez o emergencia y que la sociedad no veía con muy buenos ojos, se convierte en el mecanismo que le permite a gran parte de la población gozar del consumismo y de los constantes cambios, adelantos, modificaciones e inventos que aparecen en el mercado.

Como se mencionaba al principio, las grandes empresas transnacionales, al rebasar a sus consumidores nacionales[3] y buscar mercados para sus productos fuera de sus países, han creado un tipo de publicidad que ha derribado fronteras y que ha impuesto estereotipos al grueso de las poblaciones de otras naciones. En este aspecto, se han logrado imponer los Estados Unidos y su "American way of life." Tenemos, por ejemplo, que en cualquier parte del mundo Coca-Cola, McDonalds y Levis representan la forma de vida norteamericana que muchos otros están dispuestos a imitar gracias a los anuncios y al consumo de productos que la representan.

Productos que van dirigidos al cuidado de bebés y niños, para jóvenes adolescentes, para mujeres y hombres jóvenes, de edad media y avanzada, tienen el propósito de crear más consumo, pues de otra forma las grandes empresas no tendrían altas tasas de producción ni de ventas ante la demanda que ellas mismas crean. Muchos de estos productos tienen la tendencia, y la obligación, a convertirse en obsoletos o pasados de moda en un plazo de tiempo bastante corto. De esta manera, se "crea la necesidad" por comprar siempre un producto más nuevo, más a la moda y con los últimos avances tecnológicos.

La globalización actual nos sitúa ante economías sin fronteras las cuales ofrecen la oportunidad de adquirir, en cualquier país, artículos provenien-

---

2. *Capacidad* . . . de comprar al contado y con crédito en base a los salarios.
3. *Al rebasar* . . . al crear una producción más alta de la que se puede vender en el propio país.

tes de todas partes del mundo. Latinoamérica se ha convertido, con sus más de quinientos millones de habitantes, en un sitio estratégico para las naciones más avanzadas por la abundante fuerza de trabajo barata y al mismo tiempo por la posibilidad de desarrollar un vasto grupo de consumidores de estos mismos productos. Es un continente en el que a pesar de la cada vez más infranqueable brecha[4] entre pobres y ricos, una pequeña minoría con grandes recursos económicos puede darse el gusto de gastar enormes cantidades de dinero en artículos de lujo.

Fieles seguidores del consumismo, esta minoría acaudalada[5] parece interesarse más por estar al día en cuestiones de moda que por mejorar la situación del país. Para esta clase social, el consumo ya no es únicamente para satisfacer sus necesidades básicas, sino para establecer su condición privilegiada. La preocupación por adquirir y ostentar[6] artículos de lujo y productos de marcas reconocidas es una forma de separarse, diferenciarse del resto de la población y así reiterar su supremacía económica y cultural. Sin embargo, el consumismo es un fenómeno que afecta a la mayoría de los niveles sociales, pues desde la clase media baja hasta la clase más alta, siempre se desea tener lo último de la moda, de acuerdo a las posibilidades económicas de cada grupo.

En los fragmentos que se presentan en este capítulo, tenemos una clara muestra de cómo el consumismo se ha convertido en parte fundamental de nuestras sociedades hispanoamericanas, y la forma en que las diferentes capas sociales reaccionan ante la publicidad que las impulsa a comprar. Como demuestran los textos incluidos en este capítulo, desde hace ya varios años escritores e intelectuales han criticado los excesos de la sociedad de consumo. Podemos observar que las críticas al consumismo en Hispanoamérica, a través de la literatura, transcienden el tiempo y siguen estando de moda.

4. Diferencia.
5. De mucho caudal o riqueza.
6. Exhibir, mostrar.

Repasemos

1. ¿Sobre la base de qué los países desarrollados crearon fuertes economías después de la Segunda Guerra Mundial?
2. ¿Qué beneficios tiene la gente con una producción masiva de productos?
3. ¿En qué forma se desprenden los países desarrollados de sus excedentes de producción?
4. ¿Por qué es importante la publicidad para vender los excedentes y cuál es su verdadero fin?
5. ¿Qué aspectos sociales y económicos permiten un alto nivel de consumismo?
6. ¿Cómo se puede definir el "poder de compra"?
7. ¿Qué tipo de estereotipos ha creado la publicidad y cómo crea más consumismo?
8. ¿Qué situaciones sociales y económicas han provocado la globalización en Hispanoamérica?
9. Dé algunos ejemplos de consumo innecesario en su estado o comunidad.

Temas de discusión

Desarrolle, en forma individual o en grupo, los siguientes temas y haga un resumen para compartir con la clase:

1. El papel de la publicidad en las sociedades modernas.
2. El "American way of life" y su influencia en otros países.
3. Consumismo y la economía global: ¿Servicio o explotación?
4. Ventajas / desventajas de la importación de bienes de consumo.
5. El consumismo y el medio ambiente.
6. Publicidad y mercadotecnia: sus diferencias en los EEUU e Hispanoamérica.

Juan José Arreola, su contexto y "Baby H.P."

Juan José Arreola (1918–2001) nació casi al término de la Revolución Mexicana, en Zapotlán el Grande, Jalisco, México. La infancia de Arreola transcurrió en medio del caos provinciano[7] de la Revolución Cristera.[8] Cerradas las iglesias y los colegios religiosos, y siendo sobrino de curas y de monjas escondidas, no le fue posible ingresar a las aulas oficiales. Su padre, entonces, en vez de enviarlo a un seminario clandestino o a una escuela del gobierno, optó por ponerlo a trabajar a la edad de doce años, como aprendiz[9] en un taller de encuadernación y después en una imprenta.[10] Fue mozo en el mercado de Guadalajara, vendedor ambulante y periodista, contador de banco, impresor, comediante, panadero y hasta profesor de historia y literatura en Ciudad Guzmán, Zapotlán.

Juan José Arreola no terminó la escuela primaria y es totalmente autodidacta. Si bien es cierto que a los doce años empezó a trabajar, también lo es que comenzó a leer a Charles Baudelaire[11] y a Walt Whitman. La obra de Arreola comprende su primer libro de cuentos *Varia invención* (1949); *Confabulario* (1952), del cual forma parte el cuento que aquí presentamos; la comedia en un acto *La hora de todos* (1952), que también forma parte de *Confabulario,* y su única novela, *La feria* (1963).

Confabulario se publicó en 1952, época en que México, como ya hemos visto en el capítulo primero, atravesaba por rápidos cambios sociales, políticos y económicos. La población del país había crecido, de veinte millones de

---

7. De provincia, fuera de la capital del país.
8. Insurrección popular a finales de la decada de los veinte en México, en defensa de la libertad religiosa.
9. Persona que está aprendiendo un oficio.
10. *Taller . . .* Lugares donde se imprimen o publican libros.
11. Poeta francés del siglo XIX.

habitantes en 1940 a treinta millones aproximadamente a principios de los años cincuenta, mientras que la población de la capital, el Distrito Federal, fue de un millón y medio de habitantes en 1940 a tres millones en 1952.

"Baby H.P." muestra precisamente esa etapa postrevolucionaria, en la que la sociedad mexicana se encuentra atrapada en un crecimiento económico y de población, que no solamente veía aumentar la producción nacional, sino que también experimentaba un bombardeo de artículos de importación proveniente principalmente de los Estados Unidos. Juan José Arreola, a través de este cuento y en forma por demás irónica, nos señala la futilidad de algunos de estos artículos que, por el simple hecho de provenir del extranjero y por medio de una voraz campaña publicitaria, se convierten en productos "necesarios" para los hogares mexicanos, creando así un exagerado consumismo. Muchos de los artículos de importación que llegan al país, ridículos en su concepción y funcionalidad, encuentran un mercado deseoso de experimentar cosas nuevas, diferentes, que se salen de lo ordinario y que, ante todo, tienen la marca de producción de una firma extranjera.

Repasemos

1. ¿Qué tipo de preparación escolar recibió Juan José Arreola?
2. ¿Cuáles fueron las principales actividades de Arreola cuando era niño?
3. ¿En qué forma crecía México en los años cincuenta?
4. ¿Cuáles son algunas de las áreas en que más se reflejaba el crecimiento económico de México?
5. ¿Por qué se dice que muchos productos son "superfluos"?
6. ¿Por qué México es un país consumidor de productos norteamericanos?

Vocabulario para antes de leer

Ajetreo: Trabajo, ocupación, actividades constantes.
Alumbrado: Servicio de luz.
Ama de casa: Señora de la casa.
Calefacción: Aparato o mecanismo para calentar una casa o edificio.
Folletos explicativos: Manual de instrucciones para el uso de un aparato.
Fuerza motriz: En este contexto, energía que sirve de fuente de electricidad para aparatos electrodomésticos.

Licuadora: Electrodoméstico que sirve para licuar—hacer líquidos—frutas o
   vegetales.
Recompensas: Premios, regalos que se reciben por lograr algo.
Suplir: Satisfacer, remediar.

"Baby H.P."

Señora ama de casa: convierta usted en fuerza motriz la vitalidad de sus niños.
Ya tenemos a la venta el maravilloso Baby H.P., un aparato que está llamado
a revolucionar la economía hogareña.

El Baby H.P. es una estructura de metal muy resistente y ligera que se
adapta con perfección al delicado cuerpo infantil, mediante cómodos cinturones, pulseras, anillos y broches.[12] Las ramificaciones de este esqueleto su-
plementario recogen cada uno de los movimientos del niño, haciéndolos
converger en una botellita de Leyden que puede colocarse en la espalda o en
el pecho, según necesidad. Una aguja indicadora señala el momento en que la
botella está llena. Entonces usted, señora, debe desprenderla y enchufarla[13]
en un depósito especial, para que se descargue automáticamente. Este depósito puede colocarse en cualquier rincón[14] de la casa, y representa una pre-
ciosa alcancía de electricidad disponible en todo momento para fines de
alumbrado y calefacción, así como para impulsar alguno de los innumerables
artefactos que invaden ahora, y para siempre, los hogares.

De hoy en adelante usted verá con otros ojos[15] el agobiante ajetreo de sus
hijos. Y ni siquiera perderá la paciencia ante una rabieta[16] convulsiva, pensando que es fuente generosa de energía. El pataleo[17] de un niño de pecho
durante las veinticuatro horas del día se transforma, gracias al Baby H.P., en
unos útiles segundos de tromba licuadora, o en quince minutos de música ra-
diofónica.

12. *Cinturones . . .* En este contexto, formas de sujetar el aparato al niño.
13. *Desprenderla . . .* Retirarla y conectarla.
14. Parte, sitio.
15. De forma diferente.
16. Impaciencia, enojo por un motivo sin importancia y que dura poco tiempo.
17. Acción de mover las piernas rápida y violentamente.

Las familias numerosas pueden satisfacer todas sus demandas de electricidad instalando un Baby H.P. en cada uno de sus vástagos,[18] y hasta realizar un pequeño y lucrativo negocio, trasmitiendo a los vecinos un poco de la energía sobrante.[19] En los grandes edificios de departamentos[20] pueden suplirse satisfactoriamente las fallas del servicio público, enlazando[21] todos los depósitos familiares.

El Baby H.P. no causa ningún trastorno[22] físico ni psíquico en los niños, porque no cohíbe ni trastorna sus movimientos. Por el contrario, algunos médicos opinan que contribuye al desarrollo armonioso de su cuerpo. Y por lo que toca a su espíritu, puede despertarse la ambición individual de las criaturas, otorgándoles[23] pequeñas recompensas cuando sobrepasen sus récords habituales. Para este fin se recomiendan las golosinas[24] azucaradas, que devuelven con creces[25] su valor. Mientras más calorías se añadan a la dieta del niño, más kilovatios se economizan en el contador eléctrico.

Los niños deben tener puesto día y noche su lucrativo H.P. Es importante que lo lleven siempre a la escuela, para que no se pierdan las horas preciosas del recreo,[26] de las que ellos vuelven con el acumulador rebosante[27] de energía.

Los rumores acerca de que algunos niños mueren electrocutados por la corriente que ellos mismos generan son completamente irresponsables. Lo mismo debe decirse sobre el temor supersticioso de que las criaturas provistas de un Baby H.P. atraen rayos y centellas.[28] Ningún accidente de esta naturaleza puede ocurrir, sobre todo si se siguen al pie de la letra las indicaciones contenidas en los folletos explicativos que se obsequian con cada aparato.

El Baby H.P. está disponible en las buenas tiendas en distintos tamaños, modelos y precios. Es un aparato moderno, durable y digno de confianza, y

18. Hijos.
19. Que sobra, más de la que se necesita.
20. Apartamentos.
21. Uniendo, conectando.
22. Leve problema o alteración de la salud.
23. Dándoles.
24. Dulces.
25. En este contexto significa que los beneficios son muy superiores al costo.
26. Periodo del día escolar en el cual los niños juegan en el patio.
27. Lleno.
28. Descargas eléctricas ocasionadas por tormentas o tempestades.

todas sus coyunturas[29] son extensibles. Lleva la garantía de fabricación de la casa J. P. Mansfield & Sons, de Atlanta, Ill.

Cuestionario

1. ¿Qué tipo de aparato anuncia el vendedor?
2. ¿Quiénes deben usar este artefacto?
3. ¿Por qué es bueno el aparato de acuerdo al vendedor?
4. ¿En qué forma se benefician las familias con este aparato?
5. ¿A quién va dirigido este anuncio y por qué?
6. ¿Perjudica este artefacto a los niños?
7. ¿Dónde es posible comprarlo?
8. ¿De dónde proviene este aparato "revolucionario" y por qué es muy confiable?
9. ¿Qué visión de la vida moderna nos da el autor?

Temas de discusión

Desarrolle, en forma individual o en grupo, los siguientes temas y haga un resumen para compartir con la clase:

1. Basándose en periódicos, revistas y televisión, compare anuncias publicitarios en EEUU y otros países.
2. Estudios culturales al introducir un nuevo producto en otro país.
3. La utilidad de los productos de importación.
4. La actitud de compra con respecto a artículos extranjeros en Hispanoamérica y los EEUU.
5. Comparación en la calidad de los productos nacionales y los de importación.

Ejercicios

Complete las siguientes oraciones con las palabras adecuadas:

1. La publicidad tiene muchas _____ que finalmente _____ en un punto al tratar de introducir un nuevo _____ electrónico en el mercado.

29. Articulaciones, partes.

2. Un nuevo producto es _____ si hay más demanda que oferta en el mercado y se _____ dentro de este mercado por sus altas ventas y calidad.

3. La _____ de artículos de importación en algunos países se lleva a cabo en forma _____, creando así una economía subterránea y un _____ en la economía de estos países.

4. En muchos países es necesario tener un _____ para lograr un puesto de trabajo.

5. En la actualidad no se puede ser un _____, es necesario tener una buena preparación escolar.

6. El constante _____ de comerciales publicitarios crea un impulso de compra en las personas.

Luis Britto García, su contexto
y "El monopolio de la moda"

Luis Britto García nació en Caracas, Venezuela, en 1940 y estudió derecho en la Universidad Central de Venezuela. Fue profesor asistente de historia del pensamiento político en la Escuela de Estudios Internacionales. Su obra literaria incluye novelas (*Vela de armas,* 1970; *Abrapalabra,* 1979), teatro (*El tirano Aguirre o la conquista de El Dorado y Suena el teléfono,* 1970) y varias colecciones de cuentos. "El monopolio de la moda" forma parte del libro de cuentos *Rajatabla* (1970) y es una sátira de la sociedad consumista moderna. Al igual que Juan José Arreola en "Baby H.P.," Britto García usa el humor negro y lo absurdo para hacer una crítica de los medios publicitarios que invaden la vida diaria de la gente creando con esto una sociedad de consumo. Luis Britto García se muestra en contra del crecimiento desenfrenado de la publicidad pues para él ésta es una manera violenta de manipular y cambiar hábitos y costumbres de la gente.

Al ser publicado el libro *Rajatabla,* Venezuela pasaba por una era de cambios sociales dramáticos. La década anterior, de los años sesenta, había sido una de constantes confrontaciones entre el gobierno y grupos de izquierda. La fuerte actividad guerrillera y la incapacidad del gobierno de negociar con los grupos armados, estaban por provocar un golpe de estado por las fuerzas militares. Mientras los grupos de izquierda planteaban la necesidad de llevar a cabo una revolución, el gobierno trataba de controlar al pueblo con promesas de reforma agraria, cambios en la educación y el sistema de salud, la construcción de viviendas populares, calles y servicios sociales.

En 1970, al inicio de una nueva década, Venezuela experimentó un boom en la producción de petróleo. En 1950 había una producción de 500.000 barriles diarios, y para 1970 se había incrementado a 1.350.000 barriles, una de las cifras más altas en el mundo durante la época. Ante esta situación de riqueza inesperada, el gobierno venezolano y las clases dirigentes descuidaron los sectores agrícola y ganadero del país. El desarrollo y la inversión en proyectos de infraestructura se concentraron ante todo en las ciudades grandes, en especial la capital, cuyas avenidas, modernas autopistas y lujosos centros comerciales no tenían nada que envidiar a las grandes metrópolis norteamericanas. Consecuentemente, todo esto llevó al país a una división más abierta entre las clases sociales. Los ricos se hicieron más ricos y los pobres no pudieron gozar de los beneficios de la bonanza petrolera.

Repasemos

1. ¿Cuál era la situación social de Venezuela en los años sesenta?
2. ¿Por qué la izquierda no desarrolló una fuerte base de apoyo entre el pueblo?
3. ¿Qué cambios económicos enfrentó Venezuela en los años setenta?
4. ¿Qué áreas de la economía venezolana se descuidaron? ¿Por qué?
5. ¿Cuál fue la prerrogativa principal de la clase dirigente venezolana durante esta época?

Vocabulario para antes de leer

Concesionario: Lugar comercial donde se venden automóviles.
Incinerar: Quemar, poner un objeto al fuego para que se consuma.
Mobiliario: Conjunto de muebles en una casa.
Pasado de moda: Algo que ya no está de moda, viejo.

"El monopolio de la moda"

Ahora reposa y siéntate. Dentro de un instante entrará un vendedor a explicarte que tu televisor está pasado de moda y que debes comprar el nuevo modelo. En pocos minutos convendrás[30] con él las condiciones del crédito, lograrás que te acepten el viejo modelo en el diez por ciento del precio[31] y te dirás que en verdad una mañana de uso ya es suficiente. Al encender el nuevo aparato lo primero que notarás será que las modas del mediodía han cedido el paso a las modas de las dos de la tarde y que una tempestad de insultos te es-

30. Llegarás a un acuerdo.
31. Diez por ciento del precio original del artículo.

pera si sales a la calle con tus viejas corbatas de la una y veinticinco. Así atrapado, debes llamar por teléfono a la tienda para arreglar el crédito, a cuyos efectos intentarás dar en garantía el automóvil. El computador de la tienda registrará que el modelo es del día pasado y por lo tanto inaceptable. Lo mejor que puedes hacer es llamar al concesionario y preguntarle sobre los nuevos modelos de esta mañana. El concesionario te preguntará qué haces llamándolo por ese teléfono de modelo anticuado, y le dirás es cierto, pero ya desde hace media hora estás sobregirado[32] y no puedes cambiar de mobiliario. No hay más remedio que llamar al Departamento de Crédito, el cual accederá a recibir el viejo modelo por el uno porciento de su precio a condición de que constituyas la garantía[33] sobre los nuevos de las dos de la tarde para así recibir el modelo que elijas, de las diez, de las once, de las doce, de la una, de las dos y aún de las tres y media, éste el más a la moda pero desde luego al doble del precio aunque la inversión bien lo vale. Calculas que eso te da tiempo para llamar a que vengan a cambiar el congelador y la nevera[34] pero otra vez el maldito teléfono anticuado no funciona y minuto tras minuto el cuarto se va haciendo inhóspito y sombrío. Adivinas que ello se debe al indetenible[35] cambio de los estilos y el pánico te irá ganando, e inútil será que en una prisa frenética te arranques la vieja corbata e incineres los viejos trajes y los viejos muebles de ayer y las viejas cosas de hace una hora, aún de sus cenizas fluye su irremediable obsolencia, el líquido pavor del que sólo escaparás cuando, a las cuatro, lleguen tu mujer y tus hijos cargados con los nuevos trajes y los nuevos juguetes, y tras ellos el nuevo vestuario y el nuevo automóvil y el nuevo teléfono y los nuevos muebles y el nuevo televisor y la nueva cocina, garantizados todo hasta las cinco, y el nuevo cobrador[36] de ojos babosos que penetra sinuosamente[37] en el apartamento, rompe tu tarjeta de crédito y te notifica que tienes comprometido tu sueldo de cien años, y que ahora pasas a los trabajos forzados perpetuos que corresponden a los deudores en los sótanos del Monopolio de la Moda.

32. No hay fondos suficientes en la cuenta bancaria.
33. *A condición* . . . De ofrecer una garantía por el crédito a recibir.
34. Refrigerador.
35. Que no se puede detener.
36. Persona que cobra cuentas atrasadas.
37. En este contexto, ocultando el verdadero propósito.

Cuestionario

1. ¿Cuánto tiempo tardan en pasar de moda los artículos que menciona el autor?
2. ¿Existe un artículo o servicio que pasa de moda más rápido que otro?
3. ¿En qué forma se paga por todos los artículos o servicios que se compran?
4. ¿Qué sucede si la persona no tiene suficiente crédito o está sobregirado?
5. ¿Qué mecanismo financiero se utiliza para poder seguir comprando?
6. ¿Qué significa "tener el sueldo comprometido" por los siguientes cien años?
7. ¿Cuál es la crítica esencial del autor a la sociedad moderna?
8. ¿Ve Ud. algunas semejanzas con la cultura norteamericana?

Temas de discusión

Desarrolle, en forma individual o en grupo, los siguientes temas y haga un resumen para compartir con la clase:

1. El papel económico de las modas en las sociedades modernas.
2. El concepto de moda en los EEUU e Hispanoamérica.
3. La invasión publicitaria en los medios de comunicación.
4. La publicidad como un enajenante social y contaminante ambiental.

Ejercicios

Complete las siguientes oraciones con las palabras adecuadas:

1. Un _____ es cuando las _____ reemplazan el gobierno constitucional y toman el poder.
2. El _____ de la producción petrolera creó una era de _____ en Venezuela en los años setenta.
3. La publicidad crea en las _____ una necesidad de estar _____ en cuanto a ropa, coches, etc.
4. El _____ es una forma de comprar un producto sin tener que pagar todo a la vez.
5. Según el texto, el hombre moderno es víctima de _____ _____.

Guadalupe Loaeza, su contexto y *Compro, luego existo*

Guadalupe Loaeza nació el 12 de agosto de 1946 en la ciudad de México. En 1982 empezó a trabajar como periodista para los periódicos *Unomásuno* y *La Jornada*. Colabora con diarios y revistas como *Reforma, El financiero, El Norte, Kena, Vogue*. Dentro de la obra literaria de Loaeza se encuentran los siguientes libros: *Las niñas bien* (1987); *Las reinas de Polanco* (1988); *Compro, luego existo* (1992); *Manual de la gente bien I y II* (1996); *Primero las damas* (1998) (cuentos); *Detrás del espejo* (1999); *Debo, luego sufro* (2000). Loaeza ha también participado como comentarista en programas de radio y televisión.

Compro, luego existo es un ensayo novelístico que aparece cuando México está a punto de entrar en un periodo de grandes cambios económicos y sociales. En 1992 la economía mexicana estaba en su sexto año de crisis, y la inflación, el desempleo, y la pérdida de valor del peso frente al dólar se iban pronunciando cada día más. Para 1994 se puso en marcha el Tratado de Libre Comercio (TLC, o NAFTA) entre Canadá, Estados Unidos y México, que tenía como objetivo lograr una integración y cooperación económica entre los tres países. Como se ha visto, una de las medidas de mayor importancia fue la reducción de impuestos aduaneros para así facilitar la movilidad de productos y recursos a través de las fronteras. Existen muchas opiniones encontradas en cuanto al efecto, positivo o negativo, de este tratado para México, pues los problemas de pobreza aún aquejan a parte de la población. Mientras tanto, una minoría bastante rica que sí se benefició, permitió que se abrieran aún más las brechas sociales que existen en el país. Como respuesta a este tratado y sus implicaciones sociales hacia los pobres, en el mismo año de 1994 surgió el movimiento guerrillero del Frente Zapatista de Liberación Nacional (FZLN) en el estado de Chiapas, que es la región con más atraso social, económico y político en México.

En el fragmento de *Compro, luego existo* que aquí se presenta, la autora muestra la forma en que el "jet-set" mexicano—podría decirse latinoamericano, pues con pocas excepciones ocurre también en otros países—se deja llevar por la publicidad y el consumismo, gastando grandes cantidades de dinero en forma irresponsable en productos muchas veces superfluos. El consumismo que caracteriza a esta minoría rica va más allá de ser simplemente una decisión individual, pues tiene consecuencias que afectan de forma negativa la economía nacional. Por el simple gusto de estar siempre a la moda y por el prestigio de que gozan los artículos extranjeros "de marca," las clases privilegiadas desdeñan los productos de manufactura nacional y contribuyen a agravar la fuga de divisas.

Repasemos

1. ¿Cuál era la situación económica de México a mediados de los ochenta?
2. ¿Cuales eran los objetivos primordiales del TLC?
3. De acuerdo a sus conocimientos ¿qué resultados ha tenido NAFTA para la economía mexicana? Documente su respuesta con hechos o estadísticas.
4. De acuerdo a sus conocimientos, ¿qué es el FZLN?
5. ¿Por qué, en ciertos casos, es malo el consumismo internacional para la economía de un país?

Vocabulario para antes de leer

Codo: En este contexto, una persona a la que no le gusta gastar y que cuida mucho su dinero.

Encargado: Empleado que en un negocio atiende al público.

Encargos: Pedidos que hace alguien sobre un producto o servicio para que se los compre o entregue otra persona.

Escatimar gastos: Disminuir, reducir el dinero que se gasta.

Hacer cola: En un establecimiento comercial, esperar su turno para pagar, entrar, etc.

Módulo: En un almacén, sección destinada a un producto en particular.

Nota: En este contexto, la cuenta o factura.

Paquetes: En este contexto, bolsas y cajas donde se ponen las compras.

Playera: En este contexto, camisas de manga corta tipo polo.

Compro, luego existo (fragmento)

Open tonight, leyó mientras atravesaba Collins Avenue. No obstante que había pasado más de tres horas en el centro comercial, la idea de volver una vez que se hubiera liberado de sus paquetes la llenó de alegría. "!Qué maravilla! Voy a poder regresar esta noche," pensó con una sonrisa semejante a la del Gato de Cheshire del cuento de Alicia en el País de las Maravillas, mientras se dirigía hacia su hotel que se encontraba justo enfrente del mall.

—*Six, zero six, please*—dijo Sofía al encargado de la administración, pronunciando perfectamente su inglés aprendido de adolescente en un internado[38] en Canadá.

Éste la vio tan contenta y satisfecha que no pudo evitar una sonrisa de complicidad. "*When these Mexicans come to Miami, they always want to buy everything. Definitely, they are our best tourists,*" pensó el administrador. Sofía tomó la llave como si se tratara efectivamente de "La Llave del Mundo," como dice el anuncio de American Express, y se dirigió al elevador. Mientras lo esperaba puso sus seis paquetes en el suelo. "!Qué barbara! Ahora sí que gasté un chorro",[39] pensó entre divertida y preocupada, como si se tratara de una travesura[40] más. Para Sofía comprar significaba vibrar, vivir, disfrutar, sentirse rea-li-za-da. Pero, al mismo tiempo, le provocaba un profundo sentimiento de culpa, angustia e inseguridad. Cuando lo hacía no contaba, no calculaba, no programaba. Comprar, gastar, consumir, acumular, no quedarse con las ganas de nada para, después, arrepentirse, azotarse, atormentarse y jurarse una vez más por todos los santos del cielo no volver a hacerlo.[41] Sofía no sabía qué disfrutaba más, si el sentimiento que le provocaba comprar o el que invariablemente la hacía sufrir. [. . .]

Justo se estaba diciendo esto cuando pasó frente a The Gap. De repente se acordó de la última llamada telefónica que hizo a su casa: "Mami, no se te olvide comprarme algo en The Gap. Porfa. Algo ¡de pelos! Conste, ¿eh?,"[42] le

38. Escuela donde los estudiantes viven y solamente salen en vacaciones.
39. *Gasté . . .* Expresión común para indicar que se ha gastado demasiado.
40. Broma, acción de chiquillos.
41. *Y jurarse . . .* Jurar por Dios y todos los santos no volver a comprar en esa forma.
42. *Porfa . . .* Abreviación de *por favor. De pelos . . .* Que tiene que estar muy bonito y original. *Conste . . .* Date por enterada, no me digas que no te lo pedí. Formas coloquiales de expresión entre los jóvenes.

había suplicado su hija. Enojada, entró a la boutique. Enojada revisó los módulos donde se encontraba la última colección sportswear y, también enojada, escogió dos playeras, una gris y otra azul pizarra; una blusa de mezclilla, una roja rayadita y unos bermudas blancos. "Le van a servir mucho para Valle,"[43] pensó. Con los brazos llenos de ropa se dirigió hacia la caja, y mientras hacía la cola se acordó de Fernandito, su hijo. "Si no le llevo nada de Gap, va a hacer el berrinche[44] más grande del mundo." Salió de la cola y fue donde se encontraba la ropa para juniors. Allí encontró unos pantalones guindas, una playera del mismo color y un cuello de tortuga en algodón blanco. "Se va a ver guaperrimo,"[45] se dijo con una sonrisa y ya sintiéndose menos iracunda.[46]

No había duda, la acción de comprar relajaba a Sofía, la distraía enormemente. Aun si compraba para los demás, lo hacía con el mismo interés e intensidad que si fuera para ella. Tampoco en este caso escatimaba gastos. ¿No en París había dedicado más de dos días para comprar los encargos de sus mejores amigas? ¿Y no, incluso, había firmado con su tarjeta para completar la suma? Así como Sofía era supergenerosa con ella misma, así era con los demás. "Lo más importante en la vida es la generosidad," decía constantemente. "Odio a la gente tacaña,[47] egoísta, mezquina, los cuentachiles. Para mí el peor defecto es ser codo. Prefiero a los borrachos, a los mentirosos, a los flojos . . . bueno, hasta a los ladrones; pero a los codos, a veces sí, no los aguanto."

Se volvió a formar, con los brazos todavía más llenos de ropa. De repente, se le acercó un jovencito adorable, bronceado y medio pecoso.

—*May I help you?*

Al oír esto, Sofía no pudo evitar preguntar con una sonrisa si en su talla no tenían también la playera de cuello de tortuga.

—*Sure we do, Madam. Here you are. You are size 8, aren't you?*—le preguntó, a la vez que le entregaba la mercancía.

43. *Valle* . . . Las familias de nivel social y económico alto construyen casas de campo en lugares como Valle de Bravo, un lugar de descanso a una hora de la ciudad de México, donde pasan los fines de semana.
44. Escándalo.
45. *Se* . . . Se va a ver muy guapo.
46. *Sintiéndose* . . . Menos rabia, furia.
47. A quien no le gusta gastar dinero.

—*Exactly. Thank you very much*—agregó Sofía, volviéndose a formar en la fila, pero sin sus compras, ya que el joven se las había llevado a la caja para ir preparando la nota.

Cuando finalmente le tocó su turno, le dijo la cajera:

—*One hundred and twenty dollars.*

Como una autómata, Sofía volvió a sacar su Gold. Esperó a que la maquinita de la tarjeta de crédito American Express hiciera click, click, y firmó. Esta vez el último rasgo de su firma resultó mucho más enérgico, como con más personalidad.

—*Thanks a lot*—le dijo festivamente al joven que la atendió. Sofía salió de The Gap con dos bolsas enormes aparte de la caja de Versace. [. . .]

Por eso, cuando entró a Saks por el departamento de perfumería, inhaló profundamente, como si el olor de todas esas fragancias juntas contribuyera a estimular su viaje personal. Cerrando los ojos, volvió a aspirar aquel conjunto de perfumes de Chanel, Yves Saint Laurent, Nina Ricci, Ralph Lauren, Guy Laroche, Givenchy, Christian Dior, Marcel Rochas, Paloma Picasso, Estee Lauder, Giorgio Armani, Charles Jourdan, Hermes, Guerlain, etc., etc. De alguna manera, todas estas marcas eran como apellidos[48] de viejas amigas que había conocido hacia muchos años, ya que en todas las revistas siempre veía sus nombres. Cuando en las conversaciones las mencionaba, dejaba caer[49] sus nombres con toda naturalidad. Para Sofía la humanidad se dividía en dos: los que sabían pronunciar correctamente las marcas extranjeras y los que no se les entendía nada cuando hablaban de ellas. Con frecuencia corregía a sus amigas: "No se dice 'Yves Sant Lorant'. Se llama Yves Saint Laurent." [. . .]

Cuestionario

1. ¿Dónde está Sofía y por qué está allí?
2. ¿A qué clase social pertenece?
3. ¿Qué es lo más importante en la vida para ella?
4. ¿Qué tipo de consumidor es ella?
5. Para las finanzas de un individuo y de su familia, ¿qué problema presenta este tipo de comportamiento?
6. Para Sofía, ¿cuál es el peor defecto que puede tener la gente?

48. Nombre de familia.
49. *Dejaba* . . . Mencionaba.

7. ¿Qué significan para ella todos los nombres de marca que conoce?
8. En su opinión, ¿las tarjetas de crédito son una salvación o un peligro? Explique.
9. Explique el significado del título del libro.

Temas de discusión

Desarrolle, en forma individual o en grupo, los siguientes temas y haga un resumen para compartir con la clase:

1. Diferencias entre los hispanoamericanos y los estadounidenses al comprar.
2. ¿Existen los compradores compulsivos en los EEUU?
3. El materialismo en la sociedad contemporánea: ¿Consumimos para vivir, o vivimos para consumir?
4. El impacto de la mercadotecnia y la publicidad en los niños y los jóvenes.

Ejercicios

Complete las siguientes oraciones con las palabras adecuadas:

1. La protagonista ya tenía seis _____ cuando salió del centro comercial.
2. El _____ piensa que los mexicanos son los mejores turistas.
3. La protagonista se siente _____ porque compró muchas cosas.
4. La tarjeta American Express significa que ella tiene una buena historia _____.
5. Las compras _____ a Sofía y permiten que no _____ en sus gastos.
6. El peor de los defectos de una persona es ser _____.
7. La hija de Sofía quiere algo que esté _____.
8. En las conversaciones con sus amigas, Sofía _____ el nombre de sus marcas favoritas.

APÉNDICE I

Las películas y videos que se enumeran a continuación sirven para complementar discusiones sobre temas de interés social, económico y cultural que se hayan llevado a cabo en clase. Asimismo, las direcciones del Internet son una fuente de información para actualizar datos y estadísticas sobre el desarrollo social y económico en los diferentes países de habla hispana.

Películas

Los Olvidados (1950)
Director: Luis Buñuel
El Norte (1983)
Director: Gregory Nava
Tiempo de silencio (1986)
Director: Vicente Aranda
El callejón de los milagros (1995)
Director: Jorge Fons
Los motivos de Luz (1985)
Director: Felipe Cazals
Mujeres al borde de un ataque de nervios (1988)
Director: Pedro Almodóvar
Yo, la peor de todas (1990)
Director: María Luisa Bemberg
Como agua para chocolate (1992)
Director: Alfonso Arau
Plata quemada (2000)
Director: Marcelo Piñeyro

Doña Bárbara (1943)
Directores: Miguel M. Delgado y Fernando de Fuentes
La sombra del caudillo (1960)
Director: Julio Bracho (I)
La Generala (1970)
Director: Juan Ibáñez (I)
Alsino y el cóndor (1982)
Director: Miguel Littin
La historia oficial (1985)
Director: Luis Puenzo
¿Nos traicionará el presidente? (1987)
Director: Juan Fernando Pérez Gavilán
Rojo amanecer (1989)
Director: Jorge Fons
El Coronel no tiene quien le escriba (1999)
Director: Arturo Ripstein
Memorias del subdesarrollo (1968)
Director: Tomás Gutiérrez Alea
El espejo enterrado
Narrador: Carlos Fuentes

APÉNDICE II

Direcciones importantes en la Red:

United States Hispanic Chamber of Commerce:
http://www.ushcc.com/
Uruguay:
MERCOSUR
http://www.rau.edu.uy/mercosur/
Las Comisiones de la Verdad en América Latina
http://www.derechos.org/koaga/iii/1/cuya.html
History:
Latin American resources
http://www.lanic.utexas.edu/la/region/history/
A celebration of women writers
http://www.cs.cmu.edu/People/mmbt/women/_generate/
    PUERTO%20RICO.html
U.S. Department of State Country Background Notes Archive
http://dosfan.lib.uic.edu/ERC/bgnotes/index.html
Latin America: General Information:
http://www.zonalatina.com/Zlcourep.htm
Recursos de los países latinoamericanos:
Biblioteca de la Escuela de Estudios Hispanoamericanos
http://www.csic.es/cbic/hispano/reculati.htm#mexico
Instituto Nacional de Estadística, Geografía e Informática: México.
http://www.inegi.gob.mx/
Instituto Nacional de Estadística: Bolívia.
http://www.ine.gov.bo/
Instituto Nacional de Estadística: España.
http://www.ine.es/

Las mujeres:
http://www.lasmujeres.com/
The Global Gazetteer
http://www.knowledge.co.uk/geodata/
CIA World Factbook
http://www.odci.gov/cia/publications/factbook/
World Bank Organization
http://www.worldbank.org
International Monetary Fund
http://www.imf.org/
Total Midyear Population for the World: 1950–2050
http://www.census.gov/
World Trade Organization
http://www.wto.org/

BIBLIOGRAFÍA

Arreola, Juan José. "Baby H.P." In *Confabulario*, 79–81. Mexico City: Editorial Joaquín Mortíz, 1972.

Asturias, Miguel Angel. *El papa verde*. In *Obras completas* 2:254–56, 336–38. Madrid: Aguilar, 1968.

Benedetti, Mario. "El presupuesto." In *Cuentos completos*, 13–19. Madrid: Alianza Tres, 1994.

Britto García, Luis. "El monopolio de la moda." In *El cuento hispanoamericano*, edited by Seymour Menton, 674–76. Mexico City: Fondo de Cultura Económica, 1992.

Buenaventura, Enrique. "La maestra." In *Los papeles del infierno y otros textos*, 15–20. Mexico City: Siglo XXI Editores, 1990.

Caballero Calderón, Eduardo. *El cristo de espaldas*, 42–45. New York: Macmillan, 1967.

Cáceres Lara, Víctor. "Paludismo." In *El cuento hispanoamericano*, edited by Seymour Menton, 297–302. Mexico City: Fondo de Cultura Económica, 1992.

Carballido, Emilio. "El censo." In *En un acto: Diez piezas hispanoamericanas*, edited by F. Dauster y L. Lyday, 3d ed., 62–72. Heinle and Heinle, 1990.

Cortázar, Julio. "Sarao." In *Los derechos del hombre en la poesía hispánica contemporánea*, edited by Manuel Mantero, 444–45. Madrid: Gredos, 1973.

De Larra, Mariano José. "Vuelva usted mañana." In *Vuelva usted mañana y otros artículos*, 15–24. Spain: Salvat Editores, 1982.

Fuentes, Carlos. *La frontera de cristal*, 188–89, 197–99. Mexico City: Alfaguara, 1999.

Gallegos, Rómulo. *Doña Bárbara*, 107–15. Mexico City: Editores Mexicanos Unidos, 1982.

García Márquez, Gabriel. *Los funerales de la Mamá Grande,* 95, 99–101. Bogotá: Editorial La Oveja Negra, 1989.

———. *El coronel no tiene quien le escriba,* 20–23, 40–46, 66–67. Mexico City: Ediciones Era, 1992.

Hierro, José. "Requiem." In *Los derechos del hombre en la poesía hispánica contemporánea,* edited by Manuel Mantero, 400–02. Madrid: Gredos, 1973.

Martín-Santos, Luis. *Tiempo de silencio,* 37, 50–51. Madrid: Six Barral, 1990.

Mejía Vallejo, Manuel. *Al pie de la ciudad,* 9, 10, 26, 77–78, 108–09, 153–54. Madrid: Ediciones Destino, 1972.

Neruda, Pablo. "La United Fruit Company." *Antología Poética,* 160–61. Madrid: Espasa-Calpe, 1982.

Parra, Nicanor. "Inflación." In *Los derechos del hombre en la poesía hispánica contemporánea,* edited by Manuel Mantero, 444. Madrid: Gredos, 1973.

———. "Los vicios del mundo moderno." In *Poemas y antipoemas,* 106–10. Edición de René de Costa. Madrid: Cátedra, 1988.

Rico-Godoy, Carmen. *Cómo ser una mujer y no morir en el intento.* Madrid: Ediciones temas de hoy, 1997. 169–172.

Rodó, José Enrique. *Ariel,* 75–78. Mexico City: Fondo de Cultura Económica, 1984.

Rulfo, Juan. "Paso del norte." In *Pedro Páramo y el Llano en llamas,* 191–96. Barcelona: RBA Editores, 1993.

Santiago, Esmeralda. *Cuando era puertorriqueña,* 133–35. New York: Random House, 1994.

Soto Aparicio, Fernando. *La rebelión de las ratas,* 9–13, 69–74. Barcelona: Plaza y Janes Editores, 1962.

Soto, Pedro Juan. "Campeones." In *El cuento hispanoamericano,* edited by Seymour Menton, 523–29. Mexico City: Fondo de Cultura Económica, 1992.

Vargas Llosa, Mario. *La historia de Mayta,* 7–8, 11–12. Bogotá: Six Barral, 1984.

Vega, Ana Lidya. "Letra para salsa y tres soneos por encargo." In *El cuento hispanoamericano,* edited by Seymour Menton, 695–701. Mexico City: Fondo de Cultura Económica, 1992.